Artificial Intelligence
for Chemical Engineering

# 화공
# 인공지능

김지용 • 원왕연 • 이재형 • 문 일 지음

사이플러스
Science plus

화공인공지능

# 머리말
*Preface*

사회를 근본적으로 결정하는 힘은 기술에 있으며 기술이 사회변동의 일차적인 요소라고 했습니다(앨빈 토플러). 물론 이런 기술결정론이 미래 변화의 유일한 이유는 아니지만 기술이 사회 발전에 큰 기여를 하는 것은 틀림없는 사실입니다. 인간이 추구하는 여섯 가지 가치는 건강, 쾌락, 편리, 효율, 안전 및 지속인데, 이에 따라 미래는 '100세건강시대', '기후변화시대', '4차산업혁명시대'로 표현됩니다(한국연구재단). 화학 공학도가 이러한 미래 변화를 이해하고, 대응하기 위한 인공지능 기술의 습득은 필수적입니다.

인공지능 기법이 시작된 지는 오래전이지만 그동안 두 차례의 암흑기를 거친 후 컴퓨터 하드웨어와 소프트웨어의 발달, 프로그램 알고리즘의 획기적인 개선 등에 힘입어 최근에야 크게 다시 발전하고 있습니다. 전자, 기계 등 다른 산업에서 인공지능의 역할은 이미 성숙 단계인 반면 이러한 신기술을 화공 산업에 적용하는 것은 이제야 시작 단계입니다.

인간은 몸의 한계, 즉 감각과 운동의 한계로 감옥살이를 하다가 '언어의 발견'과 함께 그 감옥을 서서히 벗어날 길을 찾았고, 오늘에 이르렀습니다. 언어의 발견이 욕망을 머리로 생각하게 하고, 생각을 언어로 표현하게 하고, 표현이 표현을 만나 관계를 맺고, 관계와 관계가 만나 구조를 낳고, 동작을 낳고, 체계를 잉태하는 과정으로 넓어집니다. (Marshall Mcluhan) 인공지능의 핵심은 인간의 생각이고 이를 표현하는 언어는 매우 중요합니다. 그동안 컴퓨터언어로 FORTRAN, C, Prolog, Lisp 등 수만 가지 언어가 발전해 왔고 앞으로도 계속 변화할 것입니다. 인공지능을 현재 가장 잘 다루는 파이썬을 이 책에서 소개합니다. 특히 특정 분야의 지식(domain knowledge)이 중요한데 화학공장에 필요한 많은 예제를 통하여 우리의 생각을 자유롭게 표현할 수 있는 파이썬 표현 기법들을 소개합니다.

그동안 화학공학의 한 분야인 공정시스템공학에서 화학 공장의 설계, 운전, 제어 등을 다루며 끊임없이 신공정 개발, 공장자동화 및 운전 전략 수립 등의 산업적 기여를 해오고 있었습니다. 이제 새로운 인공지능 기법을 도입하여 화학 공장을 더욱 효율적이고, 편리하고, 안전하게 운영할 수 있는 시대가 되었습니다. 비단 공정시스템공학 기반의 공정 관련 혁신뿐만 아니라 신물질 개발, 고성능 재료 합성 등 화공 산업 전 분야에의 인공지능 기술의 융합은 미래 화공산업의 지속가능 발전에 핵심 전략입니다. 더 나아가 탈실험 R&D, 무인 운전 시스템, 메타버스 기반 안전 관리 등 빠르게 발전하고 있는 인공지능 관련 제반 기술의 적용이 매우 절실한 시기입니다.

1장에서는 인공지능 배경 및 응용 분야를 소개하고, 2장에서는 화공 데이터 관리 및 파이썬, 매트랩, R 등 인공지능을 다룰 수 있는 기본 언어와 알고리즘을 설명합니다. 특히, 3장에서는 화학공학의 여러 분야에서 진행되고 있는 다양한 현장 문제들을 소개하고 실제로 인공지능 기법을 이용하여 현장 문제를 해결하는 문제기반 학습(PBL)의 형식으로 화공 엔지니어의 실무 능력 향상에 집중합니다.

본 저자들은 화학공학 분야의 인공지능에 대한 체계적인 전문서적이 없는 현실에서 이 책이 대학에서의 전문가 양성을 위한 교육에 활용됨은 물론 산업현장 종사자들의 인공지능에 대한 지식의 함양에 일조하기를 바랍니다.

끝으로 이 책을 출판하기까지 화학공학 분야의 인공지능에 대한 이론과 현장 문제 등을 체계적으로 정립한 집필진과 장교진, 홍석영, 김창수, 안병찬, 천무진 조교, 사이플러스 출판사의 직원들에게 깊은 감사를 표합니다.

2023년 1월 2일

저자 일동

---

앨빈 토플러, 제3의 물결
한국연구재단, 국가 미래유망기술 상시 발굴 및 준비 체제 정책 지원 보고서
Marshall Mcluhan, 공학의 시간, 이순석, 청림출판

# 차례
Contents

화공인공지능

# 제 1 부
# 지능형 화학 공정

화공인공지능

제 1 장

ARTIFICIAL INTELLIGENCE
FOR CHEMICAL ENGINEERING

# 화학공정의 지능화

## 1. 4차 산업 시대에서 화학공학의 현재와 미래

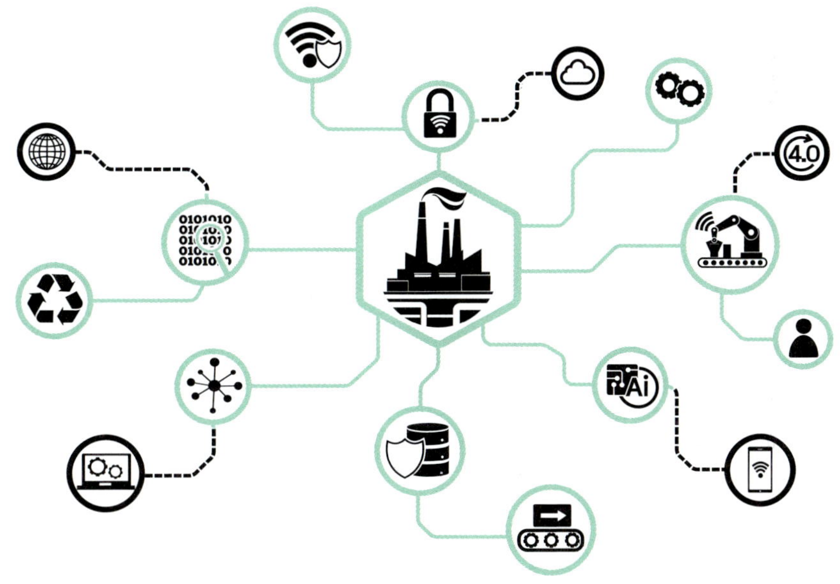


그림 1.1 4차 산업과 화학산업의 융합: 스마트 화학공정.

데이터 및 지능정보화 기반 융합 기술은 미래 화학산업의 핵심 가치이다. 지능정보기술의 고도화로 정보통신기술 인프라를 통해 생성·수집·축적된 빅데이터와 인공지능, IoT, 클라우드 등의 융합기술이 화학산업 전반에 활용될 경우, 그 효과는 매우 크다.[1]

특히, 대규모 투자설비, 많은 에너지 사용, 복잡한 글로벌 가치 사슬 등 전통적인 화학산업의 특징을 본다면 화학산업의 스마트화는 생산성 향상, 민첩한 시장 대응, 에너지 효율 향상 및 환경 유해 물질 유출 감소, 안전한 환경 구축 등 산업 전반에 혁신을 가져올 수 있다. 특히, ESG (Environmental, Social and Governance) 등 기업의 비재무적 요소의 강화는 물론 효율적 경영 관리,

[1] 이러한 이유로 4차 산업 기술을 파괴적 기술(disruptive technology)로 불리운다.

신규 사업 관리, 전사적자원관리(Enterprise Resource Planning, ERP) 및 원천기술 확보 등 화공 기업의 지속 가능한 발전에 핵심적 기여를 할 수 있다. 따라서 전사(全社)적 통합 및 의사 결정 등 개별 기업의 혁신은 물론 화공산업 생태계 패러다임 변화를 불러올 유도 기술이자 4차 산업혁명의 완성 기술인 핵심 기저 가치이다.

특히, 심화되는 화학산업 시장의 격동성과 친환경 및 안전 등 높은 사회적 요구 환경에서 화학산업의 지속 가능한 성장을 위하여 화학소재 개발의 빠른 생애주기, 화학 플랜트 운전의 자동화, 시장 변화에 유연 대응 가능한 모듈화된 공정개발, 사고 위험 없는 안전한 공정 관리 등의 혁신 기술 도입은 더 이상 미룰 수 없는 절실한 미래형 화공산업의 기술적 요구이다.

## 2. 스마트 팩토리 및 화공 디지털화를 위한 PSE의 전망과 역할

스마트 팩토리는 전통 제조산업에 사물인터넷(Internet of Things, IoT), Machine Learning (ML), 센서, 클라우드, 빅데이터 등 혁신적인 정보통신기술(Information and Communications Technology, ICT)을 결합하여 제조 설비·공정의 지능화 및 자동화를 가능하게 하며, 이러한 제조 설비의 생산 및 운영 정보가 실시간으로 공유 활용되는 생산 체계를 일컫는다.

스마트 팩토리의 실현을 위해서는 스스로 이상 현상 및 변화 등의 감지 및 자기복구가 가능한 자동화 플랜트 설계와 더불어 가동 진단·복구·유지를 기반으로 하는 종합적인 위기대응 정보기술의 통합이 필요하다. 이는 화학플랜트의 전통적 안전 기법인 모니터링과 샘플링에 IoT를 접목시켜서 빅데이터 분석을 통한 사고 예측 및 회피 적용 가능하다.

이처럼 스마트 팩토리의 실현을 위한 연구개발은 산업에서 매우 중요하게 여겨지고 있다. 대

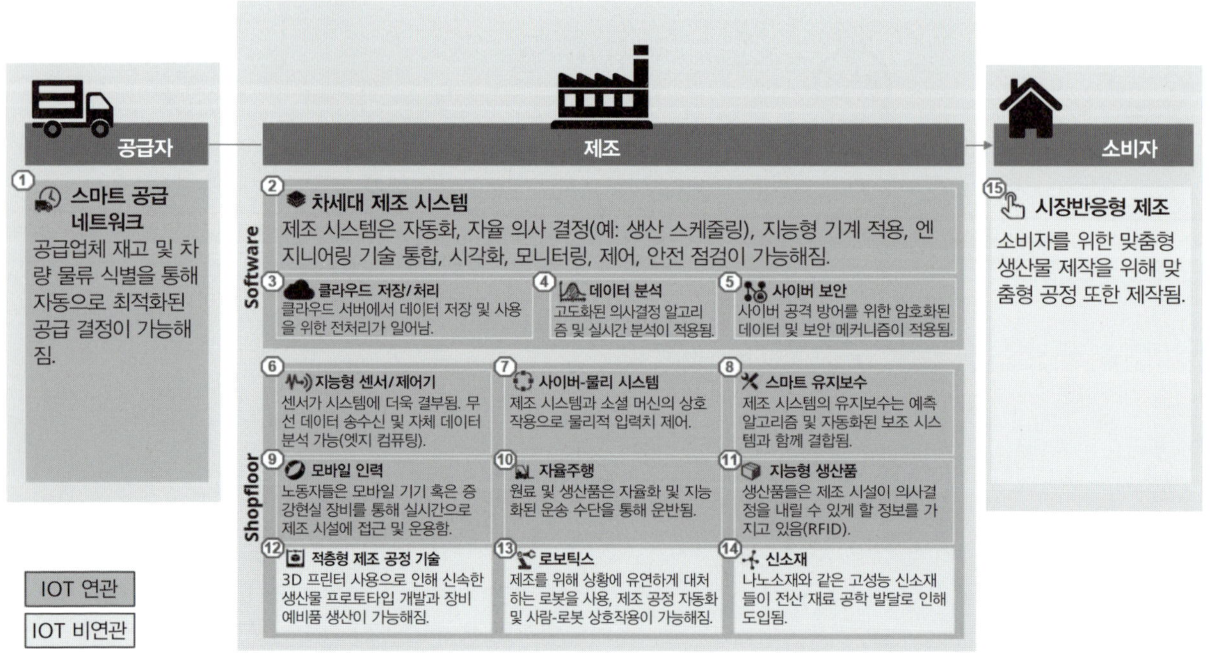


그림 1.2 스마트 팩토리의 요소 기술.

표적인 사례는 SAP의 predictive maintenance platform과 augmented reality on the shopfloor가 있다. 이밖에도 Simens의 Amberg plant와 Microsoft의 Jeep Wrangler plant 등이 존재한다.

기존 공정의 자동화 기술은 그림 1.3의 왼쪽과 같이 5단계로 표현된다.

### 1) I/O (Input/Output signals)

입력된 정보로 지정된 함수에 따라 결과를 출력하는 간단한 입출력 모델. 보통 한 가지 대상을 제어하기 위해 여러 개의 입출력 모델을 함께 사용함.

### 2) 프로그램 논리 제어기(Programmable Logic Controller, PLC)

산업현장에서 자동 제어 및 감시를 하기 위한 제어 장치. 공정에서의 환경(온도, 압력, 습도 등)을 입력하여 저장된 논리 체계를 따라 환경에 필요한 제어 시그널(온도 제어, 압력 제어, 습도 제어)을 출력.

### 3) SCADA (Supervisory Control and Data Acquisition)

PLC와 원격 단말 장치와 같은 소프트웨어와 하드웨어의 조합. 유저와 장비 사이의 소통(Human-Machine Interface, HMI)을 위한 장치 제어.

### 4) 생산관리시스템(Manufacturing Execution System, MES)

제품 주문부터 완성품 출하까지 전생산활동을 관리하는 시스템. 실시간 공정 모니터링을 통한 공정 제어를 가능하게 하는 통합 생산관리시스템.

### 5) 전사적관리시스템(Enterprise Resource Planning, ERP)

화학 제품 제조와 유통은 물론 인사관리·재무 등 기업 운영 전반의 비즈니스 자동화 관리 시스템.

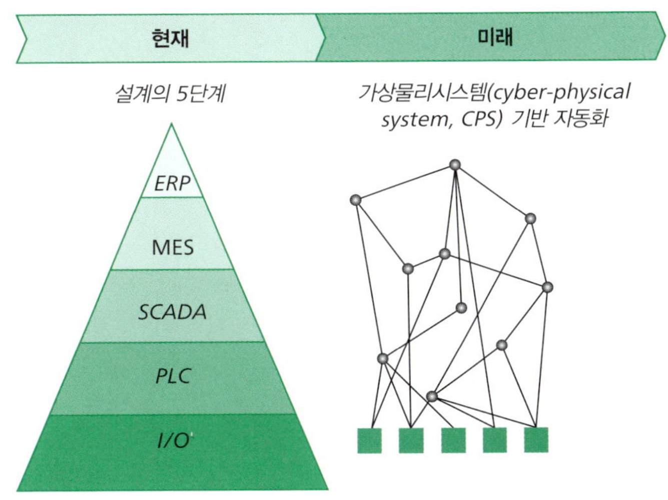


그림 1.3 스마트 팩토리 설계를 위한 기술 단계.

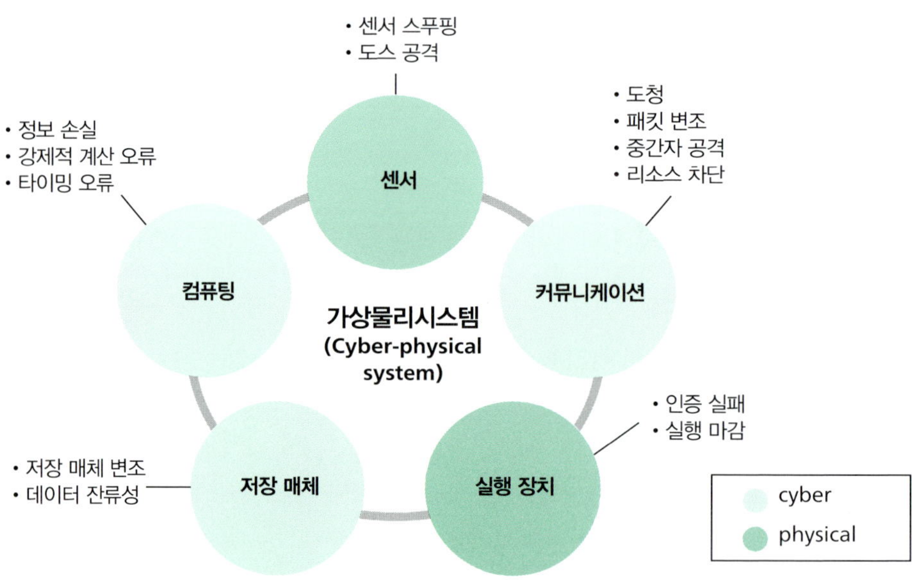


그림 1.4 미래 스마트 팩토리의 주역: CPS.

미래에는 그림 1.3과 같이 현재의 경직된 5단계에서 우측의 상호 작용이 있는 CPS (Cyber-Physical System)로 바뀌어야 한다. CPS는 사물 인터넷 기술을 통해 모든 제어·모니터링·예측 시스템들이 서로 유기적으로 융합되어 정보를 교환하고 자동적·지능적으로 장치를 제어하는 시스템이다. 기존 공정 자동화 기술에서 진보된 개념으로, 기존 화학산업과 혁신적인 정보통신 기술의 적용 및 융합을 위한 핵심 기술이다.

CPS는 컴퓨팅 장치와 사람·기계장치를 통합하기 위한 사이버 시스템(cyber system)-물리 시스템(physical system) 네트워크 기반 자율제어 시스템이다. 따라서 CPS는 적응형·지능형·실시간·분산기술이 융합된 제어 시스템이라는 특징이 있다. 핵심 필요 기술로서 하이브리드 모델링 기술, 시뮬레이션 및 검증 기술, 자율제어 기술, 사이버보안, 통신 및 연동 기술, 무선센싱 등이 있다.

스마트 제조 CPPS (Cyber Physical Product System)는 제조를 위한 공정 기술로, 제품 기획/수요조사·공정 설계·생산·출시·유통의 과정을 가능하게 하는 발전된 CPS이다. 여기에는, 제조 공정에 핵심적인 인터넷 기술들(사물인터넷 산업보안강화 기술·cyber 제품 설계 기술·대량 생산 공정시스템 기술·지능화된 자율 제어)이 포함된다. 스마트 생산 및 스마트 유통 기술을 가능하게 하는 고신뢰성의 산업네트워크 기술이라고 할 수 있다.

CPS는 각 산업에서 가치 사슬에 존재하는 시스템들 간 연동을 가능하게 하여 조기 가치사슬 통합·신사업 발굴·산업생태계 창출 효과가 있다. 그러므로 4차 산업혁명의 가속화와 함께 세계 주요 국가의 정부, 주요 기업들의 참여로 CPS 기술은 향후 가파른 수요가 예상된다.

# 제 2 장

ARTIFICIAL INTELLIGENCE
FOR CHEMICAL ENGINEERING

# 지능형 화학 공정 변화 트렌드

4차 산업혁명은 지능정보 기술과 화학공정 기술의 융합을 통한 스마트 플랜트 설계를 촉구하고 있으며, 전통적인 플랜트 엔지니어링에서 미래 스마트 디지털 엔지니어링으로 전환을 위해서는 다음의 핵심적인 트렌드를 따라야 한다.

### › Digitalization

공정 및 설비에 대한 운전·운영 데이터·경험 지식의 디지털화는 공장의 설계관리·공정관리·자산관리·의사결정을 지원하기 위한 핵심적인 기술이다. 공정의 디지털화 혹은 디지털 트랜스포메이션(digital transformation)을 통해 컴퓨터를 활용한 수치적 데이터 분석을 가능하게 하고 사업의 중요 가치를 발굴할 수 있기 때문이다.

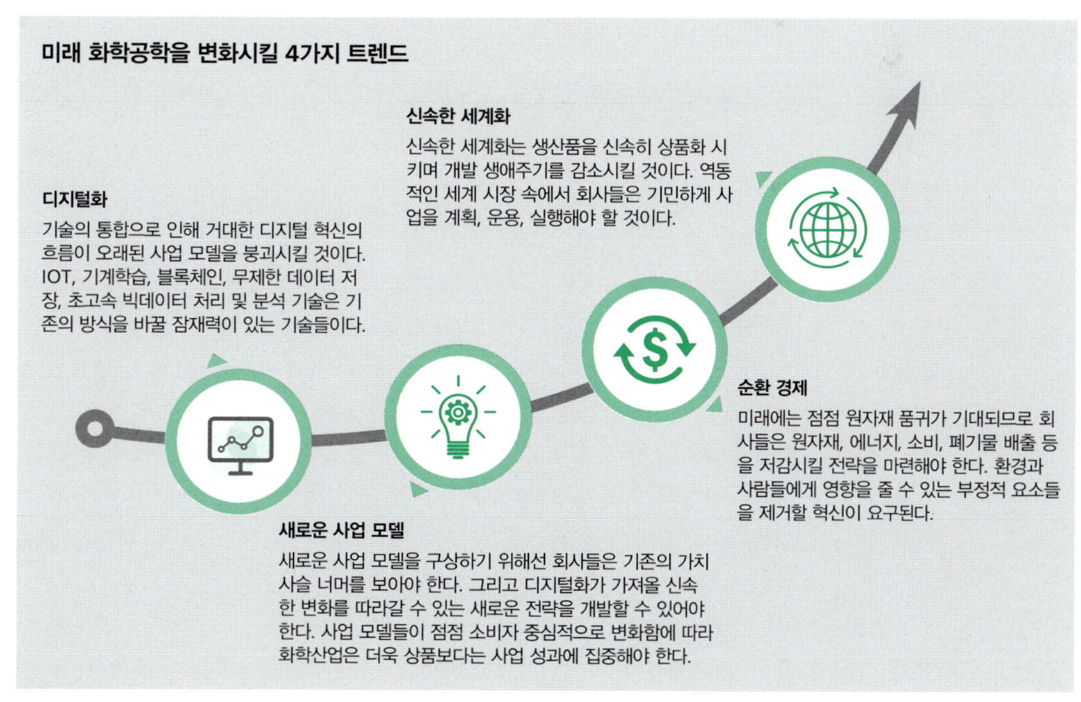


그림 2.1 미래 화학산업 트렌드.

### › New business models

화학기업들이 향후 지속적인 성장을 이룩하기 위해서는 부단한 혁신과 신제품 개발로 새로운 경쟁우위를 확보할 수 있는 미래성장 전략을 수립하는 것이 그 어느 때보다 중요하다. 비즈니스 모델 혁신을 통해 새로운 부가가치 창출 기회를 발굴해야 한다. 이를테면, 축적된 기술·노하우·특허 등 무형의 지식자산에 기반하여 전통적인 화학기업의 사업과는 다른 형태의 사업(컨설팅, 라이센싱, 생산 기술, 신소재 등)에 진출할 수 있다.

### › Circular economy

화학산업의 지속가능성 및 환경문제가 강조됨에 따라 선형적·직선적인 자원 활용 체계인 '선형경제' 구조(채취·생산·사용·폐기)를 탈피하려는 시도가 증가한다. '순환 경제' 구조는 배출물을 재활용하여 친환경 공정 개발·원료 재사용 및 재활용·재생 제품 생산·에너지 투입 최소화를 시도한다. 이는 자원에 대한 의존도를 낮추고 천연자원 고갈 문제를 해결하기 위한 새로운 트렌드이다.

### › Rapid globalization

4차 산업혁명은 정보통신 기술을 통한 상품과 서비스의 운송, 거래 비용의 감소와 공정의 표준화를 가능하게 하여 공장의 세계화를 촉진시킨다. 미래 화학산업은 노동과 노동 서비스의 분리가 가능해진다. VR 및 AR 등의 기술을 통해 가상 세계화가 가능하게 될 것이고, 사업의 장소는 더 이상 큰 문제가 되지 않는다. 또한, 인공지능 기반 기계번역 기술 발전과 함께 언어장벽은 무너질 것이 기대된다. 이처럼 공간과 언어의 제약을 무너뜨려 다양한 국가의 기술자들 간의 소통을 증가시키는 것이 가능해짐에 따라, 선진국의 제조업 독점 시대를 끝내고 신흥 경제가 부상될 것이다.

## 1. 빠른 시장 대응을 위한 공정 설계 기술

공정 설계·운전·제어 기술의 경우, 대규모 설비에서 화학 반응, 전달 현상 등을 다루는 분야로서 정확한 성상 및 수율 예측이 매우 어렵다. 더욱이 정유, 석유화학, 가스, 전력, 반도체 등 각 응용 분야가 서로 다른 형태의 제어, 운전, 생산계획, 공급망 등 개별적 운영 전략을 가지므로 매우 높은 복잡성을 갖는다. 즉 효율적 성과 적용(high-efficiency implementation)을 위해서는 공정의 모듈화를 통한 기준화된 설계 및 운영 플랫폼 통합을 통한 유효적절한 전사적 방법론 개발이 필수적이다.

기존의 commodity 대량생산에 맞춰져 있는 공정 모사, 설계 및 제어 기술들을 더 유연하고 효율적인 모듈화된 공정에 맞도록 개선하고, 기계학습 기법들을 통해 데이터 사용을 극대화해 자가진화를 할 수 있는 기술 개발이 가능하다. 이뿐만 아니라 에너지와 원자재의 효율성을 혁신적으로 높이기 위해 모듈화와 함께 공정 강화 및 체계화가 시도되고 있다.

이처럼 빠른 시장 변화에 대한 유연한 대응이 공정 생산성 및 경제성에 주요한 영향을 미침에 따라, 생산라인을 모듈화시켜 병렬적으로 운전하는 모듈화 생산기술이 스마트 팩토리의 주요 핵심 기술로 주목받고 있다.

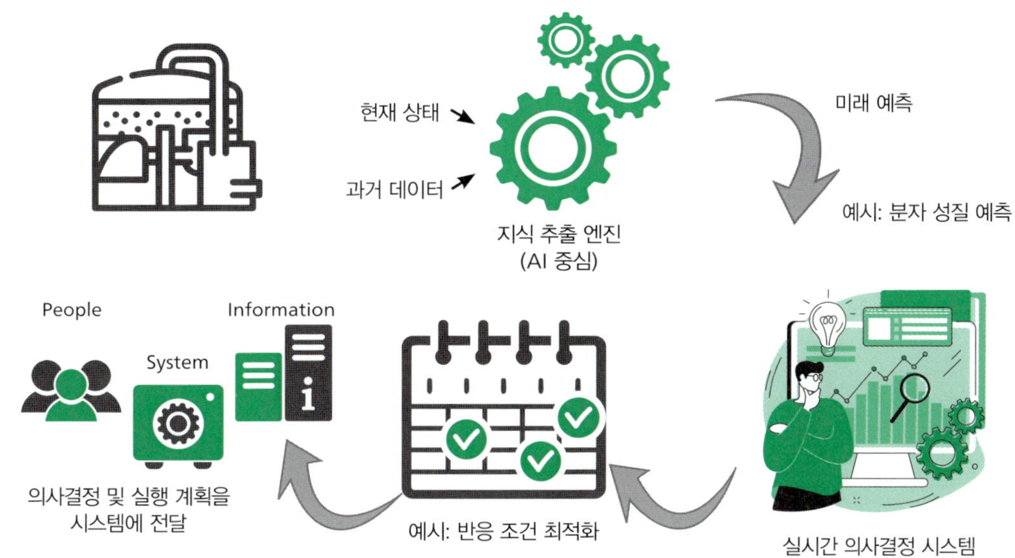


그림 2.2 높은 시장 대응성을 위한 공정 모듈화.

## 2. 인공지능 기반 화학소재 설계 기술

시장의 요구에 민첩하게 대응하는 스마트 공정을 구연하기 위해서는 다양한 성능의 빠른 재료 개발 전략이 필요하다. 장시간이 소모되고 성공률이 낮은 기존의 소재 기술 개발 과정은 인공지능과 빅데이터를 도입해서 실험 또는 계산과학과 효율적으로 연동하여 촉진될 수 있다. 이를 테면, 인공지능 소재개발 및 공정연계 성능평가 소프트웨어를 이용해서 고효율·에너지 저감형 분리 소재, 고성능 촉매, 포토레지스트, 가스센서 등에 유용한 물질 개발이 가능하다. 여기에 이론과 실험 사이의 상호 피드백을 통한 새로운 소재 개발 R&D 패러다임이 제시되고 있다.

인공지능에 기반한 소재 개발은 새롭게 진척되고 있는 분야이며, 최근에는 다양한 에너지 및 환경 분야 산업에 원천 소재로 적용되는 작은 분자부터 소재 단위까지 다양한 머신 러닝 기법을 사용해서 생성하는 방법이 소개되고 있다. 예로 물질 정보와 데이터들을 수집·분석하여 소재의 구조와 물성 결정에 주요한 원인을 규명하고 신속한 새로운 소재 탐색 전략을 제시할 수 있다.

이처럼 다목적 최적 설계 기능의 확장을 토대로 고성능, 저비용, 높은 내구성 등이 동시에 요

그림 2.3 인공지능 기반 화공소재 설계 절차.

구되는 차세대 첨단 재료의 신속한 개발이 기대된다. 궁극적으로 실험 및 공정 그룹과의 융합을 통해 소재 상용화의 걸림돌과 한계점을 극복하고 신소재 개발의 효율성을 극대화할 수 있을 것이라 예상된다.

## 3. 사업장 안전을 위한 이상 진단 기술

제조공정의 실패는 많은 경우 심각한 제품 공급 문제로 이어지며, 특히 제약, 반도체 생산 등의 매우 정밀한 공정을 요구하는 분야에서 이러한 문제는 치명적이다. 제조공정의 이상현상은 shut-down으로 이어지며, 이는 생산력에 큰 손실을 가져다준다.

기존의 사후대응 및 복구 기반의 수동적 환경 안전 관리 시스템을 능동적으로 바꾸기 위해 빅데이터 패턴 인식 기반 지능형 이상진단 및 복구 시스템과 머신러닝과 나노물질을 통한 저전력·고민감도 IoT 센서 소자 및 장치 등이 개발되고 있다.

제조 현장에서 발생되는 다양한 긴급/변동 상황에서 모듈 통합 제어 시스템은 설비 간 자율적인 실시간 대응을 위한 분산협업 제어를 가능하게 한다. 고정밀 적응형 제어 시스템은 공정 실시간 데이터가 축적됨에 따라 학습을 지속적으로 수행함으로써 더 정확하고 유연한 운전을 가능하도록 하며 복잡하고 불확실성이 높은 공정 운전에 폭넓게 응용 가능한 장점이 있다.

이처럼 센싱 개선과 유해 물질 조기 감지와 같은 장점이 공장에서의 위험과 사고를 줄이고 생산성 저하를 줄이는 데 필수적이라는 점을 감안할 때, 빅데이터, 머신러닝, 사물인터넷, 스마트센서의 결합을 통해 인공지능의 판단에 기반한 의사 결정 패러다임으로 기술 변화가 기대된다.

그림 2.4 인공지능 기반 사고대응 전략.

## 학습 결과

- **학습 내용**

  4차 산업 시대에서 화공산업의 미래 대응 및 변화 트렌드 익히기.

- **학습 결과 확인하기**

  화공산업 혁신에 필요한 주요 인공지능 기술 및 적용 효과 익히기.

- **학습 결과 응용하기**

  이 장의 학습 내용에 기반하여 국내외 주요 화공기업 중 인공지능, IoT, 클라우드 등의 융합기술을 적용한 사례를 살펴보고, 이러한 신기술의 선제적 도입 효과를 분석하기.

화공인공지능

# 제 2 부
# 인공지능 기초

화공인공지능

# 제 1 장

# 인공지능 개발 환경

이 장에서는 인공지능을 이용하여 실제 문제를 풀기 위한 필수적인 학습 사항인 인공지능 개발 환경 및 주요 언어에 관하여 학습한다. 특히 실제 현장에서 많이 사용되는 파이썬(Python) 등 주요 인공지능 개발 환경의 설치 및 사용 방법에 관하여 자세히 익힌다. 이 장에서 소개된 인공지능 플랫폼은 후반부의 화공 관련 주요 문제 해결을 위한 언어로서 적절한 수준의 프로그램 및 환경 이해가 반드시 필요하다.

## 1. 개발 언어 소개

### 1) 파이썬

파이썬(Python)은 1990년 암스테르담의 귀도 반 로섬(Guido Van Rossum)이 개발한 객체지향적 프로그래밍 언어이다. 오픈소스이고 높은 확장성을 가져 신속하고 강력한 개발이 가능하게 한다. 또한, 과학과 공학 및 데이터 분석에서 필요로 하는 많은 기능들을 다양한 라이브러리 형태로 제공하고 머신러닝 및 딥러닝 프레임워크를 지원하기 때문에 인공지능을 위한 표준 언어로 자리잡고 있다.

### 2) 매트랩

매트랩(MATLAB)은 MathWork 사에서 개발한 엔지니어링 데이터를 분석하고 알고리즘을 개발할 수 있는 프로그래밍 언어다. 유료 라이선스를 필요로 하지만 활발한 커뮤니티를 토대로 다양한 솔루션을 구현할 수 있다. 행렬을 기반으로 한 계산 기능을 지원하며, 내장된 툴박스와 앱을 통해 여러 알고리즘을 빠르게 적용 및 문서화할 수 있다. 또한 다른 개발 언어와의 연계 및 Simulink를 통한 모델 기반 설계가 가능하여 머신러닝 및 딥러닝에 활발히 응용된다.

### 3) R

R은 오픈소스 프로그래밍 언어로 통계 계산과 그래픽 활용에 특화되어 있다. 벨 연구소의 존 챔버스, 릭 배커, 앨런 윌크스가 개발한 통계언어인 S에 기반하여, 뉴질랜드 오클랜드 대학의 로버트 젠틀맨과 로스 이하카가 지금의 R을 개발했다. 현재는 R 코어 팀이 개발하고 있으며, 다양한 통계 기법과 수치 해석 기법을 지원한다. R에는 사용자가 제작한 패키지(추가적인 기능을 하는 함수)를

CRAN (the Comprehensive R Archive Network)으로부터 받을 수 있다. R은 선형 및 비선형 모델링, 통계 분석, 시계열 분석, 분류, 클러스터링 등 다양한 통계 및 그래픽 기술에 강점이 있다.

## 2. 개발 환경 소개

이 장에서는 인공지능 문제를 풀기 위한 개발 환경을 소개한다. 풀고자 하는 문제에 따라 필요한 환경만 선택해서 사용하면 된다.

### 1) 파이썬 – Google Colab

Google에서 무료 서비스로 제공하는 Colaboratory (Colab)는 Google 사의 하드웨어에 액세스할 수 있는 주피터 노트북(Jupyter Notebook) 인터페이스를 제공한다. 해당 노트북은 중앙 처리 장치(CPU)로 계산을 수행하거나, 특수 그래픽 처리 장치(GPU) 및 텐서 처리 장치(TPU)를 통해 가속화할 수 있는 Google에서 제공 및 유지 관리하는 Linux 기반 가상 머신에서 실행된다.

먼저, Colab을 사용하기 위해서 구글 계정이 있어야 한다. 이후 Colab 사이트(http://colab.research.google.com)로 접속하여 로그인을 한다.

로그인하면 지금까지 Colab을 사용해서 작업한 파이썬 파일들을 보여준다. Colab에 처음 접속한 사용자는 그림 1.2와 같이 최근 사용 파일이 없을 것이다.

파이썬 코딩을 위한 새로운 노트북을 실행하려면 화면 왼쪽 상단에 있는 파일 메뉴를 클릭한다. 이후 하위 메뉴들 중 새 노트 메뉴를 선택하면 된다.

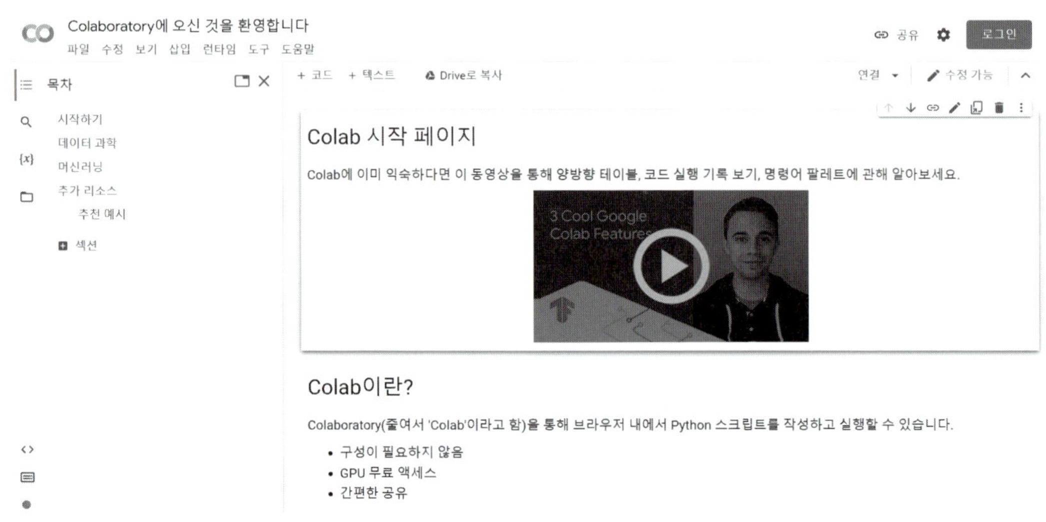


그림 1.1 Colab 시작 화면.

그림 1.2 Colab 최근 사용 파일.

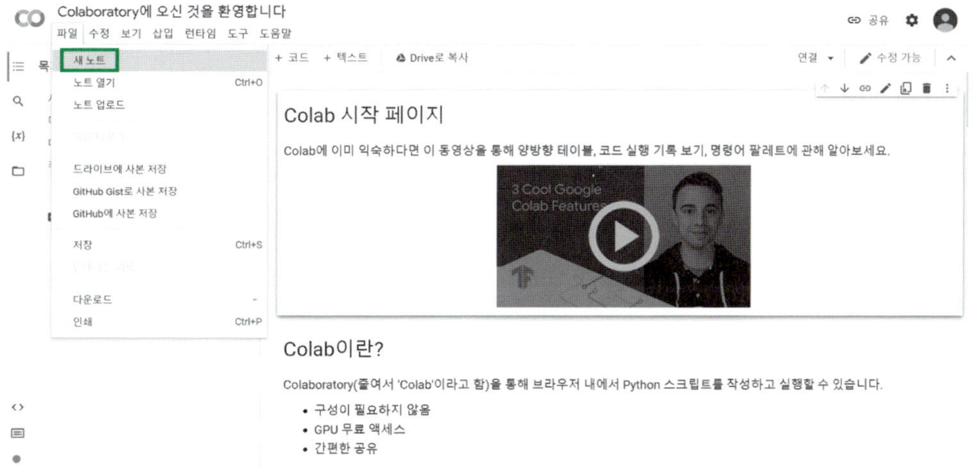


그림 1.3 Colab 새 노트 생성.

새 노트를 실행하면 주피터 노트북과 유사하게 파이썬 코드를 입력하고 실행할 수 있는 노트북이 열리고 그림 1.4와 같이 코드를 기입하고 실행할 수 있는 셀(cell)이 생성된다.

Colab은 일반적인 개발 환경과 달리 로컬에서 파일을 불러올 수 없고 Google Drive를 이용해야 한다. Google Drive와 연동하기 위해서는 다음과 같은 두가지 중 하나의 방법을 따른다.

그림 1.4 Colab 새 노트.

## 방법 1

① 왼쪽의 폴더 모양 – 드라이브 마운트 버튼을 눌러 준다.

그림 1.5 Google Drive 마운트.

② Google Drive 파일 액세스 허용

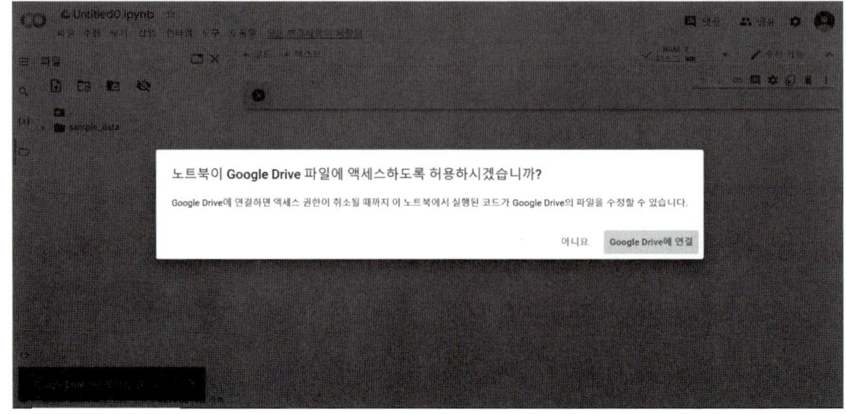


그림 1.6 Google Drive 연결.

**방법 2**

① Google Drive를 마운트 하는 명령어(소스코드)를 입력한다.

그림 1.7 Google Drive 마운트 명령어.

② 화면에 표시된 링크로 접속해 연결할 Google Drive 아이디로 로그인하고 허용을 누른 후 Mounted at/content/drive라는 메시지가 뜨면 연결이 완료된 것이다.

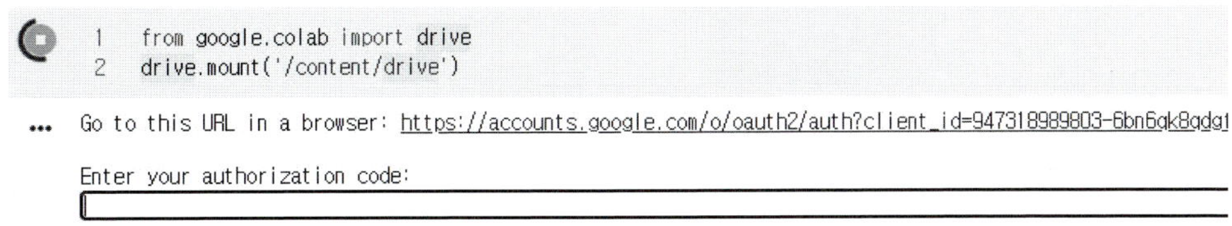


그림 1.8 Google Drive 연결 authorization code 입력.

## 2) MATLAB

MATLAB은 MathWorks에서 배포하는 수치 계산 및 알고리즘 생성 소프트웨어로 별도의 라이선스가 필요하다. 회사, 대학교 등 각 기관에 라이선스가 없다면 개인을 위한 라이선스를 미리 준비해야 한다.

MATLAB 설치를 위해 MathWorks 홈페이지로 이동한다.

메인 화면에서 'MATLAB 받기'를 누르면 평가판 신청, 캠퍼스용 다운로드, 구매 등이 표시되며 캠퍼스용 소프트웨어를 기준으로 설치를 진행한다.

해당 학교 정보와 메일을 입력하면 학교에 등록된 라이선스를 사용할 수 있다.

해당 기관에 라이선스가 있는 경우 MATLAB 다운로드가 가능한 링크가 보내지며 해당 링크를 통해 설치를 진행한다.

MATLAB에서 지원하는 기능들 중 가장 널리 사용되는 기능들은 기본적으로 다운로드할 수 있도록 체크가 되어 있지만 AI 모델 생성 및 최적화를 위하여 다음의 기능들은 반드시 설치해야 한다.

- Deep Learning Toolbox
- Global Optimization Toolbox
- Optimization Toolbox
- Statistics and Machine Learning Toolbox

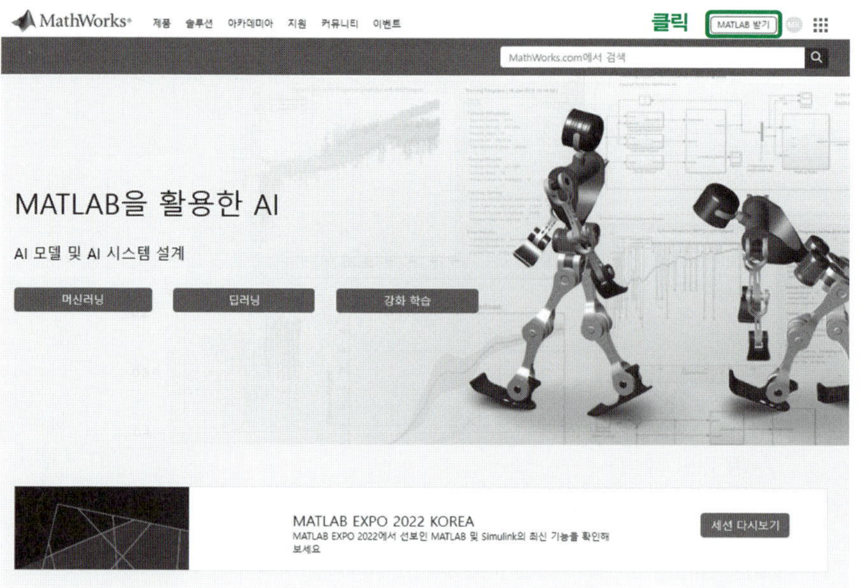


그림 1.9 MATLAB 홈페이지.

그림 1.10 MATLAB 다운로드 페이지

설치를 마친 후 MATLAB을 실행한다.

- '현재 폴더'에서 현재 경로에 있는 파일들에 접근할 수 있다.
- '명령창'에서 실시간으로 유저가 작성한 코드를 실행할 수 있다.
- '스크립트 생성'을 통해 어떤 새로운 함수를 구현하거나 코드 실행을 위한 m-file을 생성할 수 있다.

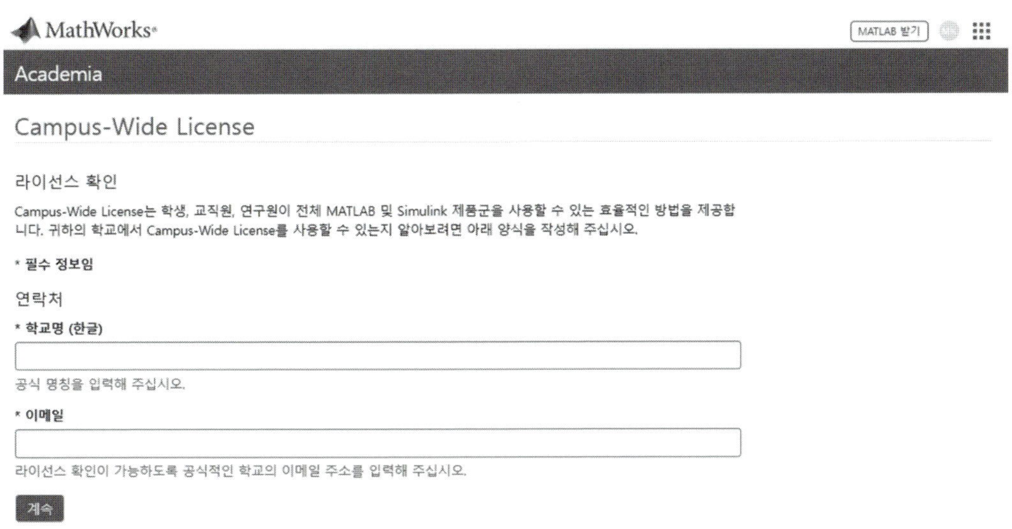


그림 1.11 MATLAB 라이선스 입력.

- '작업 공간'은 명령창 또는 스크립트를 통해 실행한 코드에서 사용된 파라미터들에 대한 이름, 값, 형태가 저장된다.
- 자세한 MATLAB 관련 튜토리얼은 명령창에 help를 입력하거나 'Learn MATLAB'을 통해 수행할 수 있다.

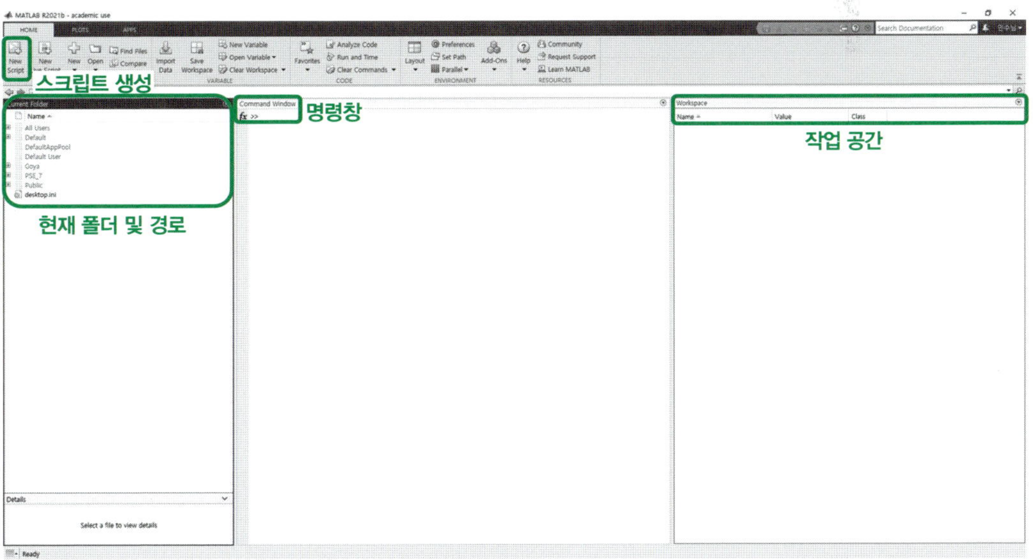


그림 1.12 MATLAB 실행 화면.

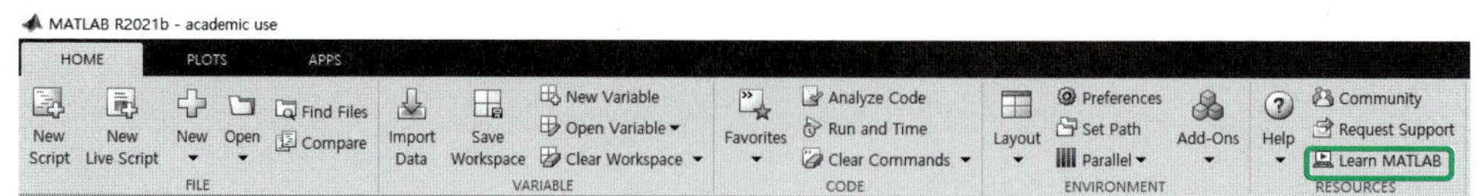


그림 1.13 MATLAB 도움말.

### 3) R-Rstudio

Rstudio는 R 사용을 위한 통합 개발 환경(Integrated Development Environment, IDE)으로, 어도비 콜드퓨전의 개발자인 J. J. Allaire가 개발했다. Rstudio는 일반 데스크톱 어플리케이션과 웹 브라우저 방식으로 사용할 수 있다. 일반적인 IDE와 마찬가지로 디버깅, 컴파일, 배포 등 개발을 위한 기능을 통합적으로 제공한다.

Rstudio는 https://www.rstudio.com/을 통해 다운받을 수 있다. 일반적인 데스크톱 어플리케이션의 경우는 계정 생성이 필요 없고 무료로 다운받을 수 있다.

Product tap의 데스크톱 어플리케이션을 선택한다. 일반 Open source edition을 다운로드 받고 설치하면 사용할 수 있다.

Rstudio를 실행하면 그림 1.16과 같은 화면을 볼 수 있다. File 탭의 <New File>을 보면 코드 스크립트를 작성할 수 있는 <R script> 버튼이 있다. 우측 상단 Environmental 화면에서는 <Import Datasets> 버튼을 통해 데이터를 환경에 불러올 수 있다.

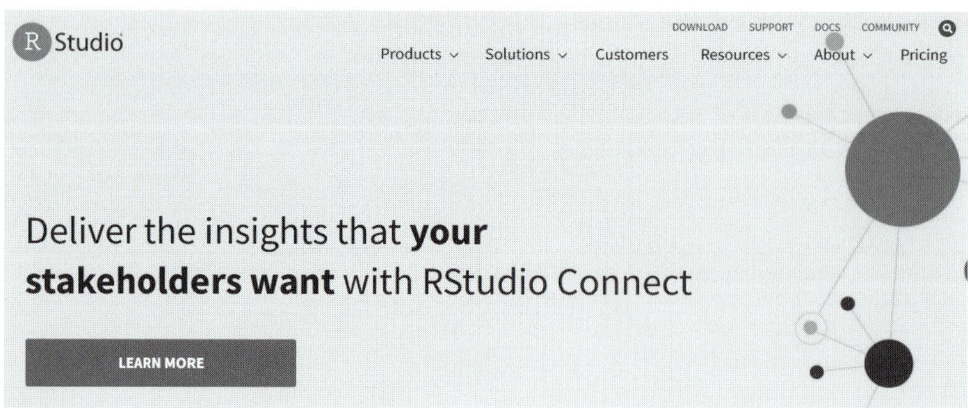


그림 1.14 Rstudio.com의 프론트 페이지.

# RStudio Desktop

| | Open Source Edition | RStudio Desktop Pro |
|---|---|---|
| Overview | • Access RStudio locally<br>• Syntax highlighting, code completion, and smart indentation<br>• Execute R code directly from the source editor<br>• Quickly jump to function definitions<br>• View content changes in real-time with the Visual Markdown Editor<br>• Easily manage multiple working directories using projects<br>• Integrated R help and documentation<br>• Interactive debugger to diagnose and fix errors<br>• Extensive package development tools | All of the features of open source; plus:<br>• A commercial license for organizations not able to use AGPL software<br>• Access to priority support<br>• RStudio Professional Drivers<br>• Connect directly to your RStudio Workbench instance remotely |
| Support | Community forums only | • Priority Email Support<br>• 8 hour response during business hours (ET) |
| License | AGPL v3 | RStudio License Agreement |
| Pricing | Free | $995/year |
| | DOWNLOAD RSTUDIO DESKTOP | DOWNLOAD FREE RSTUDIO DESKTOP PRO TRIAL |
| | | Purchase \| Contact Sales |

그림 1.15 Rstudio 어플리케이션 다운로드 페이지.

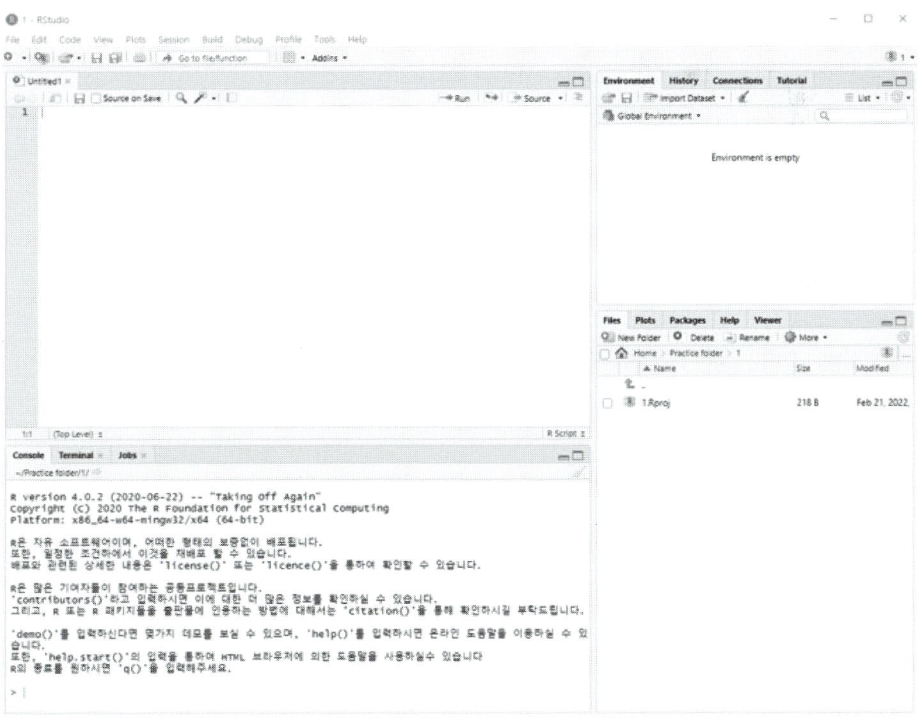


그림 1.16 Rstudio의 실행 화면.

# 3. 개발 언어 기초 문법

## 1) 파이썬 기초

### (1) 기초자료형(숫자, bool), 변수, 연산자

숫자형은 숫자 형태로 이루어진 자료형을 말한다. 우리가 흔히 사용하는 숫자형으로는 정수, 실수, 복소수가 있고 드물게 사용하는 8진수, 16진수가 있다. 불린 값은 True와 False 중 하나이고, 수학 계산에서는 각각 1과 0으로 평가를 한다.

```
>>> a = 267
>>> b = 45.12
>>> c = 0o172
>>> d = 0x8ff
>>> print (3 > 4)
False
>>> print(True or False)
True
```

변수 a와 b는 각각 정수형과 실수형을 나타내며, 변수 c와 d는 8진수와 16진수를 나타낸다. 변수를 8진수(octal)로 선언하기 위해서는 숫자가 0o(숫자 0과 알파벳 소문자 또는 대문자 O)로 시작하면 된다. 16진수는 0x로 시작하면 된다.

숫자형은 다양한 연산자를 사용하여 계산을 할 수 있다.

```
>>> a = 7
>>> b = 2
>>> a + b
9
>>> a * b
14
>>> a / b
3.5
>>> a ** b
49
>>> b % a
1
>>> a // b
3
```

일반적인 사칙연산(+, -, *, /)은 한 번쯤은 접했을 연산자일 것이다. 이외에도 제곱을 나타내는 ** 연산자, 나눗셈의 나머지 값을 돌려주는 % 연산자, 나눗셈의 몫 값을 돌려주는 // 연산자가 있다.

변수는 값의 이름이다. 알파벳 대소문자 모두 사용 가능하며, 숫자도 변수명의 일부로 사용이 가능하지만 맨 처음에 숫자를 사용할 수는 없다.

```
Apple = 451 # 가능
Apple1 = 451 # 가능
2Apple = 451 # 불가
```

### (2) 조건문(if), 반복문(while, for)

프로그램을 작성하면서 제어문을 사용하는 경우가 있다. 제어문은 크게 if, while, for로 구성된다. 조건을 판단하여 해당 조건에 맞는 상황을 수행하는 데 쓰는 것이 if문이다.

```
>>> James = 77
>>> Jessica = 54
>>> if James > Jessica:
...     print('James is heavier than Jessica')
...   elif James == Jessica:
...     print('James is equal to Jessica')
...   elif James < Jessica:
...     print('James is lighter than Jessica')
...
James is heavier than Jessica
```

if문은 조건식이 True인 경우 명령을 실행하며, False일 경우 명령문은 건너뛰고 다음 코드를 실행한다. if문은 단일, 2중, 다중 형식으로 구성할 수 있으며, elif문을 사용하면 이전 조건이 거짓일 때 수행되고 조건을 여러 개 주는 것이 가능하다. 여기서 == 연산자는 일치하는가를 물어보는 연산자이다.

**Q1. if문을 사용하여 3개의 숫자(9, -4, 6)를 오름차순으로 정렬하라.**

```
number1, number2, number3 = 9, -4, 6
if number 1 > number2:
   number1, number2 = number2, number1
if number2 > number3:
   number2, number3 = number3, number2
if number1 > number2:
   number1, number2 = number2, number1
print("The sorted numbers are", number1, number2, number3)
```

인접한 숫자의 배열이 내림차순인 조건을 if문으로 선별해 숫자의 배열을 바꾸어 저장해 주는 방식으로 숫자의 배열을 오름차순으로 정렬하고 있다.

반복문 while문은 조건문이 참이 될 때까지 반복해서 실행시킨다. 경험치가 10을 달성하면 레벨이 오르는 게임을 만든다면 다음과 같다.

```
>>> EXP = 0
>>> while EXP < 10:
...     EXP = EXP +1
...     print("경험치가 %d입니다." % EXP)
...     if EXP == 10:
...         print("레벨업!")
...
경험치가 1입니다.
경험치가 2입니다.
...
경험치가 8입니다.
경험치가 10입니다.
레벨업!
```

여기서 while문의 조건문은 EXP < 10이다. 10보다 작으면 계속 반복해서 수행하며, EXP = EXP + 1은 EXP 값을 계속 1씩 증가시킨다. 그리고 나서 EXP < 10 조건문이 거짓이 되면 while문을 빠져나가게 된다.

**Q2. while문과 덧셈기호를 이용해 곱셈기호 없이 두 수의 곱셈을 구현해 보자.**

```
m = 3
n = 7
res = 0
while n>0:
    res += m
    n = n - 1
print('m * n =', res)
```

n과 m의 곱셈을 구현하기 위해 n이 양수인 조건 하에서 while문을 반복하며 res 값에 m씩 더하여 저장한다. while문이 반복될 때마다 n의 값은 1씩 빼서 저장하면, 정확히 n번 반복되는 결과를 가져온다.

다른 반복문으로 for문이 있다. while문과 비슷한 반복문인 for문은 유용하고 문장 구조 이해가 쉽다는 장점이 있다. 다음 for문의 간단한 예시를 보며 이해를 돕고자 한다. 10명 학생이 운전면허 필기 시험을 보았다. 시험 점수가 70점이 넘으면 합격이고 그렇지 못하면 불합격이다.

```
exams = [66, 70, 76, 56, 80, 64, 74, 90, 50, 62]
number = 0
for result in exams:
    number = number +1
    if result >= 70:
        print("%d번 응시자는 합격입니다." % number)
    else:
        print("%d번 응시자는 불합격입니다." % number)
```

각각의 응시자에게 번호를 부여하기 위해 number 변수를 사용하였다. 리스트 exams에서 차례로 점수를 result 변수로 받아 for문 안의 문장을 수행한다. 수행이 한 번씩 진행되면서 number는 1씩 증가한다.

**Q3. for문을 이용하여 양의 정수가 소수인지 아닌지 판별해 보자.**

```
n = 9
for a in range (2,n):
   if n % a ==0 :
      print('not prime')
      break;
   eles:
      print('prime')
```

'for a in range (2,n)'문 이하에서 a 자리에 2부터 n – 1까지의 수를 넣어 가며 한 번씩 반복문을 수행한다. n을 2부터 n – 1까지의 수로 나누어 보았을 때, 하나의 수라도 n을 나누어 떨어지게 하는 수가 있으면 n은 소수가 아니다. 모두 n을 나누어 떨어지게 하지 못한다면 n은 소수이다.

### (3) 함수

프로그래밍을 진행하면 같은 내용을 반복해서 작성하는 경우가 발생한다. 이때 함수를 사용하면 편리하게 작성할 수 있다. 또한, 프로그램 흐름 파악 및 오류가 어디서 발생하는지도 바로 알아차릴 수 있다.

```
def multiply(a, b):
    result = a * b
    return result
```

위는 일반적인 함수의 예이다. multiply는 함수의 이름이며, a와 b는 함수에 사용되는 매개변수이다. 즉, multiply 함수는 2개의 입력값을 받아 서로 곱한 값을 돌려준다.

다음은 여러 개의 입력 값을 받는 함수에 대해서 알아본다.

```
def multiply_many(*parameters):
    result = 1
    for i in parameters:
        result = result * i
    return result
```

앞서 multiply_many 함수는 입력 값이 몇 개든 상관이 없다. *parameters처럼 매개변수이름 앞에 *을 붙이면 입력 값을 전부 모아 튜플로 만들어 주기 때문이다.

**Q4. 두 수의 최대공약수를 구하는 함수를 만들어 보자.**

```
def gcd(a,b) :
  while b > 0 :
    r = a % b
    a = b
    b = r
  return a
```

b가 양수일 조건 하에서 while문이 반복되고 반복문을 거칠 때마다 a와 b를 b와 r (r은 a를 b로 나눈 나머지)로 업데이트한다. a를 b로 나눈 나머지가 0이 될 때, 반복문은 멈추며, 마지막으로 업데이트된 a 값이 a와 b의 최대 공약수이다.

### (4) 시퀀스 자료형(문자열, 리스트, 튜플)

시퀀스 자료형에는 문자열, 리스트, 튜플이 있다. 문자열은 문자, 단어 등으로 구성된 문자들의 집합이다.

```
>>> a = 'home'
>>> a[0]
'h'
>>> a[1:3]
'om'
>>> a[:4]
'home'
>>> a[1:]
'ome'
>>> a = 'c' + a[1:]
>>> a
'come'
```

문자열에서는 한 글자마다 번호를 매기게 된다. 맨 앞에서부터 0부터 순차적으로 번호가 매겨진다. a[:4]는 a[4]는 포함하지 않고, a[1:]는 a[1]를 포함하여 출력한다. 시퀀스의 일부를 취하는 것을 슬라이싱이라고 한다.

리스트를 만들 때는 대괄호([])로 감싸주고 각 원소는 쉼표로 구분한다.

```
>>> a = []
>>> b = [1, 2, 3]
>>> c = ['Process', 'Engineering', 'Systems']
>>> d = [1, 2, 'Chemical', 'Engineering']
```

리스트는 a처럼 아무것도 포함하지 않을 수 있고, b처럼 숫자를 원소로 가질 수 있다. 또한, c처럼 문자열로 구성될 수도 있으며, d처럼 숫자와 문자열을 함께 가질 수도 있다.

```
>>> example = [2, 6, 8]
>>> example.append(4)
>>> example
[2, 6, 8, 4]
>>> example.sort()
>>> example
[2, 4, 6, 8]
>>> example.insert(0, 0)
>>> example
[0, 2, 4, 6, 8]
>>> del example[3]
>>> example
[0, 2, 4, 8]
```

위의 예를 보면 append는 example에 원소 4를 추가하는 기능하고 sort 함수를 이용하면 example을 원소 크기 순으로 정렬할 수 있다. 여기에 원하는 순서에 원하는 원소를 넣고자 한다면, insert 기능을 사용할 수 있으며, 원소를 삭제하고자 한다면 del 함수를 사용하면 된다.

리스트는 다음과 같이 중첩하여 또 다른 리스트를 포함할 수 있다. 이와 같은 형태의 리스트를 중첩 리스트(nested list)라고 부른다.

```
>>> my_list = [“Artificial”, [3, 6, 9], [“Intelligence”, 4, 8]]
>>> print(my_list[0])
Artificial
>>> print(my_list[1])
[3, 6, 9]
>>> print(my_list[1][2])
9
>>> print(my_list[0][0])
A
>>> print(my_list[0][2])
t
>>> print(my_list[2])
[“Intelligence”, 4, 8]
>>> print(my_list[2][0])
Intelligence
```

**Q5. 중첩 리스트의 모든 원소들의 합을 구하는 nested_sum이라는 함수를 만들어 보자.**

```
def nested_sum(nestedList, newList = [0]):
   def flatlist(nestedList):
      for I in range(len(nestedList)):
         if type(nestedList[i]) == int:
```

```
            newList.append(nestedList[i])
        else:
            flatlist(nestedList[i])
    return newList
flatlist(nestedList)
print(sum(newList))
```

먼저, 중첩 리스트에 들어 있는 리스트 원소들의 포함 원소들을 모두 꺼내 하나의 리스트 안의 원소들로 만들어주는 'flatlist' 함수를 정의하고, 'flatlist' 함수를 사용해 중첩 리스트를 하나의 리스트로 만들어 sum 함수를 통해 원소들의 합을 구한다.

마지막으로 튜플은 몇 가지 점을 제외하면 리스트와 비슷하다. 리스트는 []으로 둘러싸이지만 튜플은 ()로 둘러싸인다. 그리고 리스트는 값의 생성, 삭제, 수정이 가능하지만, 튜플은 값을 바꾸거나 삭제할 수 없다.

```
>>> s1 = (4, 7, 'p', 'q')
>>> del s1[0]
Traceback (most recent call last):
  File "<stdin>", line 1, in <module>
TypeError: 'tuple' object doesn't support item deletion
```

튜플의 원소를 리스트처럼 del을 이용해서 지우려고 하면 위와 같이 오류가 발생함을 알 수 있다. 또한 튜플의 원소를 변경하려고 한다면 다음과 같은 오류가 발생한다.

```
>>> s1 = (4, 7, 'p', 'q')
>>> s1[0] = 'a'
Traceback (most recent call last):
  File "<stdin>", line 1, in <module>
TypeError: tuple' object does not support item assignment
```

## 2) 매트랩 기초

### (1) 데이터 생성

매트랩에서 사용하는 데이터는 주로 매트랩 외부 데이터를 이용한다. 외부 데이터를 필요한 수식에 적용하기 위해서는 필요한 데이터만을 불러와 원하는 형태로 변수를 지정해 배열하는 것이 중요하다.

**Q1. 엑셀 파일(Ex_data.xlsx)에서 데이터를 불러와 입력 데이터 행렬인 X와 출력(응답) 데이터 벡터인 y를 생성하라. 이때, X는 엑셀 파일의 무게(Weight), 마력(Horsepower), 실린더(Cylinders), 연식(Model_Year)으로 구성되어 있으며, y는 마일리지(MPG)로 구성되어 있다.**

데이터는 'readtable' 함수를 통해 불러올 수 있으며, 전체 데이터뿐만 아니라 범위 설정을 통해 필요한 데이터만 불러올 수 있다. 불러온 데이터로 변수를 지정하는 기본적인 방법은 그림

```
% 엑셀 데이터 불러오기
Table=readtable('Ex_data.xlsx','Range','A1:E101');

% 데이터 배열 방법 1
X=Table(:,1:4);
y=Table(:,5);

% 데이터 배열 방법 2
Xnew = [Table.Weight,Table.Horsepower,Table.Cylinders,Table.Model_Year];
ynew = Table.MPG;
```

그림 1.17 데이터 생성 및 변수 지정 코드.

1.17과 같이 2개의 방법이 있다. 방법 1은 엑셀 데이터의 열 번호를 입력해 변수를 지정하는 방법이고, 방법 2는 열의 이름을 통해 값을 불러오는 방법이다.

### (2) 선형회귀 모델의 생성

회귀 분석은 둘 이상의 변수들 사이의 관계를 나타내는 분석 방법으로, 이를 통해 새로운 1개의 변수를 통해 관련된 다른 변수의 값을 예측할 수 있다. 회귀 분석에는 선형 모델, SVM(Support Vector Machine) 등 다양한 모델이 적용될 수 있다. 다음의 예제를 통해 회귀 분석 모델 중 가장 기초적인 선형회귀 모델을 생성하고자 한다.

**Q2. Ex_data.xlsx를 이용해 동일한 방법으로 데이터를 불러와 나타내고자 한다. 동일한 방법으로 데이터를 불러온 후, 선형모델 객체를 생성하는 내장함수인 'fitlm'을 이용하여 선형 회귀 모델을 생성하라.**

```
% 선형모델 생성
X=[Table.Weight,Table.Horsepower]; y=Table.MPG;
linmod=fitlm(X,y) %또는 linmod=fitlm(X,y,'linear')
```

그림 1.18 선형모델 생성 코드.

그림 1.17과 동일한 방법으로 데이터를 불러온 후, 그림 1.18과 같은 방법으로 선형모델을 생성한다. 이때 X에 입력한 순서대로 x1과 x2가 설정된다.

그림 1.18에서 만든 코드를 실행시키면 그림 1.19와 같은 결과가 생성된다. 생성된 선형 회귀 모델은 'y = 47.769-0.0065651*x1-0.042018*x2'이다. 이때 각 변수에서 pValue 값이 작은 경우는 그 변수가 출력변수에 큰 영향을 미치지 않는다는 것을 의미한다.

```
linmod =


선형 회귀 모델:
    y ~ 1 + x1 + x2

추정된 계수:
                    Estimate        SE         tStat       pValue
                   __________    _________    _______    __________

    (Intercept)        47.769       1.7417     27.427     1.751e-45
    x1             -0.0065651    0.0010507    -6.2484    1.3519e-08
    x2              -0.042018     0.018671    -2.2504       0.02686


관측값 개수: 93, 오차 자유도: 90
RMS 오차: 4.07
결정계수: 0.752, 수정된 결정계수: 0.747
상수 모델에 대한 F-통계량: 136, p-값 = 5.57e-28
```

그림 1.19 선형모델 생성 결과.

**Q3. 앞서 얻어진 선형모델로부터 얻어지는 마일리지 값과 데이터로 주어진 마일리지 값을 서로 비교하라.**

앞서 얻은 선형모델과 실제 데이터를 비교하는 그래프를 통해 마일리지 값을 비교할 수 있다. 2차원 비교는 무게와 마력을 하나의 샘플 번호로 합쳐 2차원으로 나타낸 것이고, 3차원 비교는 무게와 마력을 각각 나타내어 3차원으로 나타낸 것이다. 두 그래프를 통시에 나타내기 위해 'subplot' 함수를 사용했다. Subplot 함수는 'subplot(m, n, p)'로 나타내며, 이는 현재 그래프를 m × n 그리드로 나누고, p로 지정된 위치에 좌표축을 만드는 것을 의미한다.

그림 1.20의 코드를 통해 그림 1.21의 그래프를 얻을 수 있다. 그림의 왼쪽은 2차원 비교를 나타내며, 오른쪽은 3차원 비교를 나타낸다.

```
% 마일리지 값 비교
x1=X(:,1); x2=X(:,2); ym = 47.769 - 0.0065651*x1 - 0.042018*x2; n=length(y);

% 2차원 비교
subplot(1,2,1), plot(1:n,ym,1:n,y,'o'),grid,xlabel('샘플 번호')
ylabel('마일리지'), legend('선형모델','데이터')

% 3차원 비교
subplot(1,2,2),plot3(x1,x2,ym),hold on, plot3(x1,x2,y,'o'), hold off, grid
xlabel('무게'), ylabel('마력'), zlabel('마일리지')
```

그림 1.20 마일리지 값 비교 그래프 생성 코드.

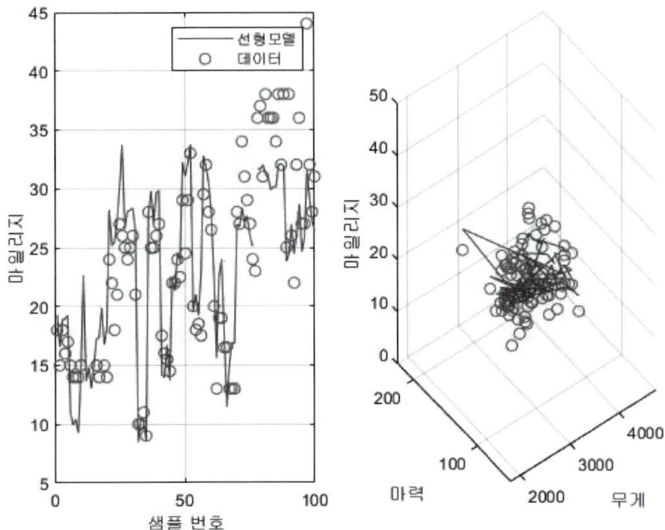


그림 1.21 마일리지 값 비교 그래프.

## 3) R 기초

### (1) 기초 문법

R은 파이썬과 마찬가지로 숫자형, 문자형 등의 자료 형식이 존재한다. "str()" 함수를 통해 다음과 같이 데이터 형식을 파악할 수 있다.

```
> a = 1
> str (a)
num 2
> b = 2
> str (b)
num 2
> c = 'k'
> str(c)
chr "k"
```

일반적인 사칙연산(+, –, *, /)은 파이썬과 같은 연산자를 사용한다. 하지만, 나눗셈의 나머지 값은 %% 연산자를 사용한다.

```
> a = 7
> b = 2
> a + b
9
> a * b
14
> a / b
```

```
3.5
> a ** b
49
> a %% b
1
> a %/% b
3
```

### (2) 조건문(if), 반복문(while, for)

조건문과 반복문은 파이썬과 비슷한 구조를 갖고 있다. 다만, 조건문의 조건 부분과 수행부분이 더 명확히 나눠진다.

```
> James = 77
> Jessica = 54
> if (James > Jessica) {
      print('James is heavier than Jessica')
} else if (James == Jessica) {
      print('James is equal to Jessica')
} else {
      print('James is lighter than Jessica') }
[1] "James is heavier than Jessica"
```

R에서는 갱신된 정보를 print하기 위해 "sprint()" 함수를 사용하며, 해당 정보를 그때마다 저장(예, 아래 script의 'sys')하여 "print()" 함수로 불러온다.

```
> EXP = 0
> while (EXP < 10){
  EXP = EXP +1
  sys = sprintf('경험치가 %d입니다.', EXP)
  print(sys)
  if (EXP == 10){
      print('레벨업!')
  }}
[1] 경험치가 1입니다.
[1] 경험치가 2입니다.
…
[1] 경험치가 8입니다.
[1] 경험치가 10입니다.
[1] 레벨업!
```

for 반복문을 사용하여 파이썬과 마찬가지로 소수를 판별할 수 있지만, 특정 구간의 수를 표현할 때는 ":" 연산자를 사용한다.

```
> n = 9
> for (i in 2:8){
  if (n %% i == 0){
    print('not prime')
  } else {
    print('prime')
  }
}

[1] "prime"
[1] "not prime"
[1] "prime"
[1] "prime"
[1] "prime"
[1] "prime"
[1] "prime"
```

## 결론

이 장에서는 인공지능 개발 언어와 개발 환경에 대해 살펴보았다. 풀고자 하는 문제에 따라 언어와 환경을 선택할 수 있다. 그 중에서도 파이썬, 매트랩, R의 기초 문법을 간략히 복습하고 관련 문제를 풀어 봄으로써 추후 실습에서 활용할 수 있다.

화공인공지능

제2장

# 데이터 수집

학습 내용

[문제] 효과적인 데이터 수집을 위한 데이터 이해
[방법] 데이터 구조와 의미, 수집 방법론 소개
[응용] 데이터 수집 매체와 관련 소프트웨어 소개

## 1. 화공산업 데이터 소개

화공산업에서는 실제 공정·실험·시뮬레이션 등과 같은 다양한 출처로부터 데이터가 발생한다. 이 데이터들은 **형태**와 **수치적 의미**에 따라 분류가 다르며 적절한 수집·저장·변환·이용 방법이 다르다. '화공산업 데이터 소개'는 데이터의 원시적인 형태와 화공산업에서 이용되는 데이터를 소개한다.

특히 화공산업 현장에서는 매우 다양한 출처로부터 실시간으로 엄청난 양의 데이터와 정보가 산출되고 있다. 이러한 빅데이터를 효과적으로 활용하기 위해서 데이터 수집 단계에서부터 잘 관리하고 처리할 필요가 있다. 즉 문제 해결의 목적과 효과 등을 문제 설정 단계에서 명확히 정한 후, 이러한 문제 해결에 필요한 데이터를 수집, 처리, 관리하는 역량이 결국 문제 해결을 위해 가장 중요한 단계라 할 수 있다.

발생 및 수집 가능한 다양한 데이터를 적절한 수준으로 가공하고 처리함으로써 문제 해결 과정에 소비되는 계산 시간과 전산 부담을 줄일 수 있다. 또한 이러한 효과적인 데이터의 수집은 비단 해결 과정 중의 효율성은 물론 문제 해결 후, 실제 적용하기 위한 과정에서도 문제 풀이의 결과를 직관적으로 현장에 적용할 수 있는 장점을 갖는다.

### 1) DIKW 피라미드

- Data, Information, Knowledge, Wisdom으로 이루어진 계층도는 과학 및 공학 분야에서 널리 인용되는 형태이다.
- 데이터는 관찰, 측정을 통해서 수집된 사실이나 값, 수치, 문자 등 가공되지 않은 원래의 자료를 의미한다.

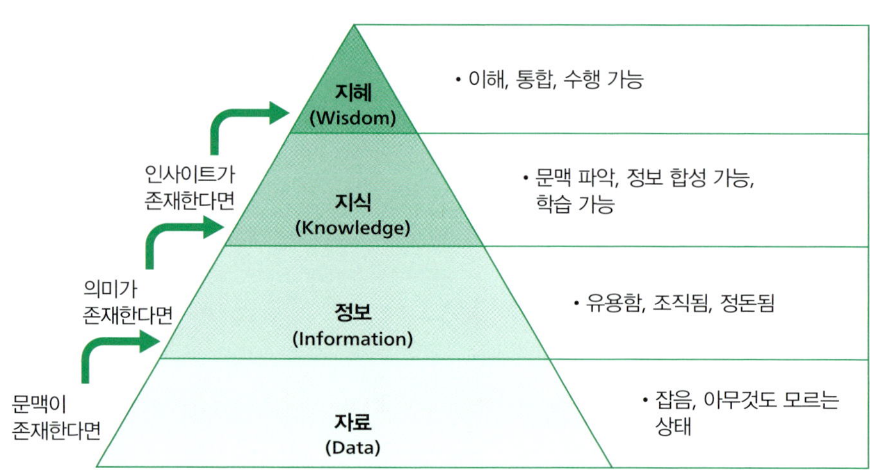


그림 2.1 DIKW 피라미드.

- 정보는 필요에 의해 정제 및 가공된 데이터를 의미한다.
- 지식은 일반화하고 체계화된 즉시 적용 가능한 데이터 형태이다.
- 지혜는 지식의 근본 원리에 대한 이해를 바탕으로 도출되는 아이디어이다.

그림 2.1에서 보는 바와 같이 데이터의 양과 질은 상위로의 피라미드 구조를 갖는다. 즉, 인공지능을 이용한 문제 해결이란 결국 빅데이터로부터 적절한 수준의 정보 더 나아가 지식을 유출하는 과정을 일컫는다. 인간의 인지와 연산으로는 행할 수 없는 방대한 정보의 관계를 인공지능 방법론으로 조직화하고, 분류하고, 해석을 하는 과정이 인공지능 기반 문제 해결의 핵심이다.

## 2) 빅데이터의 4V

- 빅데이터는 단순히 많은 데이터를 의미하는 것이 아닌 편집(compilation), 저장(storage), 사용(exploitation)이 가능한 데이터들을 의미한다.
- 빅데이터는 보통 4가지 큰 요소가 있는데, 이것들은 크기(volume), 속도(velocity), 다양성(variety), 정확성(veracity)이다.
- 빅데이터에서 크기는 정통적인 의미에서 데이터 크기를 의미한다. SNS나 특정 장치로부터 매우 많은 양의 데이터 축적이 가능해야 한다.
- 많은 양의 데이터는 데이터 베이스나 분석을 위한 계산 엔진으로 이동이 원활해야 한다. 데이터의 수집·저장·변환·이용을 위해서 데이터의 전송/계산 속도는 빅데이터에서 역시 중요한 요소다.
- 다양성은 데이터의 범용적인 사용을 위해 필요한 요소다. 다양한 관점으로부터 객관적이고 명확한 정보(information)를 추출하여 가치판단을 도울 수 있어야 한다.
- 빅데이터는 종종 데이터의 유실이나 변형이 생길 수 있다. 데이터의 정확성은 데이터 의존이 가능한 기준을 제시하므로 데이터의 사용과 직결되는 요소이다.

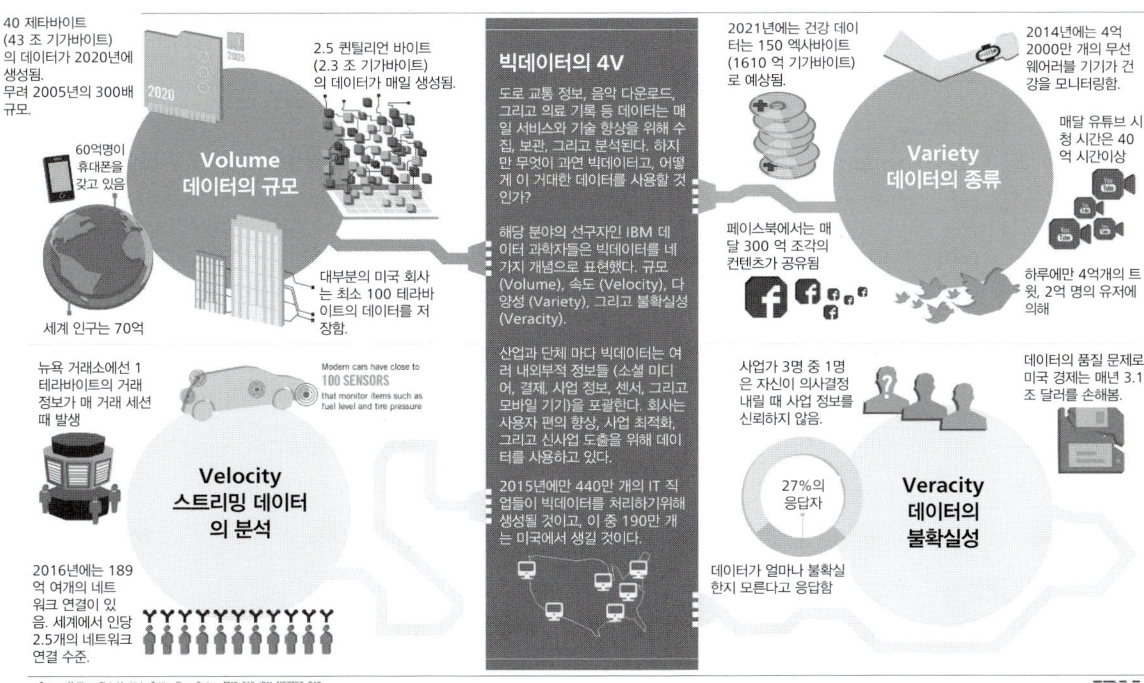


그림 2.2 빅데이터의 4V.

## 3) 데이터의 형태

데이터의 형태는 **정형 데이터**(structured data), **비정형 데이터**(unstructured data), **준정형 데**

| 정형 데이터 | 비정형 데이터 | 준정형 데이터 |
|---|---|---|
| **특성**<br>정의된 데이터 모델<br>쉽게 검색됨<br>텍스트에 기반함 | **특성**<br>정의되지 않은 데이터 모델<br>쉽게 검색되지 않음<br>텍스트, PDF, 이미지, 비디오 등<br>왜 수집되었는지만 알 수 있음 | **특성**<br>간략히 정리된 메타데이터 HTML, XML, JSON 파일 등 |
| **주요 발견처**<br>관계 데이터 베이스<br>데이터 웨어하우스 | **주요 발견처**<br>휴대폰 어플, 데이터 웨어하우스 | **주요 발견처**<br>관계 데이터 베이스<br>태그가 달린 텍스트 형식 |
| 행과 열로 저장, 표현됨 | 다양하게 저장, 표현됨 | 문서 초록이나 그림 이미지에서 발견됨 |
| **예시**<br>휴대폰 번호<br>주민등록번호<br>고객 이름<br>신용 거래 정보 | **예시**<br>문서<br>이메일 및 메시지<br>대화 대본<br>이미지 파일<br>주관식 설문 조사 | **예시**<br>소셜네트워크의 해시태그(트위터 등)<br>폴더로 정리된 이메일(보낸메일, 받은 메일, 휴지통 등) |

그림 2.3 데이터의 형태: 정형, 비정형, 준정형.

| Unit_id | Size | Location |
|---|---|---|
| 1 | 352 | 3 |
| 2 | 411 | 1 |
| 3 | 338 | 1 |

| Operation | Temperature | Pressure |
|---|---|---|
| 1 | 352 | 3 |
| 2 | 411 | 1 |
| 3 | 338 | 1 |
| 4 | 221 | 9 |

| Unit_id | Operation_id | Schdule_id |
|---|---|---|
| 2 | 1 | 1 |
| 1 | 5 | 5 |
| 1 | 6 | 6 |
| 3 | 3 | 3 |
| 2 | 4 | 4 |
| 3 | 2 | 5 |

그림 2.4 정형 데이터의 예시.

**이터**(semi-structured data)로 분류된다. 이는 데이터의 형식과 구성에 따른 분류로, 데이터의 저장 및 이용에 중요하다. 보통 화공산업에서 발생하는 데이터는 센서와 같은 검출 장비에 의해 해석된 데이터인 정형 데이터를 의미한다. 하지만 많은 잠재적 **데이터 근원**(data source)은 사람의 **의도**나 **해석**이 아직 개입하지 않아 형식과 구성이 없는 비정형 데이터를 생성한다. 앞으로도 화학공학자들은 화공산업에서의 정형 데이터 확보에 심혈을 기울일 것이지만, 데이터의 비정형 수준에서의 해석 또한 현재 수준에서 중요하다. 다음은 실제 화공산업에서 발생하는 데이터의 예시를 데이터 형태에 따른 분류로 정리했다.

### (1) 정형 데이터(Structured Data)

- 정형 데이터는 보통 열/행으로 구성된 테이블 형태의 데이터를 의미한다.
- 데이터 베이스에 저장될 때, 데이터 관계(relation)와 서열(hierarchy)을 규명한다.
- 데이터 베이스에 저장된 데이터는 수치형 또는 범주형 값을 포함한다.

### (2) 비정형 데이터(Unstructured data)

- 비정형 데이터는 사진·음성·비디오 등을 포함하며, 정형 데이터가 아닌 거의 모든 것을 의미한다.
- 데이터 사이 관계나 형식이 없어 저장·이용을 위해서 임시적인 형태를 정의해야 한다. 예를 들어, 사진은 명함 사이즈, 비디오는 1080p 수준 화질 등을 의미한다.

### (3) 준정형 데이터(Semi-Structured Data)

- 준정형 데이터는 정형 데이터와 비정형 데이터의 중간에 해당하며, 데이터에 형식이 존재하지만 정보 추출을 위한 단계가 필요한 데이터이다

그림 2.5 비정형 데이터 예시: 사진, 동영상 등.

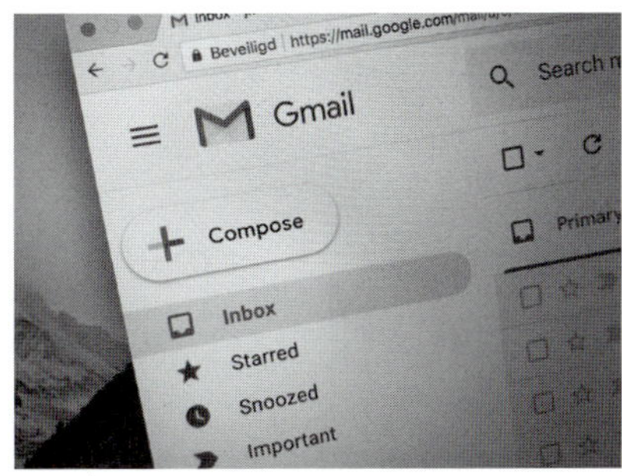


그림 2.6 준정형 데이터의 예시: 이메일

- 일반적으로 이메일은 작성 방식(보낸이, 받는이, 인사말 등)이 존재한다. 따라서 데이터 수집을 위한 특정 알고리즘만으로 데이터 전처리 과정 없이 불필요한 데이터 제거를 통해 중요한 텍스트만을 추출할 수 있다.

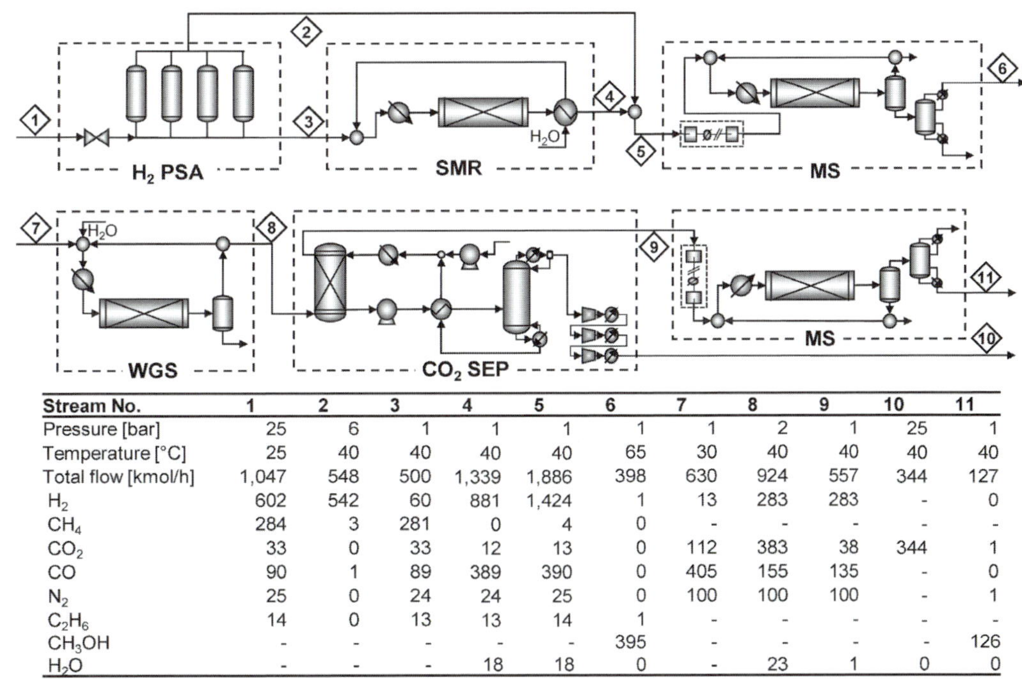


| Stream No. | 1 | 2 | 3 | 4 | 5 | 6 | 7 | 8 | 9 | 10 | 11 |
|---|---|---|---|---|---|---|---|---|---|---|---|
| Pressure [bar] | 25 | 6 | 1 | 1 | 1 | 1 | 1 | 2 | 1 | 25 | 1 |
| Temperature [°C] | 25 | 40 | 40 | 40 | 40 | 65 | 30 | 40 | 40 | 40 | 40 |
| Total flow [kmol/h] | 1,047 | 548 | 500 | 1,339 | 1,886 | 398 | 630 | 924 | 557 | 344 | 127 |
| $H_2$ | 602 | 542 | 60 | 881 | 1,424 | 1 | 13 | 283 | 283 | - | 0 |
| $CH_4$ | 284 | 3 | 281 | 0 | 4 | 0 | - | - | - | - | - |
| $CO_2$ | 33 | 0 | 33 | 12 | 13 | 0 | 112 | 383 | 38 | 344 | 1 |
| CO | 90 | 1 | 89 | 389 | 390 | 0 | 405 | 155 | 135 | - | 0 |
| $N_2$ | 25 | 0 | 24 | 24 | 25 | 0 | 100 | 100 | 100 | - | 1 |
| $C_2H_6$ | 14 | 0 | 13 | 13 | 14 | 1 | - | - | - | - | - |
| $CH_3OH$ | - | - | - | - | - | 395 | - | - | - | - | 126 |
| $H_2O$ | - | - | - | 18 | 18 | 0 | - | 23 | 1 | 0 | 0 |

그림 2.7 공정 흐름도.

### › 정형 데이터의 예시

공정 흐름도(Process Flow Diagram, PFD)의 흐름 정보(Stream Information)는 각 세부 항목에 대한 수치적 정보가 있는 정형 데이터이다.

| | Base Metal (wt %) | | | | | | | Catalyst Preparation Method | | | | | | | | | | | | Calcination conditions | | Output |
|---|---|---|---|---|---|---|---|---|---|---|---|---|---|---|---|---|---|---|---|---|---|---|
| **Data** | **Pt** | **Au** | **Ru** | **Rh** | **Ir** | **Cu** | **Pd** | **IWI** | **WI** | **CI** | **SI** | **SGP** | **CP** | **HDP** | **UGC** | **SCT** | **FSP** | **ME** | **DP** | **Calc T (oC)** | **Calc T. (hr)** | **CO Conversion** |
| *1* | 0 | 1 | 0 | 0 | 0 | 0 | 0 | 0 | 0 | 0 | 0 | 0 | 0 | 0 | 0 | 0 | 0 | 0 | 1 | 25 | 0 | 7.6 |
| *2* | 0 | 3 | 0 | 0 | 0 | 0 | 0 | 0 | 0 | 0 | 0 | 0 | 0 | 0 | 0 | 0 | 0 | 0 | 1 | 25 | 0 | 11.1 |
| *3* | 0 | 5 | 0 | 0 | 0 | 0 | 0 | 0 | 0 | 0 | 0 | 0 | 0 | 0 | 0 | 0 | 0 | 0 | 1 | 25 | 0 | 18 |
| *4* | 0 | 1 | 0 | 0 | 0 | 0 | 0 | 0 | 0 | 0 | 0 | 0 | 0 | 0 | 0 | 0 | 0 | 0 | 1 | 25 | 0 | 13.2 |
| *5* | 0 | 3 | 0 | 0 | 0 | 0 | 0 | 0 | 0 | 0 | 0 | 0 | 0 | 0 | 0 | 0 | 0 | 0 | 1 | 25 | 0 | 26.3 |
| *6* | 0 | 5 | 0 | 0 | 0 | 0 | 0 | 0 | 0 | 0 | 0 | 0 | 0 | 0 | 0 | 0 | 0 | 0 | 1 | 25 | 0 | 32.1 |
| *7* | 0 | 1 | 0 | 0 | 0 | 0 | 0 | 0 | 0 | 0 | 0 | 0 | 0 | 0 | 0 | 0 | 0 | 0 | 1 | 25 | 0 | 25.6 |
| *8* | 0 | 3 | 0 | 0 | 0 | 0 | 0 | 0 | 0 | 0 | 0 | 0 | 0 | 0 | 0 | 0 | 0 | 0 | 1 | 25 | 0 | 49.4 |
| *9* | 0 | 5 | 0 | 0 | 0 | 0 | 0 | 0 | 0 | 0 | 0 | 0 | 0 | 0 | 0 | 0 | 0 | 0 | 1 | 25 | 0 | 53.5 |
| *10* | 0 | 1 | 0 | 0 | 0 | 0 | 0 | 0 | 0 | 0 | 0 | 0 | 0 | 0 | 0 | 0 | 0 | 0 | 1 | 25 | 0 | 58.9 |
| *11* | 0 | 3 | 0 | 0 | 0 | 0 | 0 | 0 | 0 | 0 | 0 | 0 | 0 | 0 | 0 | 0 | 0 | 0 | 1 | 25 | 0 | 69.1 |
| *12* | 0 | 5 | 0 | 0 | 0 | 0 | 0 | 0 | 0 | 0 | 0 | 0 | 0 | 0 | 0 | 0 | 0 | 0 | 1 | 25 | 0 | 76.4 |
| *13* | 0 | 1 | 0 | 0 | 0 | 0 | 0 | 0 | 0 | 0 | 0 | 0 | 0 | 0 | 0 | 0 | 0 | 0 | 1 | 25 | 0 | 81 |
| *14* | 0 | 3 | 0 | 0 | 0 | 0 | 0 | 0 | 0 | 0 | 0 | 0 | 0 | 0 | 0 | 0 | 0 | 0 | 1 | 25 | 0 | 87.5 |
| *15* | 0 | 5 | 0 | 0 | 0 | 0 | 0 | 0 | 0 | 0 | 0 | 0 | 0 | 0 | 0 | 0 | 0 | 0 | 1 | 25 | 0 | 89.7 |
| *16* | 0 | 1 | 0 | 0 | 0 | 0 | 0 | 0 | 0 | 0 | 0 | 0 | 0 | 0 | 0 | 0 | 0 | 0 | 1 | 25 | 0 | 90 |
| *17* | 0 | 3 | 0 | 0 | 0 | 0 | 0 | 0 | 0 | 0 | 0 | 0 | 0 | 0 | 0 | 0 | 0 | 0 | 1 | 25 | 0 | 93.2 |
| *18* | 0 | 5 | 0 | 0 | 0 | 0 | 0 | 0 | 0 | 0 | 0 | 0 | 0 | 0 | 0 | 0 | 0 | 0 | 1 | 25 | 0 | 94.9 |
| *19* | 0 | 1 | 0 | 0 | 0 | 0 | 0 | 0 | 0 | 0 | 0 | 0 | 0 | 0 | 0 | 0 | 0 | 0 | 1 | 25 | 0 | 92 |
| *20* | 0 | 3 | 0 | 0 | 0 | 0 | 0 | 0 | 0 | 0 | 0 | 0 | 0 | 0 | 0 | 0 | 0 | 0 | 1 | 25 | 0 | 93.3 |

그림 2.8 촉매 반응 데이터.

촉매 설계를 위한 실험의 독립변수·종속변수가 설정·측정·기록된 데이터는 정형 데이터이다.

공정 평가는 공정들의 평가 요소들(환경성, 기술성, 경제성)을 수치적으로 기록된 정형 데이터이다.

| | Case 1 | Case 2 | Base | Case 3 | Case 4 |
|---|---|---|---|---|---|
| Temperature (°C) | 210 | 230 | 250 | 270 | 290 |
| Pressure (MPa) | 5.0 | 5.0 | 5.0 | 5.0 | 5.0 |
| $CO_2$ one-pass conversion (%) | 14.8 | 20.7 | 25.7 | 27.7 | 29.9 |
| Methanol selectivity (%) | 69.1 | 64.6 | 61.3 | 56.2 | 41.1 |
| Methanol yield (Catalyst) (%) | 10.2 | 13.4 | 15.8 | 15.6 | 12.3 |
| **Carbon efficiency (%)** | **79** | **85** | **87** | **88** | **87** |
| Feed $CO_2$ [stream #1] (kmol/h) | 370 | 370 | 370 | 370 | 370 |
| Required $H_2$ [stream #2] (kmol/h) | 1,060 | 1,074 | 1,082 | 1,085 | 1,087 |
| Recycle [stream #12] (kmol/h) | 7,104 | 5,274 | 4,321 | 4,140 | 4,441 |
| Produced MeOH [stream #15] (kmol/h) | 294 | 313 | 322 | 324 | 321 |
| **Energy efficiency (%)** | **56** | **60** | **62** | **61** | **59** |
| Product energy (GJ/y) | 1,504,722 | 1,599,451 | 1,648,738 | 1,658,066 | 1,642,284 |
| Feed energy (GJ/y) | 2,068,237 | 2,096,834 | 2,112,214 | 2,117,014 | 2,121,641 |
| Utility consumption (GJ/y) | 631,538 | 581,185 | 563,189 | 586,538 | 640,292 |
| Electricity (GJ/y) | 68,149 | 68,848 | 69,223 | 69,341 | 69,454 |
| Steam (GJ/y) | 563,389 | 512,336 | 493,966 | 517,197 | 570,838 |
| Cooling water (Mkg/y) | 28,234 | 25,604 | 24,575 | 25,635 | 28,310 |
| **$CO_2$ reduction (kg $CO_2$/kg MeOH)** | **0.838** | **0.915** | **0.946** | **0.938** | **0.92** |
| Direct $CO_2$ emission (kg/y) | 24,233,772 | 17,196,932 | 13,412,266 | 12,231,284 | 11,092,517 |
| Indirect $CO_2$ emission (kg/y) | 42,767,288 | 39,682,389 | 38,586,579 | 40,040,431 | 43,379,159 |
| **Total production cost (TPC) ($/y)** | **62,442,314** | **62,835,955** | **63,078,020** | **63,276,074** | **63,634,219** |
| Capital cost ($) | 12,935,906 | 12,380,255 | 12,062,043 | 12,003,174 | 12,130,851 |
| Annualized capital cost ($/y) | 1,519,969 | 1,454,680 | 1,417,290 | 1,410,373 | 1,425,375 |
| Operating costs ($/y) | 4,449,463 | 4,199,608 | 4,097,853 | 4,183,869 | 4,412,310 |
| Fixed operating cost ($/y) | 1,156,564 | 1,106,884 | 1,078,434 | 1,073,171 | 1,084,586 |
| Variable operating cost ($/y) | 3,292,899 | 3,092,724 | 3,019,419 | 3,110,698 | 3,327,724 |
| Electricity ($/y) | 1,136,048 | 1,147,691 | 1,153,952 | 1,155,906 | 1,157,790 |
| Stream ($/y) | 1,309,829 | 1,176,899 | 1,128,207 | 1,185,744 | 1,320,628 |
| Cooling water ($/y) | 847,022 | 768,134 | 737,260 | 769,048 | 849,306 |
| Material costs ($/y) | 56,472,882 | 57,181,667 | 57,562,877 | 57,681,832 | 57,796,534 |
| $CO_2$ purchase cost ($/y) | 5,210,784 | 5,210,784 | 5,210,784 | 5,210,784 | 5,210,784 |
| $H_2$ purchase cost ($/y) | 51,262,098 | 51,970,883 | 52,352,093 | 52,471,048 | 52,585,750 |
| **Unit production cost (UPC) ($/kg MeOH)** | **0.827** | **0.783** | **0.763** | **0.761** | **0.773** |

그림 2.9 공정 경제성 데이터.

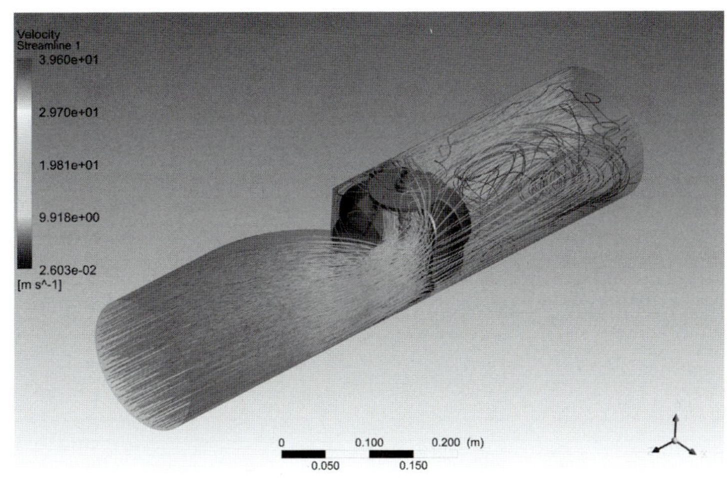


그림 2.10 전산 유체역학 이미지.

### 비정형 데이터의 예시

전산 유체역학 이미지는 물체 내·외부에서 유체의 거동에 따른 열과 유체의 흐름을 보여주는 대표적인 비정형 데이터이다.

공정의 block-diagram은 공정의 구성요소와 생산품을 표현하는 이미지이며 비정형 데이터이다.

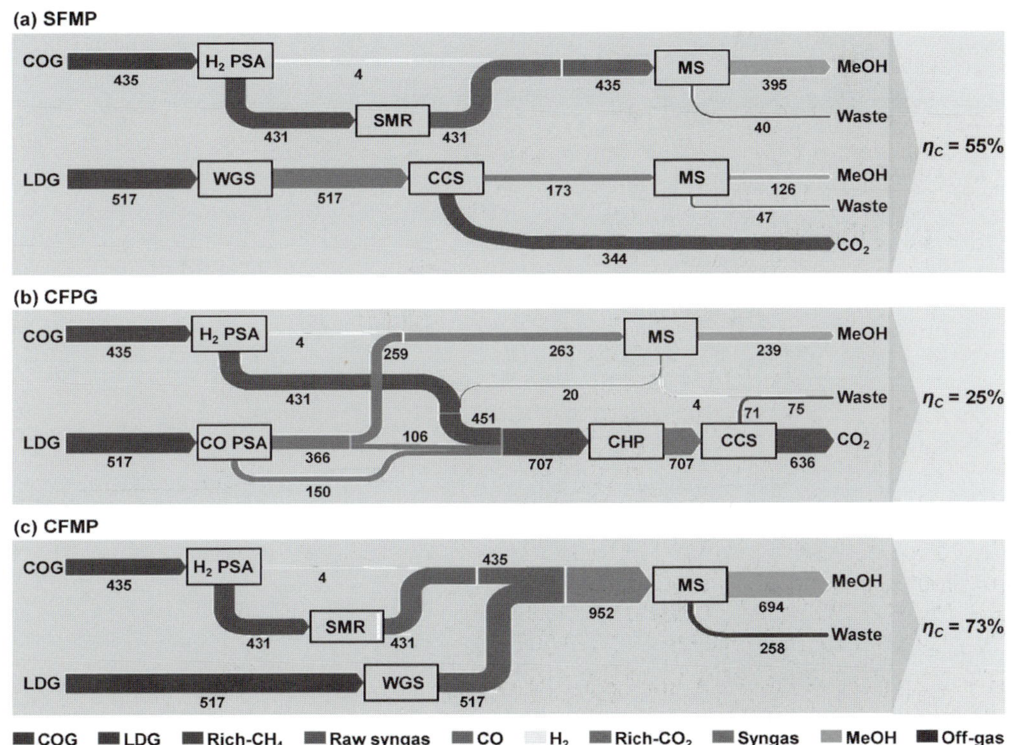


그림 2.11 공정 block-diagram.

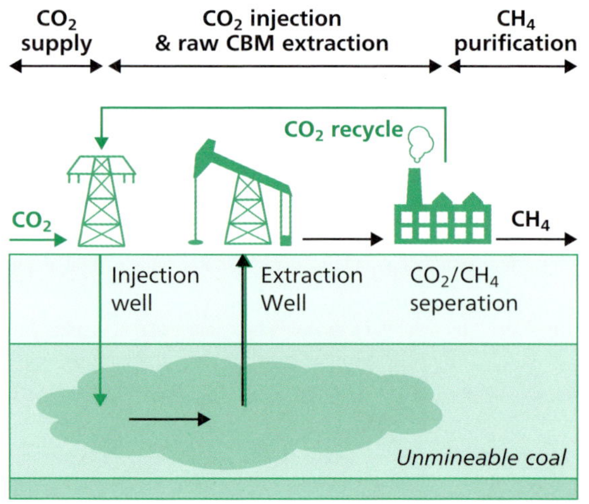


그림 2.12 공정 개요도.

시추 공정의 개요도는 지반으로부터 메탄가스 추출을 위한 정보를 함축하고 있는 이미지이며 비정형 데이터이다.

### › 준정형 데이터의 예시

화합물의 형태와 기술은 특정 방식을 따르지만 정보 획득(이중 결합 여부, 고리형 여부 등)은 정보 인식 절차가 필요한 비정형 데이터이다.

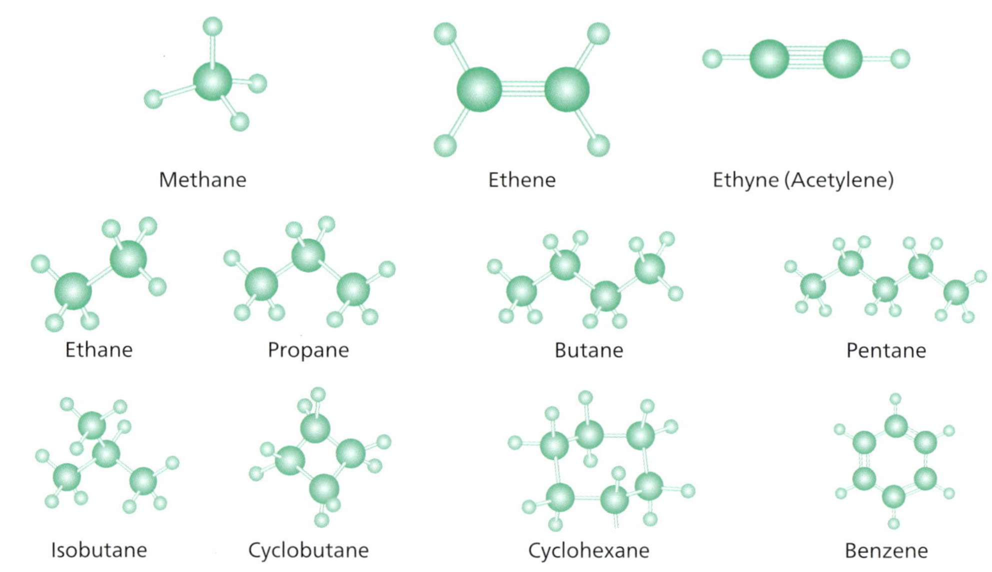


그림 2.13 화합물의 구조.

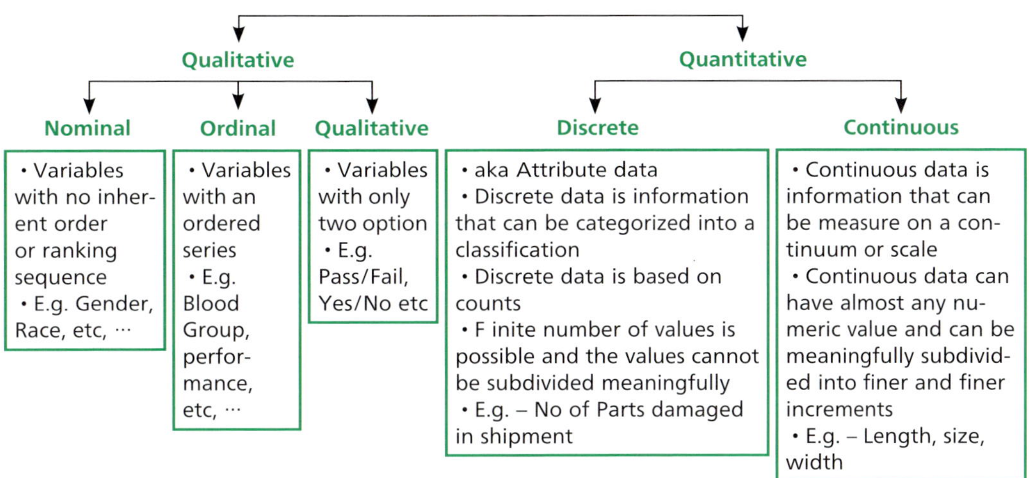


그림 2.14 수치적 의미에 따른 데이터 분류.

### 4) 데이터의 수치적 의미

데이터는 수치적 의미에 따라 질적 데이터(qualitative data)와 양적 데이터(quantitative data)로 나뉜다. 이는 화공 산업에서 발생하는 데이터도 마찬가지이며, 데이터 범주와 특징에 따라 적절한 데이터 수집 및 저장 방법이 나뉜다.

#### (1) 질적 데이터(Qualitative Data)

- 질적 데이터는 수집된 데이터 항목들에 수치적인 의미가 없는 데이터로, 성별·인종·혈액형·시험의 당락(pass/fail) 등을 의미한다.
- 또한, 데이터의 서열/순차적 특징이나 범주의 수에 따라 'Nominal', 'Ordinal', 'Binary'의 형태로 분류된다.

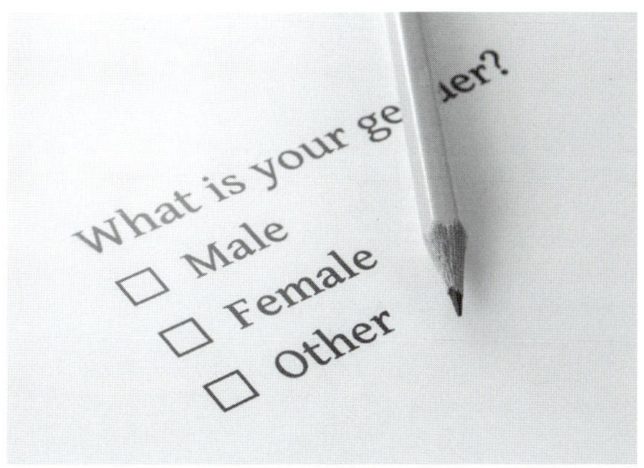


그림 2.15 질적 데이터 예시.

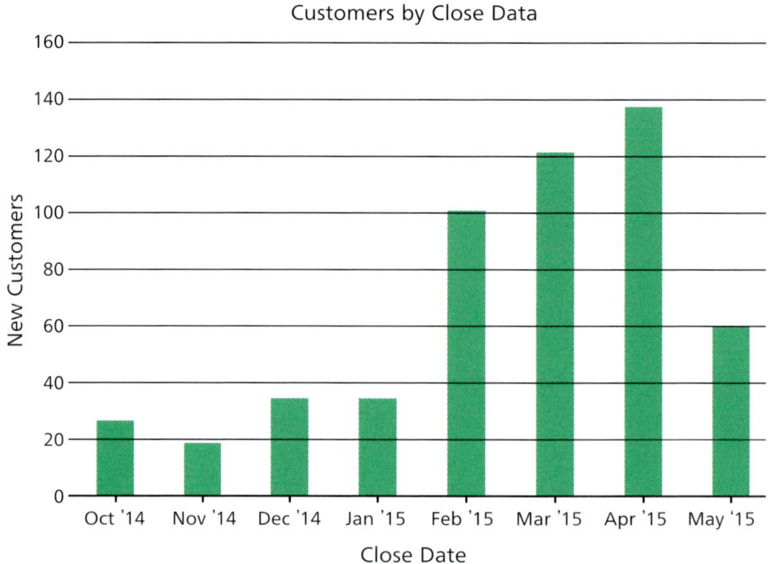


그림 2.16 양적 데이터 예시.

### (2) 양적 데이터(Quantitative Data)

- 양적 데이터는 수치적인 의미를 갖는 데이터로, 시험 등수·물건의 길이 같은 것을 의미한다.
- 이는 다시 데이터의 순차적 특성에 따라 'discrete'과 'continuous'로 나뉜다.

#### › 질적 데이터와 양적 데이터의 예시

| Units | Reaction | Parameter description | | |
|---|---|---|---|---|
| | | Temperature | Pressure | Description |
| Steam methane reforming [41] | $CH_4 + H_2O \leftrightarrow CO + 3H_2$, $\Delta H_{298K}$ =206kJ/mol<br>$CO + H_2O \leftrightarrow CO_2 + H_2$, $\Delta H_{298K}$ =-41kJ/mol<br>$CH_4 + 2H_2O \leftrightarrow CO_2 + 4H_2$, $\Delta H_{298K}$ =165kJ/mol | 650 – 950℃ | 1 – 3bar | $r_1 = \frac{k_{SM\,R}}{P_{H_2}^{2.5}} \frac{P_{CH_4}P_{H_2O} - P_{H_2}^3 P_{CO}/K_{eq,SM\,R}}{(1 + K_{CO}P_{CO} + K_{H_2}P_{H_2} + K_{CH_4}P_{CH_4} + K_{H_2O}P_{H_2O}/P_{H_2})^2}$<br>$r_2 = \frac{k_{W\,GS}}{P_{H_2}} \frac{P_{CO}P_{H_2O} - P_{H_2}P_{CO_2}/K_{eq,W\,GS}}{(1 + K_{CO}P_{CO} + K_{H_2}P_{H_2} + K_{CH_4}P_{CH_4} + K_{H_2O}P_{H_2O}/P_{H_2})^2}$<br>$r_3 = \frac{k_{GbbaBM\,R}}{P_{H_2}^{3.5}} \frac{P_{CH_4}P_{H_2O}^2 - P_{H_2}^4 P_{CO}/K_{eq,GbbaBM\,R}}{(1 + K_{CO}P_{CO} + K_{H_2}P_{H_2} + K_{CH_4}P_{CH_4} + K_{H_2O}P_{H_2O}/P_{H_2})^2}$ |
| Water gas shift [42] | $CO + H_2O \leftrightarrow CO_2 + H_2$, $\Delta H_{298K}$ =-41kJ/mol | 150 - 350℃ | 1 – 18bar | $r_1 = \frac{k_2 K_{CO_2}(f_{CO_2} f_{H_2}^{1.5} - f_{H_2O} f_{MeOH}/f_{H_2}^{1.5} K_2^0)}{(1 + K_{CO}f_{CO} + K_{CO_2}f_{CO_2})(f_{H_2}^{0.5} + K_{H_2O}f_{H_2O}/K_{H_2}^{0.5})}$ |
| Methanol synthesis [29] | $CO + 2H_2 \leftrightarrow CH_3OH$, $\Delta H_{298K}$ =-91kJ/mol<br>$CO_2 + H_2 \leftrightarrow CO + H_2O$, $\Delta H_{298K}$ =41kJ/mol<br>$CO_2 + 3H_2 \leftrightarrow CH_3OH + H_2O$, $\Delta H_{298K}$ =-41kJ/mol | 150 - 300℃ | 50 – 100bar | $r_1 = \frac{k_1 K_{CO}(f_{CO} f_{H_2}^{1.5} r_{MeOH}/(r_{H_2}^{0.5} K_1^0))}{(1 + K_{CO}f_{CO} + K_{CO_2}f_{CO_2})(f_{H_2}^{0.5} + K_{H_2O}f_{H_2O}/K_{H_2}^{0.5})}$<br>$r_2 = \frac{k_2 K_{CO_2}(f_{CO_2} f_{H_2}^{1.5} - f_{H_2O} f_{MeOH}/f_{H_2}^{1.5} K_2^0)}{(1 + K_{CO}f_{CO} + K_{CO_2}f_{CO_2})(f_{H_2}^{0.5} + K_{H_2O}f_{H_2O}/K_{H_2}^{0.5})}$<br>$r_3 = \frac{k_3 K_{CO_2}(f_{CO_2} f_{H_2} - f_{H_2O} f_{CO}/K_3^0)}{(1 + K_{CO}f_{CO} + K_{CO_2}f_{CO_2})(f_{H_2}^{0.5} + K_{H_2O}f_{H_2O}/K_{H_2}^{0.5})}$ |
| Combined heart and power generation [43] | $CH_4 + 2O_2 \rightarrow CO_2 + 2H_2O$, $\Delta H_{298K}$ =-891kJ/mol<br>$C_2H_6 + 3.5O_2 \rightarrow 2CO_2 + 3H_2O$, $\Delta H_{298K}$ =-1560kJ/mol<br>$CO + 0.5O_2 \rightarrow CO_2$, $\Delta H_{298K}$ =-283kJ/mol<br>$H_2 + 0.5O_2 \rightarrow H_2O$, $\Delta H_{298K}$ =-242kJ/mol | | | Combustion type : air combustion, Exhausted pressure: 1bar, Tail gas temperature: 40 ℃ |
| Pressure swing adsorption ($H_2$ separation) [44] | | 40℃ | 6bar | Purge gas pressure: 1bar, Tail gas pressure: 6bar |
| Pressure swing adsorption (CO separation) [22] | | 60℃ | 9bar | Purge gas pressure: 5bar, Tail gas pressure: 1bar |
| Amine absorption ($CO_2$ separation) [31] | | 40℃ | 1bar | Amine type: MEA, Separated $CO_2$ pressure: 25bar, Separated $CO_2$ temperature: 40 ℃ |

그림 2.17 질적 데이터와 양적 데이터를 포함한 공정 정보.

- 위의 테이블은 공정에 사용된 반응을 위한 장치(unit), 반응(reaction), 운전 조건(temperature, pressure), 반응식(description)을 포함한다.
- 장치는 stream methane reforming, water gas shift 등 반응을 위한 것으로, 이름에 해당하는 데이터이다. 이는 항목들 사이 연관이 없고 순차적인 특징이나 제한된 선택지가 아니므로 nominal 형태의 질적 데이터이다.
- 장치 이름 옆에는 [41], [42]와 같은 참고문헌이 있고, 항목들 사이의 순서나 연관이 중요하지 않다. 따라서 이들은 discrete 형식의 양적 데이터이다.
- 운전 조건은 데이터 사이 수치적 연관성이 있는 온도와 압력으로 구성됐다. 따라서, 이들은 continuous 형식의 양적 데이터이다.

### 5) 데이터의 구조

벡터(vector) 데이터 구조는 숫자, 문자 등 원소들의 집합으로 이루어진 배열이다. 동일한 자료형의 값이 여러 개 연속되어 있다. 가장 단순한 데이터 구조로, 원소가 숫자이면 숫자 벡터, 문자이면 문자 벡터가 된다. 원소 중 문자가 하나라도 있을 경우엔 문자 벡터가 된다.

벡터는 원소들의 집합인 1차원이지만, 행렬(matrix)은 행과 열로 이루어진 2차원의 데이터 형태이다.

데이터 프레임 또한 2차원 형태의 데이터 구조로, 행렬은 모든 데이터 유형이 동일해야 하나, 데이터 프레임은 서로 다른 유형의 데이터가 저장될 수 있다.

배열(array)은 2차원 데이터 구조를 쌓아 올린 3차원 형태로, 행렬 형태의 데이터를 층위별로 저장한다.

데이터 프레임은 행렬과는 다르게 각 열이 서로 다른 데이터 타입을 가질 수 있으나 각 열의 데이터 타입은 동일해야 한다.

리스트는 벡터와 비슷하나 벡터와 달리 여러 자료형의 데이터를 섞어서 저장할 수 있다(벡터나 data frame 등도 원소로 저장 가능).

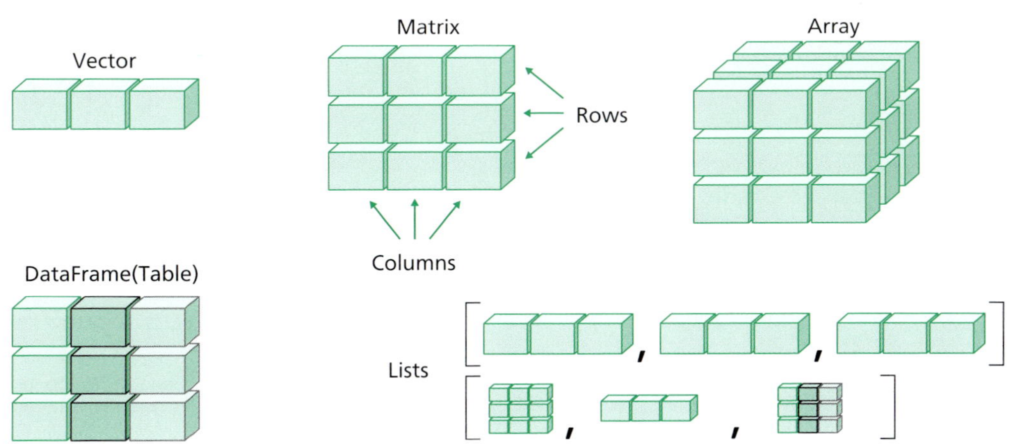


그림 2.18 계산 형식에 따른 데이터 구조.

## 2. 데이터 수집 방법론

데이터의 수집은 사용 목적과 작업 환경에 따라 상이하다. 이를테면, (1) 실제 규모 공정의 운전 전략 수립, (2) 신물질 개발을 위한 실험, (3) 핵분열 혹은 핵융합 실험은 시행착오에 의존할 수 없는 각기 다른 특징들(비용, 효율, 위험도)이 존재한다. 따라서 사용 목적과 작업 환경에 적합한 데이터 수집 방법론이 요구된다. 여기에서는 다양한 데이터 수집 환경을 소개하고 데이터 수집을 위한 방법도 소개한다.

### 1) 센서 네트워크

센서(sensor)는 공정이나 실험환경에서의 물질이나 상태의 환경적 변화를 신호로 치환하는 소자나 장치를 의미한다. 센서가 수집하여 치환하는 데이터는 보통 온도, 압력, 유량, 속도 등 다양한 물리량을 의미한다. 공정에서는 보통 수많은 센서로 하여금 공정에서의 반응물이나 생성물의 상태 확인을 통해 앞으로의 운전 전략을 결정한다. 결과적으로 공정을 효과적으로 제어해 효율이나 수율 등 공정 개선에 전반적인 활용이 가능하다.

### 2) 문헌 수집

문헌 조사 및 수집(literature review)은 논문이나 서적으로부터 데이터·정보·지식 등을 얻는 과정이다. 대개 실험 설계를 위한 선행 연구 조사를 목적을 위해 문헌 조사 및 수집이 행해지지만, 화공 인공지능 개발을 위한 데이터 수집을 위해 진행될 수 있다. 특히, 신물질 개발을 위해 선행적으로 진행됐던 실험 데이터를 수집하여 물질 합성 전략이나 중요한 물성의 예측에 사용될 수 있다. 이를테면 고성능 촉매 발견을 위한 많은 시도를 논문과 같은 문헌으로부터 찾아 데이터 구조를 설정하고 축적할 수 있다. 문헌 수집을 위한 과정을 데이터 사이언스에서는 웹크롤링(web-crawling)과 웹스크래핑(web-scraping)이라고 하며, 기초적인 프로그래밍 언어 지식으로 이를 시도할 수 있다.

그림 2.19 센서 이미지.

그림 2.20 문헌 수집 조사 이미지.

### (1) 웹 크롤링(Web-Crawling)

웹 크롤링은 데이터 수집을 위해 적합한 데이터 근원을 탐색하는 과정을 의미한다. 신물질 개발을 위한 화공 데이터 수집을 위해 보통 Web of Science, SCOPUS, Science Direct와 같은 학술지 검색 엔진들을 사용한다. 해당 검색 엔진을 사용하면 학술지에 수록된 논문들과 실험 정보·결과를 확보할 수 있다.

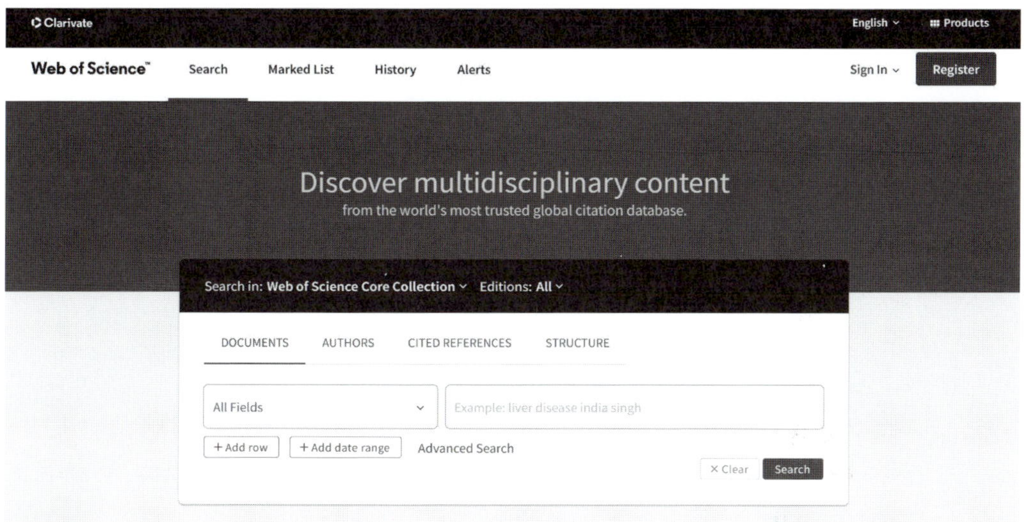


그림 2.21 Web of Science 웹페이지(www.webofscience.com).

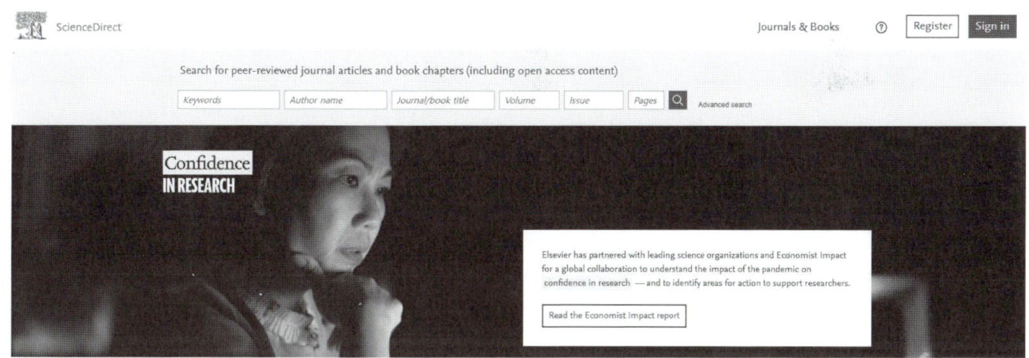


그림 2.22 Science Direct 웹페이지(www.sciencedirect.com).

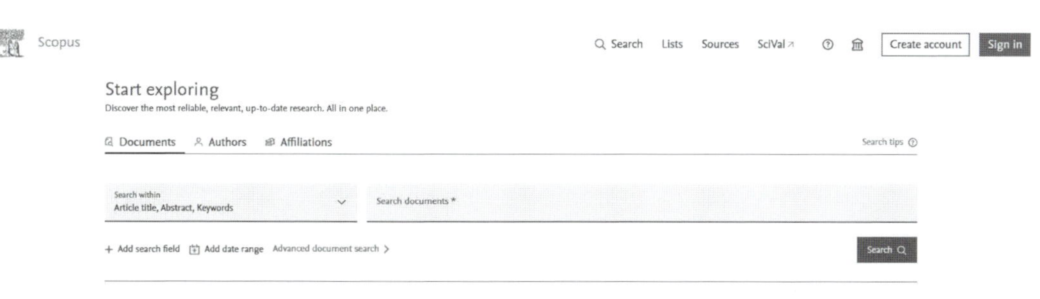


그림 2.23 SCOPUS 웹페이지(www.scopus.com).

### (2) 웹 스크래핑(Web-Scraping)

웹 스크래핑은 데이터 수집을 위한 자동화된 조직적 탐색 방법을 의미한다. 사람이 직접 데이터를 찾거나 컴퓨터 프로그램을 개발하여 인터넷으로부터 데이터를 체계적으로 수집하는 데 사용된다. 물질 합성과 같은 분야의 데이터는 논문을 통해 테이블이나 그림으로부터 추출해 낼 수 있다.

예를 들면, 촉매 데이터 수집을 위해 문헌에서 촉매 합성 및 결과에 대한 정보를 찾을 수 있다. 해당 문헌(DOI:10.7316/KHNES.2019.30.2.95)은 WGS 촉매 개발에 관한 내용으로 촉매 합성을 위한 정보를 포함하고 있다.

> "$Cu/ZnO/MgO/Al_2O_3$ 촉매는 공침법을 이용하여 합성하였다. $Cu(NO_3)_2 \cdot 3H_2O$ (99%, Junsei), $Zn(NO_3)_2 \cdot 6H_2O$ (95.0%, Junsei), $Mg(NO_3)2 \cdot 6H_2O$ (99%, Junsei), $Al(NO_3)_3 \cdot 9H_2O$ (98.0%, Junsei)를 전구체로 사용하여 Cu/Zn/Mg/Al의 비율이 45/45/5/5 mol%가 되도록 증류수에 혼합하여 전구체 수용액을 제조하였다. 제조된 전구체 수용액을 침전제인 $Na_2CO_3$ (99.0%, Samchun Chemical) 수용액에 한 방울씩 떨어뜨리면서 침전을 유도하였다. 침전이 진행되는 동안 1.0 M NaOH (≥97.0%, KANTO) 수용액을 첨가하여 pH를 9.0으로 유지하였다. 침전이 끝난 후에 침전물은 60°C에서 지속적으로 교반하면서 36시간 동안 숙성되었다. 숙성이 끝난 용액은 상온에서 필터를 이용하여 침전물을 걸러내었다. 걸러진 침전물을 증류수에 3차례 세척하고 회수하여 110°C에서 24시간 동안 건조되었다. 건조된 침전물은 공기 분위기에서 4시간 동안 400°C에서 소성되었다."

해당 문헌에서 촉매의 중요 성질에 대한 데이터와 촉매 형태에 대한 정형 데이터와 비정형 데이터를 얻을 수 있다.

데이터는 종종 그래프의 형태로 제공되며, 데이터 추출을 위해 그래프 전용 툴(tool)들이 사용될 수 있다. 이를테면 'WebPlotDigitizer'는 그래프 데이터 추출에 사용되는 무료 툴이다.

문헌으로부터 중요 그래프를 이미지로 저장한 후, 그래프 데이터 추출툴을 사용해 데이터를 확보할 수 있다.

| Sample | Surface area ($m^2/g$) | Pore volume ($cm^3/g$) | Pore diameter (Å) |
|---|---|---|---|
| CZMA | 71 | 0.30 | 158 |
| CZMA_250 | 57 | 0.19 | 134 |
| CZMA_350 | 49 | 0.20 | 123 |

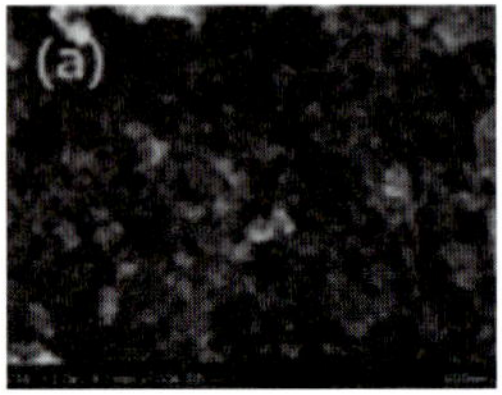


그림 2.24 촉매의 물리적 특성 데이터 및 이미지.

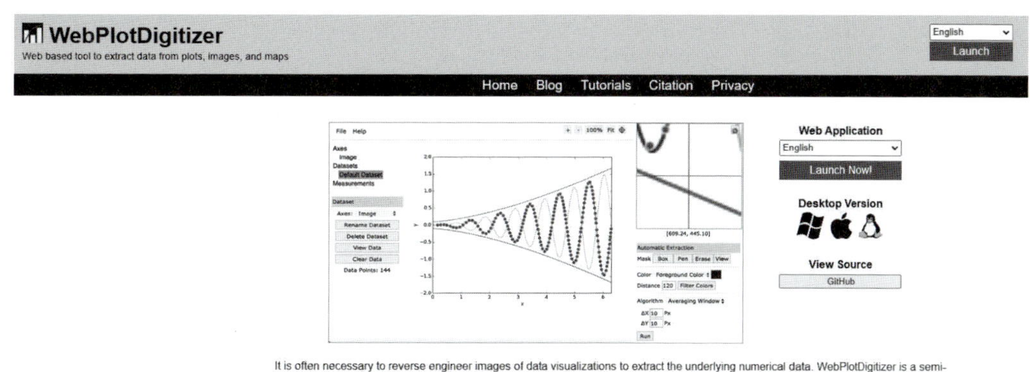


그림 2.25 WebPlotDigitizer 소프트웨어 홈페이지.

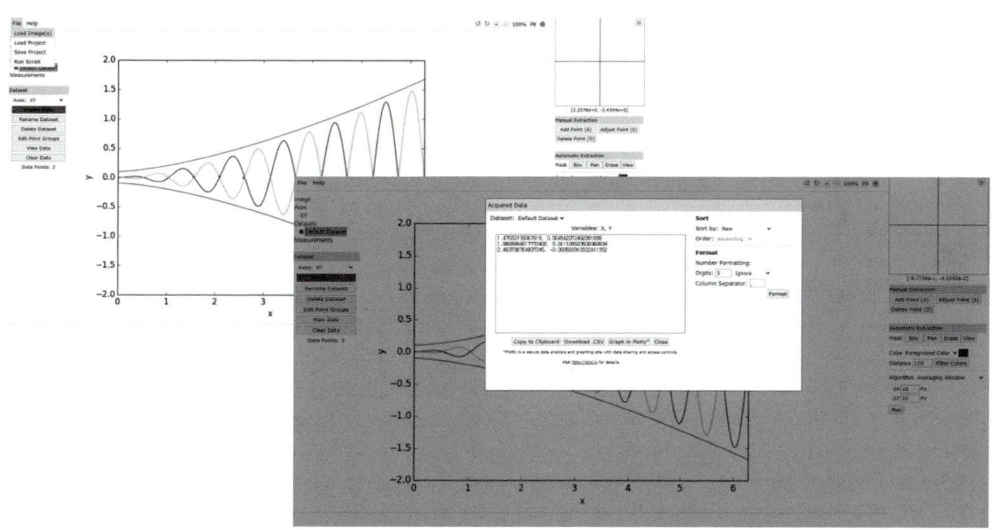

그림 2.26 WebPlotDigitizer 사용 방법.

## 학습 결과

- **학습 내용**

  화공 데이터 수집을 위한 데이터 수집 매체와 수집 소프트웨어 소개.

- **학습 결과 확인하기**

  화공 데이터 수집 방법과 데이터의 구조, 수치적 의미, 형태 익히기.

- **학습 결과 응용하기**

  이 장의 학습 내용에 기반하여 화공 산업에서 발생하는 데이터를 수집하고, 해석 역량을 확보함으로써, 실제 화공 산업 현장에서 발생되는 다양한 빅데이터를 효과적으로 파악, 수집에 응용.

제 3 장

ARTIFICIAL INTELLIGENCE
FOR CHEMICAL ENGINEERING

# 데이터 관리 및 시각화

**학습 내용**

**[문제]** 효율적 데이터 관리와 효과적 데이터 표현 방법 필요
**[방법]** 데이터 관리 매체와 데이터 시각화 단계 설명
**[응용]** 데이터 베이스 구축과 정보 시각화 예제 소개

## 1. 화공 데이터의 관리

화공산업 현장에서 발생 및 수집된 데이터는 곧바로 제어·운영·설계 등 공정에 관한 의사결정 모델에 직접 사용되지 못한다. 전형적인 복잡계 문제인 화공산업의 다양한 의사결정 문제를 해결하기 위해서는 수집된 데이터로부터 핵심적인 특징추출(feature extraction) 과정이 필요하다. 즉, 데이터 근원으로부터 수집된 원시 데이터(raw data)는 사용처에 특화된 인공지능 모델 개발을 위해 데이터 선별과 전처리 과정 등 다양한 데이터 추출 단계를 필수적으로 수반한다. 이 장에서는 수집된 데이터를 사용 단계에 적합한 수준으로 가공 및 가시화하는 과정을 학습하며 더불어 효과적인 저장 방법을 소개한다.

### 1) 데이터 큐레이션(Data Curation)

실험 및 공정 운전 등에서 확보된 원시 데이터를 문제 해결을 위한 정보 원료로 사용하기 위해서는 원시 데이터의 전처리가 반드시 필요하다. 특히, 수많은 정제되는 않은 원시 데이터로부터 문제 해결에 적합한 데이터를 선별하는 이른바 데이터 큐레이션 작업은 빅데이터 가치 사슬(big data value chain)에서 선행되는 단계이다. 데이터 큐레이션은 데이터의 수집·분석·저장 등 데이터 이용을 위해 데이터의 가치 발견을 위한 과정으로, 데이터로부터 정보를 부각시키는 역할을 한다(그림 3.1). 이를 위해 데이터의 수집·조직화·인덱싱·그룹화가 수행되며, 용도에 따라 원시 데이터는 데이터 사용을 위해 소그룹으로 구성 및 통합된다. 데이터 큐레이션을 거친 데이터는 연계성과 연관성을 지니므로 사용자들의 접근성을 향상시킨다.

**빅데이터 가치 사슬**

| 데이터 수집 | 데이터 분석 | 데이터 큐레이션 | 데이터 저장 | 데이터 이용 |
|---|---|---|---|---|
| • 정형 데이터<br>• 비정형 데이터<br>• 이벤트 처리<br>• 센서 네트워크<br>• 프로토콜<br>• 실시간<br>• 데이터 스트리밍<br>• 다중양식 | • 스트리밍 마이닝<br>• 의미 분석<br>• 기계학습<br>• 정보 추출<br>• 데이터 링크<br>• 데이터 발견<br>• 전사적 의미<br>• 환경<br>• 커뮤니티 데이터 분석<br>• 교차 데이터 분석 | • 데이터 품질<br>• 신뢰성/기원<br>• 주석<br>• 데이터 검증<br>• 사람-데이터 상호작용<br>• Top-down/Bottm-up<br>• 커뮤니티/대중<br>• 인간 기반 연산<br>• 대규모 큐레이션<br>• 자동화<br>• 연결성 | • In-memory 데이터 베이스<br>• NoSQL 데이터베이스<br>• 클라우드 저장<br>• Query 인터페이스<br>• 확장성 및 성능<br>• 데이터 모델<br>• 일관성, 사용성, 분리 용인성<br>• 보안 및 사생활<br>• 표준화 | • 의사결정 도움<br>• 예측<br>• 실사용을 위한 분석<br>• 시뮬레이션<br>• 현상 탐험<br>• 시각화<br>• 모델링<br>• 제어<br>• 분야 구체적 사용 |

그림 3.1 데이터 확보, 처리 및 저장의 순서도.

## 2) 데이터 베이스의 구축

데이터 베이스(data base)는 데이터 저장소를 의미하며, 특정한 목적에 맞게 정돈된 데이터로부터 정보를 추출하기 위해 필요하다. 데이터는 보통 가공되지 않은 원시적인 자료를 의미하고, 특정한 수집 의도가 존재하지 않는다. 따라서 정보 추출을 위해 체계적이지 않는 자료들의 연계성과 연관성을 찾아 그룹화할 필요가 있다. 이를 위해, 데이터는 그림 3.1과 같은 분류·선별·저장 단계를 거쳐 관리·이용된다. 각 단계에 대한 설명은 그림 3.2와 같다.

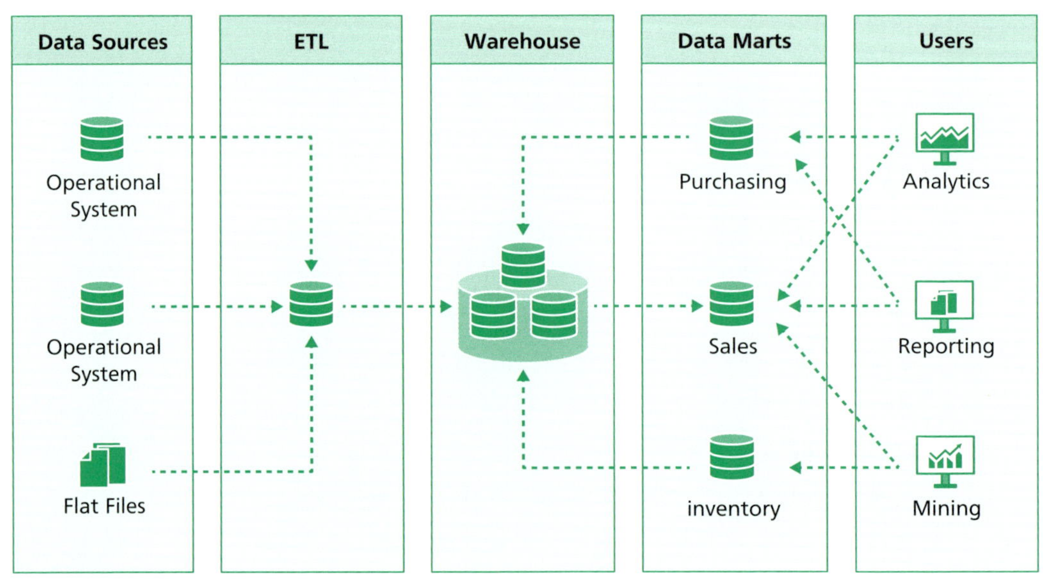


그림 3.2 효과적 데이터 저장을 위한 데이터베이스 구조.

#### (1) 데이터 근원(Data source)

화공산업에서의 데이터는 센서 네트워크 및 웹 스크래핑으로부터 수집된 물리량, 정보량(온도, 압력, 농도 등)이다. 데이터가 잠재되어 있는 추상적인 장소를 데이터 근원이라 하며, 보통 데이터는 비정형화된 형태에서 변환 과정을 거쳐 정형화된 형태로 수집된다. 데이터 근원으로부터 추출된 데이터는 곧 바로 사용되는 것이 아닌 데이터 웨어하우스에 축적된다. 이때 데이터 축적을 위해 추출·운송·축적(Extraction, Transportation, Load; ETL) 기술을 사용한다. 데이터 축적을 위해 데이터 간의 관계성(예, 독립 및 종속 관계)을 규명하는데, 이는 데이터 스키마(schema)로 불린다.

#### (2) 데이터 웨어하우스(Data Warehouse)

데이터 웨어하우스는 데이터 근원으로부터 추출·운송·축적 과정을 거친 데이터 저장매체이다. 사용자의 의사결정을 돕기 위해 데이터는 최초로 데이터 웨어하우스에서 분석 가능한 형태를 갖는다. 데이터 웨어하우스에는 크게 4가지 특징으로 주제지향성, 통합성, 시계열성, 비휘발성이 있다. 먼저, 주제지향성은 데이터 웨어하우스가 직접적인 사용보다는 데이터의 관계성 파악에 더 중점적이라는 것에서 기인한다. 따라서, 특정 주제(반응기·분리기, 온도 변화·압력 변화 등)에 따라 데이터를 표현하는 것이 데이터 웨어하우스에서 중점적으로 이루어진다. 통합성은 데이터 웨어하우스의 스키마가 일관성을 유지한다는 것으로, 데이터 근원으로부터의 데이터가 모두 전사적으로 통합되어 있다는 의미이다. 시계열성은 데이터 웨어하우스의 수집된 데이터가 시간에 따른 갱신없이 보관한다는 의미이다. 마지막으로, 비휘발성은 데이터 웨어하우스에 한번 적재된 데이터는 삭제 혹은 변경 작업이 발생하지 않는다는 의미이다. 데이터 웨어하우스의 데이터는 이후 목적에 맞게 더 작은 규모의 저장소인 데이터 마트로 이동한다.

#### (3) 데이터 마트(Data Mart)

데이터 마트는 특정 목적을 위해 정돈된 작은 규모의 저장소이다. 보통 데이터 마트 단계에서 데이터 분석에 용이하게 데이터가 재구성되어 있으며, 유연성과 접근성이 뛰어난 다차원 구조를 갖는다. 데이터 마트는 데이터를 용도 혹은 역할로 세분화함으로써 유저의 정보 접근성을 향상시킬 수 있다.

#### (4) 운용 데이터 베이스(Operating Database)

운용 데이터 베이스는 직접적인 인공지능 기반 예측·분류 모델 개발을 위해 사용되는 데이터 저장소이다. 사용자에 가장 가깝게 존재하며, 정보와 서비스 생성을 위해 데이터 마트로부터 필요한 데이터의 추출을 통해 생성된다.

### 3) 데이터 저장 매체

데이터 베이스 관리 시스템(Data Base Management System, DBMS)은 데이터 베이스를 체계적으로 관리하는 시스템이다. DBMS는 사용자의 요구에 맞춰 정보를 생성하고 데이터 베이스를 편리하게 관리하는 소프트웨어의 종합을 의미한다. 데이터의 종속성과 중복성 문제들을 해결하기 위해 제안되었고, 물리적으로 데이터를 저장하는 장소이다. DBMS의 예시는 다음과 같다.

- Amazon Aurora

{ REST:API }

그림 3.3 주요 대용량 데이터 저장 플랫폼.

- Azure Synapse Analytics
- Google Cloud
- Microsoft SQL Server
- Mongo DB
- PostgreSQL
- Presto
- Hadoop ecosystem

## 2. 화공 데이터의 가시화

화공산업에서의 데이터는 다양한 환경 변수들이 존재하여 복잡한 고차원의 형태를 갖는다. 사람이 인식할 수 있는 차원은 한정되어 있고, 고차원의 독립 변수-종속 변수에 대한 관계·추세 파악은 단순한 선형적 구조로 표현하기 어렵다. 따라서 데이터로부터 인사이트를 얻기 위해서는 창의적이고 다채로운 데이터 시각화 방법이 필요하다. 이를 통해 데이터의 수많은 패턴을 파악함으로써 직관적이고 명확한 공정 제어·운영·설계 등의 의사결정을 도울 수 있다. '화공 데이터의 가시화'는 화공산업에서 자주 발생하는 데이터들의 효과적인 시각화 예시를 소개한다.

### 1) 데이터 시각화의 절차

한국전자통신연구원(Electronic Telecommunications Research Institute, ETRI)은 데이터 시각화를 위한 그림 3.4의 세 가지 주요 절차를 제안했다. 많은 양의 데이터로부터 효율적인 정보 제공에 시각화는 필수적이다. 전통적인 데이터 시각화는 단순히 독립 변수와 종속 변수 간의 일차원적인 관계성만을 보여줬다. 하지만 화학공정은 다양한 독립 변수-종속 변수 관계성이 존재하므로 더 높은 수준의 데이터 시각화가 필요하다. 정보 구조화-정보 시각화-정보 시각표현으로 이루어지는 데이터 시각화의 절차는 더 높은 차원의 데이터 표현을 위한 고찰 과정이다.

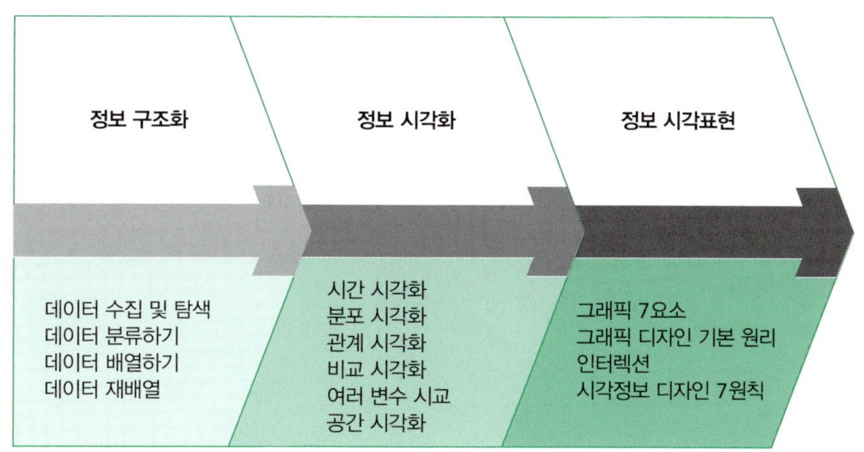


그림 3.4 데이터 시각화 시 주요 확인 사항.

### (1) 정보 구조화

정보 구조화는 사용자가 정보를 쉽게 인식시키도록 수집된 데이터의 조직적이고 체계화된 자료 분류·배열 과정이다. 그림 3.5와 같이 무작위·무질서한 원시적인 데이터 자료들을 효과적으로 구조화할 수 있다.

**데이터 수집** 데이터 자료 또는 논거 수집

**분류**(classifying) 분류하여 유사한 것끼리 묶음

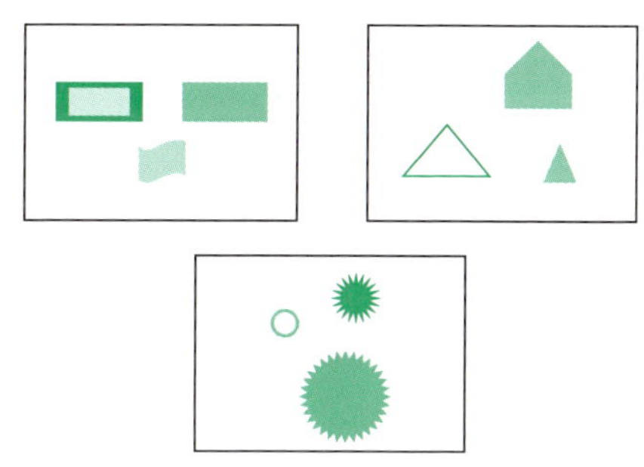

**배열**(arranging) 값의 의미에 따라 배치

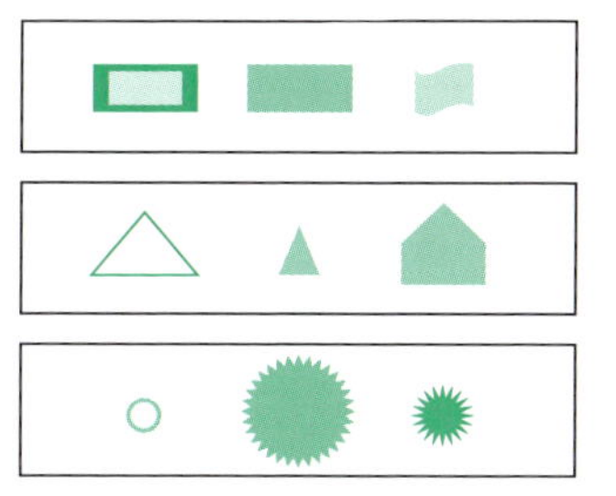

**관계맺기**(organizing) 데이터 사이의 관계를 만듦

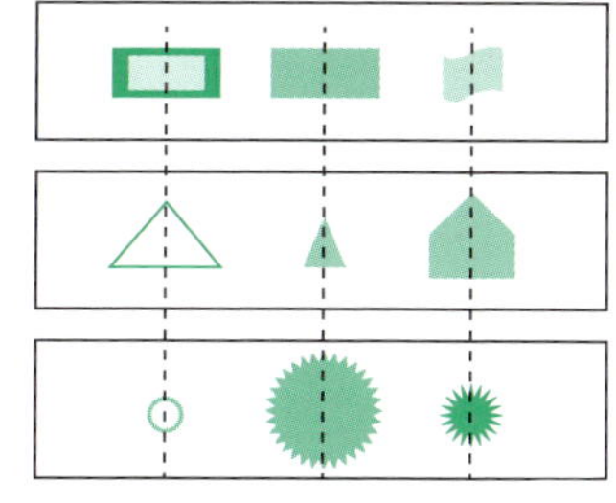

그림 3.5 데이터 및 정보 구조화 과정.

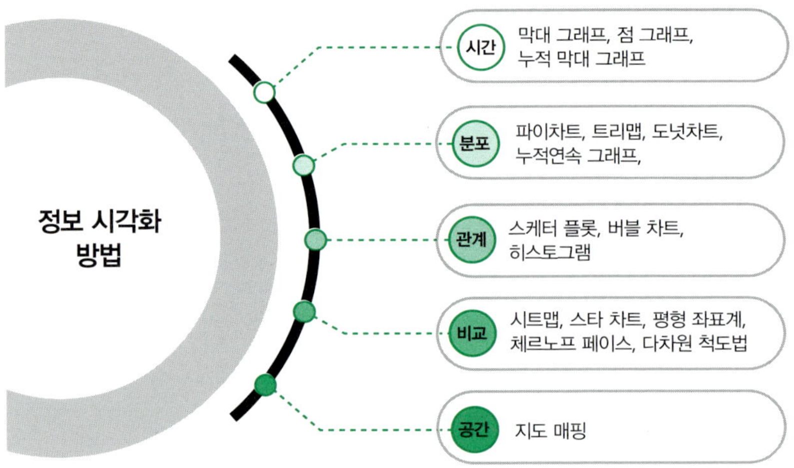


그림 3.6 관계, 공간 등 데이터 및 정보 시각화 방법.

- 데이터 수집(acquisition): 데이터 근원으로부터 데이터 자료들을 수집한다.
- 분류(classification): 사용자의 판단에 따라 유사한 자료(색깔, 형태, 종류 등)들을 묶어 정리한다.
- 배열(arrangement): 분류된 자료들의 의미 파악을 통해 배치 순서·종속 관계를 파악하여 재배열한다.
- 관계맺기(organization): 특정 데이터의 획득 및 자료 그룹 사이의 관계와 분류된 자료 사이의 관계를 각각 규명한다.

### (2) 정보 시각화

정보 시각화는 시간·공간·수량·비수량을 색체·형태·통계·이미지 등을 통해 표현한다. 분석을 위해 도표나 그래프를 활용하는데, 적절한 시각화 방법을 위해 정보의 특성 파악이 필요하다. 시각화 방법으로는 시간 시각화, 분포 시각화, 관계 시각화, 비교 시각화, 공간 시각화가 있다. 적절한 시각화 방법은 빠른 의사결정을 돕고 의사결정자들 사이의 커뮤니케이션을 효과적으로 만든다. 다음과 같은 차트들은 전통적으로 사용되는 데이터 시각화 형태로, 단독적으로도 많은 정보를 설명할 수 있지만, 효과적인 전달을 위해선 추가적인 시각 표현이 필요하다.

### (3) 정보의 시각화 표현

정보의 시각화 표현은 단순한 정보 시각화를 넘어 별도의 그래픽적인 요소를 추가해 정보를 완성시키는 과정이다. 정보 시각화는 통계량과 차트를 통해 데이터를 설명할 수 있지만, 사용자의 입장을 충분히 더 고려한다면 실제 영향을 주는 대상과 통계량을 결부시켜 표현할 수 있을 것이다. 이를테면 미국에서 국토(7,356,027 $km^2$) 중 단지 5% 미만이 미국인을 위한 농업 지역(312,822 $km^2$)이라는 점은 매우 흥미로운 정보이다. 하지만 이는 단지 수치적일 뿐이며 말하고자 하는 내용을 위해 '농업 부지를 늘려야 한다' 혹은 '많은 국토가 낭비된다'와 같은 추가적인 해석이 더 필요하다. 〈미국의 주요 토지 사용처〉는 훌륭한 정보의 시각화 표현 예시이다. 목축업지(cow pastor/range)를 미국 지도 중앙에 위치하여 효과적으로 강조했다. 또한, 토지의 사용처에 따라 비슷한 색

그림 3.7 전통적인 데이터 및 정보 시각화 그래프.

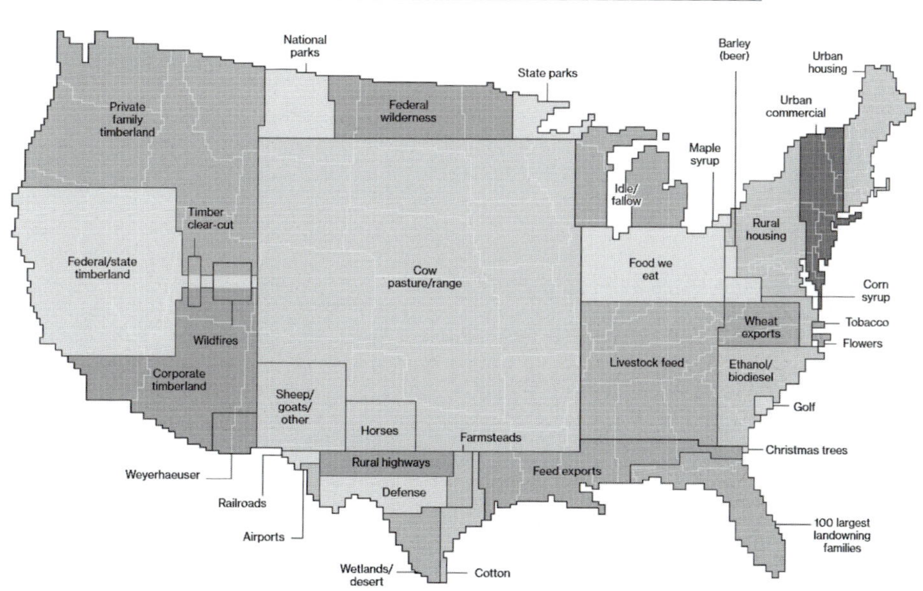


그림 3.8 공간 구조 표현을 위한 데이터 및 정보 시각화. 예: 미국의 주요 토지 사용처.

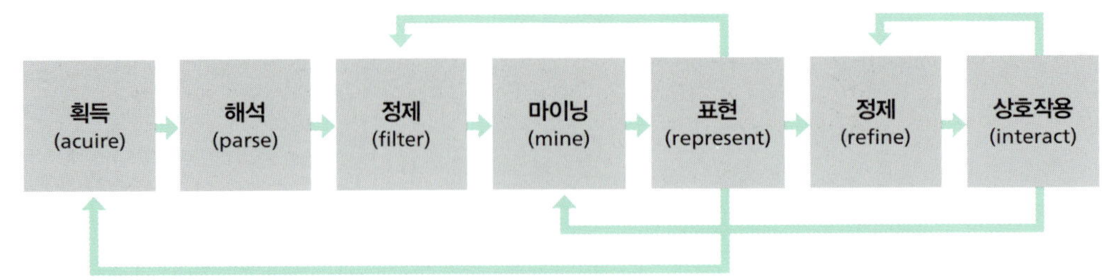


그림 3.9 효과적 데이터 및 정보 시각화를 위한 단계.

깔을 사용하여 효율적인 정보 전달이 가능하다. 결국, 효과적인 정보 시각화 표현을 통해 정보를 읽는 사용자들의 판단 및 의사결정을 가속화했다.

#### (4) Benjamin Fry의 데이터 시각화 단계

비슷하게, 효과적인 데이터 시각화를 위해 MIT 미디어랩의 Benjamin Fry는 7가지의 데이터 시각화 단계를 제시했다. 그는 데이터로부터 중요한 정보를 추출하기 위해선 근본적인 질문(데이터 수집 목적, 주요 관심사, 예상 결과 등)을 구성해야 한다고 주장했다. 데이터 분석을 위한 질문들은 데이터 시각화를 위한 줄거리로 작용하여, 정보 전달과 흥미로움을 갖게 할 수 있다는 까닭이다.

- 획득(acquire): 특정 데이터의 획득
- 해석(parse): 데이터의 분류 및 구조화
- 여과(filter): 주요 관심사가 인덱싱된 데이터만을 추출
- 마이닝(mine): 데이터 분석(통계적, 머신러닝 등)을 통한 정보 획득
- 표현(represent): 차트 혹은 그래픽을 통한 정보 표현
- 정제(refine): 정보의 가독성 증가를 위한 그래픽화
- 상호작용(interact): 사용자의 관심사와 필요에 따른 데이터 편집 가능성

해당 데이터 시각화 단계는 모든 과정에서 순차적이지 않고 명확한 정보 전달을 위해 반복적인 과정을 거치는 것이 중요하다.

### 2) 화공산업: 정보의 시각화 표현 예시

화공산업에서의 데이터 시각화는 재료·기술·운송·공정·수익 등의 공정의 조작 변수와 결과물을 표현하는 형태이다. 그래픽 개요도와 인포그래픽은 대표적인 형태의 데이터 시각화의 예시이다.

### (1) 그래픽 개요도(Graphical Abstract)

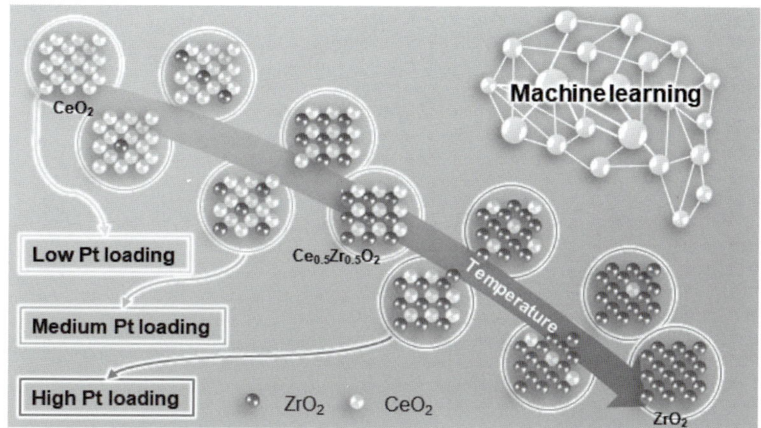


그림 3.10 인포그래픽을 이용한 데이터 및 정보 시각화. 예: 인공지능을 활용한 고성능 촉매 탐색(DOI: https://doi.org10.1002er.8488).

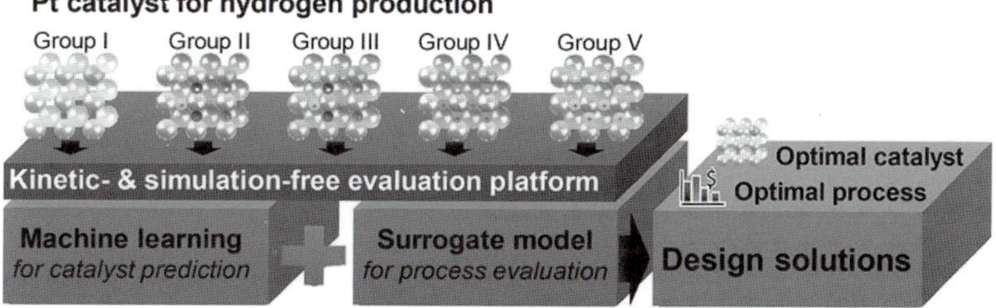


그림 3.11 인공지능을 활용한 촉매 경제성 분석(DOI: https://doi.org10.1021acssuschemeng.2c03136).

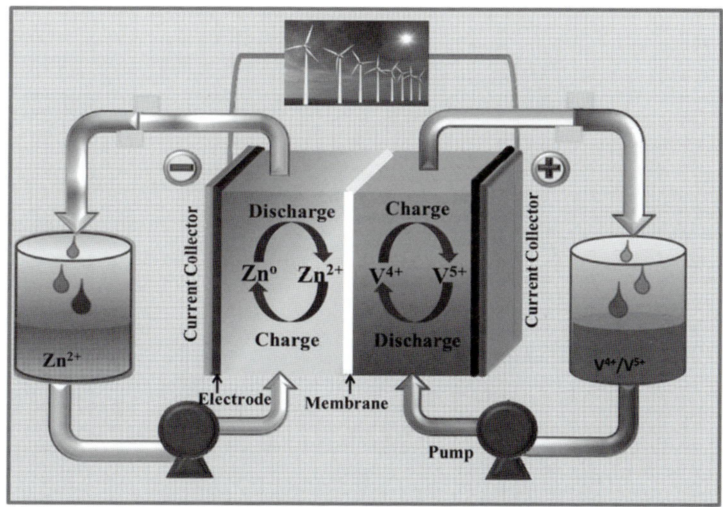


그림 3.12 신 배터리 개발 및 구상도(DOI: https://doi.org10.1021acssuschemeng.8b06194).

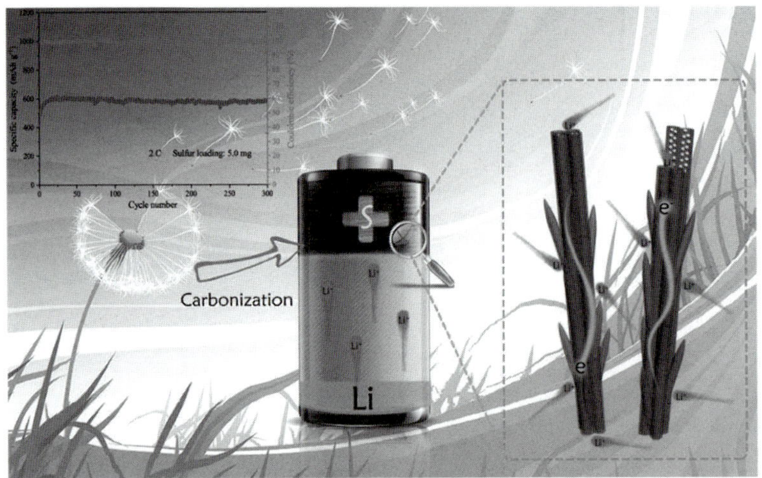


그림 3.13 민들레에서 아이디어를 얻은 신재생 배터리(DOI: https://doi.org10.1021acssusche-meng.8b04648).

### (2) 인포그래픽(Infographics)

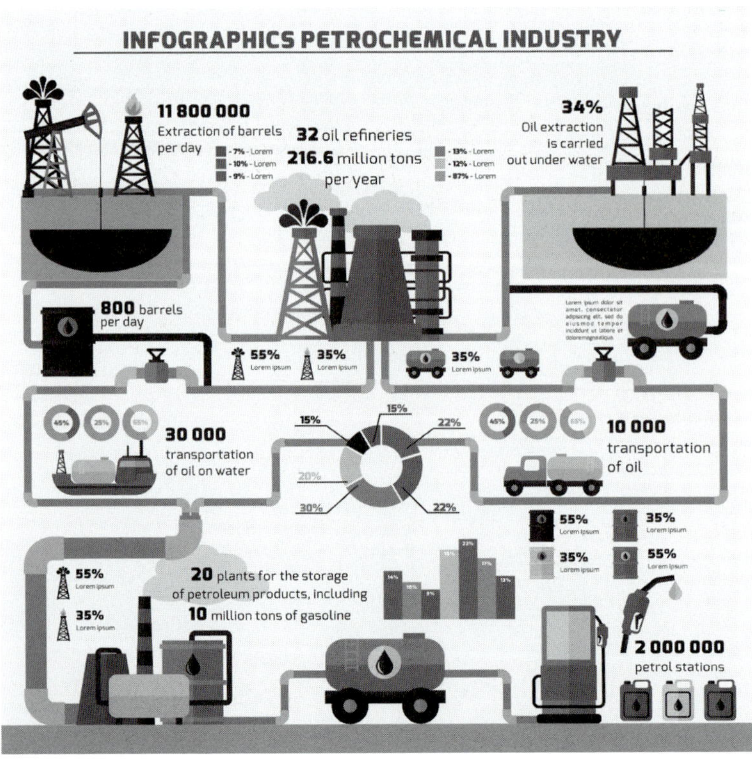


그림 3.14 인포그래픽를 이용한 데이터 및 정보 시각화: 예, 석유 시추와 활용에 대한 통계적인 수치 표현 ("Microvector" from Freepik.com).

## SUSTAINABLE HYDROGEN: BLUE AND GREEN PATHWAYS TO DECARBONISATION

Close to 80% of the world's hydrogen production is derived from natural gas (gray hydrogen), 20% from coal or lignite (black or brown hydrogen), the remainder from electrolysis of water (green hydrogen if renewable power is used). Add carbon capture to steam methane reforming or gasification and you get blue hydrogen. In a decarbonized world, the future of hydrogen will be blue or green. Energy companies are racing to commercialize these processes. It's early days and the costs are eye-watering, but the potential prize is a material slice of future fuel, chemical and industrial feedstock markets.

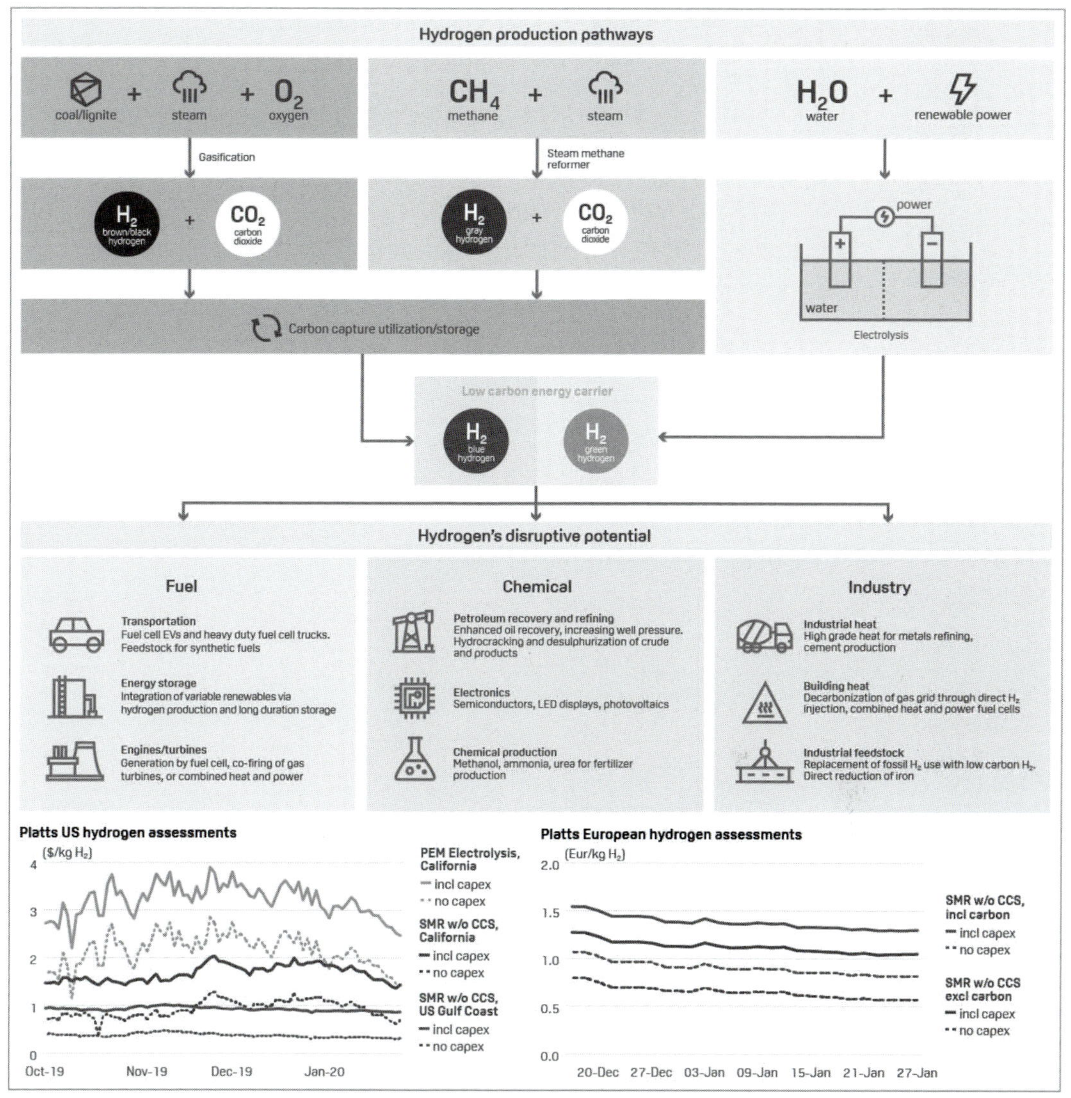


Source: S&P Global Platts Analytics, S&P Global Platts News and Pricing

그림 3.15 이용한 데이터 및 정보 시각화: 예, 수소 생산 및 활용에 관한 기술과 사용처 및 예상 생산 단가 수치 표현("Infographics: Sustainable hydrogen: blue and green pathway to decarbonization" from Spgobal.com).

## 학습 결과

- **학습 내용**

화공 데이터 관리 및 가시화를 위한 데이터 저장 매체와 시각화 방법론.

- **학습 결과 확인하기**

대표적 복잡계인 화공 데이터의 효과적 관리를 위한 시각화 절차와 방법을 익히기.

- **학습 결과 응용하기**

이 장의 학습 내용에 기반하여 화공산업에서 발생하는 데이터를 적절히 매체를 사용해 처리·저장 역량을 확보함으로써, 실제 화공산업 현장에서 발생되는 다양한 빅데이터를 효과적으로 수집, 관리, 시각화에 응용.

제4장

ARTIFICIAL INTELLIGENCE
FOR CHEMICAL ENGINEERING

# 데이터 전처리

## 1. 화공 데이터의 전처리

화공산업의 현상을 정교하게 분석하기 위해선 데이터의 수준을 향상시킬 필요가 있다. 특히 실제 산업 현장에서 수집된 다양하고 방대한 데이터는 데이터 자체의 특이적 변형, 데이터 획득 과정에서의 오류, 수집 과정에서의 손실 및 변형 등 데이터 처리 과정에서 다양한 원인으로 데이터의 양과 질이 왜곡될 수 있다. 특히, 문제해결의 과정과 결과에 큰 영향을 미치는 다양한 데이터의 오류는 인공지능을 이용한 문제해결 전 단계에서 반드시 수정 및 보정이 필요하다. 따라서 적합한 데이터 전처리 과정은 인공지능 모델 개발에 있어 필수적이고 데이터 가치를 보존할 수 있는 방법이다. 이 장에서는 데이터의 가치를 확보하면서 데이터의 오류 등을 관리할 수 있는 데이터 정제, 이상치 제거, 변수 규명 방법 등 이른바 데이터 전처리 기술에 관하여 학습한다.

### 1) 데이터 정제(Data Cleaning)

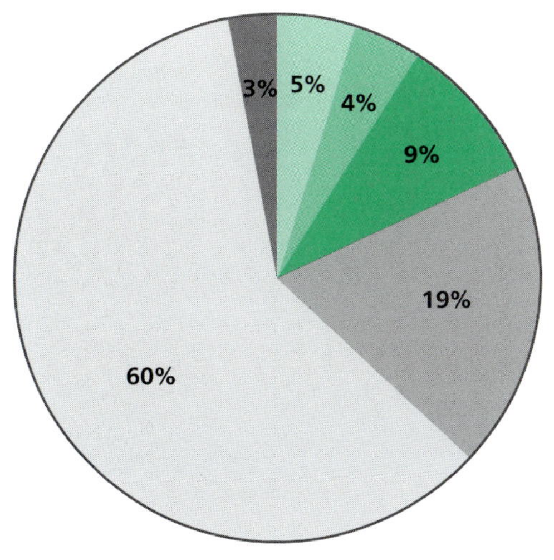


그림 4.1 데이터 분석 과정별 소모 시간.

데이터 정제 방법은 관련성 높은 데이터들을 추출하고 데이터 오류를 파악·제거하는 방법으로 데이터의 신뢰도를 향상시킨다. 데이터 정제는 데이터 분석 프로젝트를 수행하면서 가장 많은 시간과 노력을 요구한다. 이는 수집된 원시 데이터가 보통 많은 결함을 가지고 있어 분석·해석에 바로 사용되기 어려운 특징 때문이다. 데이터 정제 기술은 세 가지 기법인 변환(transformation), 분할(parsing), 보강(enhancement)을 포함한다. 각 기법이 의미하는 바는 다음과 같다.

- 변환: 다른 규격·형태의 데이터들을 일관된 형태로 수정
- 분할: 데이터 일관성 향상을 위해 작은 단위의 데이터로 분할
- 보강: 데이터 표준화와 같은 방법을 통해 데이터의 가치를 향상

데이터 정제 활동을 통해 세가지 데이터 정제 기법을 수행하면 데이터 품질을 확보할 수 있다. 예를 들면, 데이터 수집단계에서의 오류 원인 파악과 정제 대상에 따른 적절한 데이터 정제 기법을 통해 데이터의 품질을 확보할 수 있다. 데이터 정제 활동은 데이터 세분화, 결측치 처리, 이상치 처리로 세분화될 수 있다.

### (1) 데이터 세분화(Data Segmentation)

데이터 세분화는 특정 기준을 제시하여 데이터를 유의미한 최소 단위로 나누고 유사한 데이터들을 그룹화하는 데이터 정제 활동이다. 또한, 단일화된 통계에서 나타나지 않는 특징이 가시적으로 보이도록 돕는 작업이다. 흔히 군집을 사전에 정하고 데이터 군집을 단계적으로 산출하는 계층적 방법이 많이 쓰인다. 이는 개별 데이터로부터 군집 기준을 정하는 응집분석법과 전체 집단에서 군집 기준을 정하는 분리분석법이 존재한다.

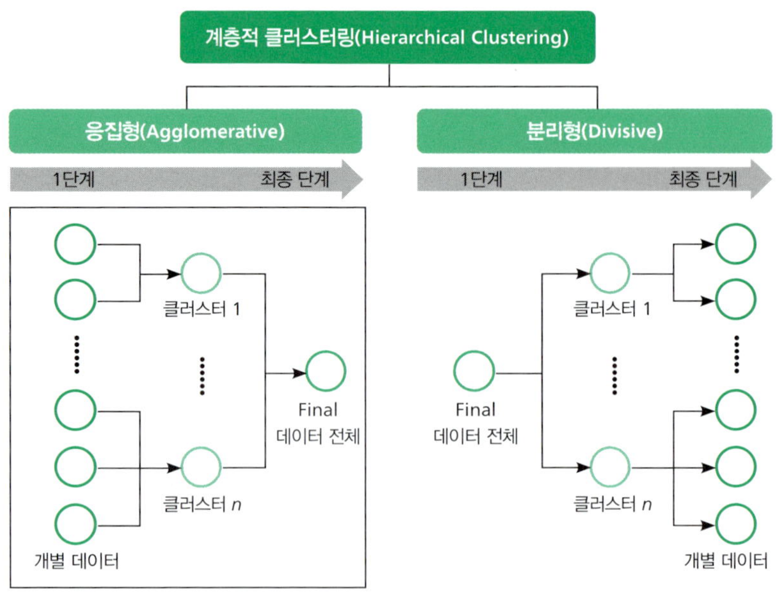


그림 4.2 계층적 데이터 세분화의 예시. (왼쪽) 응집형 세분화, (오른쪽) 분리형 세분화.

그림 4.3 빠진 퍼즐과 같은 데이터 결측치.

### (2) 결측치 처리

데이터에서 결측치란, 데이터 수집 · 이동 · 저장 중 데이터의 손실 혹은 오류로 인해 누락되거나 변형된 값을 의미한다. 결측의 원인 파악은 결측값의 판단과 식별에 매우 중요한 요소로, 데이터 결측값 처리 방법을 결정한다. 데이터 결측값은 원인에 따라 다양한 형태로 표현된다.

- NULL: 데이터 자료가 아예 존재하지 않는 경우
- NA (Not Available): 이동 · 저장 중 오류로 사용할 수 없는 데이터
- NaN (Not a Number): 수치적으로 정의되지 않은 경우
- Inf (Infinite): 무한을 의미하며 잘못된 수치적 계산에서 발생

결측치를 효과적으로 처리하기 위한 방법으론 단순 대치법(single imputation)과 다중 대치법(multiple imputation)이 활용된다. 단순 대치법은 자료 무시(완전 분석법), 평균치 사용(평균 대치법), 확률값 부여(단순 확률 대치법) 방법을 통해 적절할 값으로 결측치를 대체한다. 다중 대치법은 자료들을 예측된 분포를 사용하여 결측값을 대체하는 방법이다.

### (3) 이상치(outlier) 처리

데이터 이상치는 수집된 데이터의 범위를 크게 벗어난 소수의 자료들을 의미한다. 보통, 데이터 센서와 같은 장치를 통한 수집이나 데이터 이동시 처리 오류들로 인해 데이터 값이 잘못될 수 있다. 오류의 발생 원인에 따라 입력 오류, 측정 오류, 실험 오류, 기입 오류, 추출 오류가 존재한다. 데이터 분석 시 이상치는 현상의 경향을 파악하는 데 치명적이게 작용하므로, 이상치를 검출 및 처리하는 것이 중요하다. 다음과 같이 다양한 데이터 이상값 검출 방법은 존재한다.

- 통계 기법: 데이터의 통계적 지표(평균, 분산 등)를 활용한 검출
- 시각화 기법: 히스토그램과 같은 분포 그래프를 이용한 이상값 검출
- 머신러닝 기법: 비지도 학습 중 군집화 알고리즘을 사용한 검출
- 마할라노비스 거리(mahalanobis distance): 데이터 거리 측도를 사용한 검출
- LOF (Local Outlier Factor): 데이터들의 상대적인 밀도 비교를 통한 검출
- iForest (Isolation Forest): 의사결정 나무를 활용한 특정 데이터 식별 요구 단계 횟수로 검출

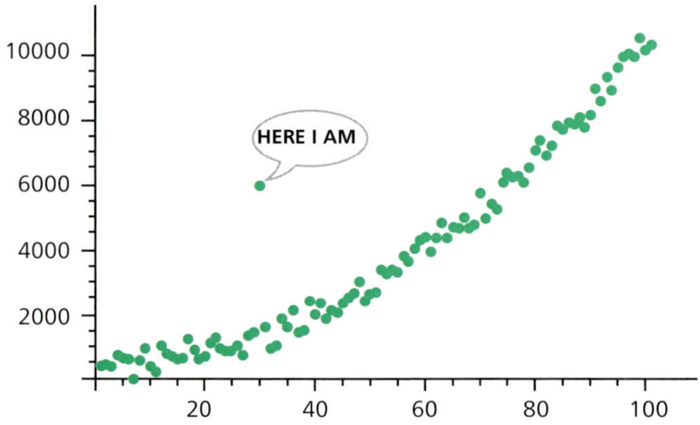


그림 4.4 이상치의 예시.

또한, 다음과 같이 다양한 이상치 처리 방법론을 사용하여 해당 자료를 수정할 수 있다.

- 삭제: 이상치로 판단되는 데이터를 데이터 베이스로부터 제거
- 대체: 데이터 분포를 고려하여 평균이나 중앙값 등 통계값으로 대체
- 변환: 극단적인 데이터(지수적 상승)의 경우, 자연로그 데이터 변환
- 분류: 이상치가 많은 경우, 해당 데이터를 분리시켜 따로 분석 실행

### (4) 정규화·표준화

화공산업의 데이터는 서로 다른 단위(°C, bar, wt%, km 등)와 크기를 갖는다. 인공지능은 학습 데이터의 변위를 기반으로 데이터의 영향력을 이해하므로, 높은 수준의 인공지능 모델 개발을 위해서 데이터 특성 적절히 변환시키는 과정이 필요하다. 대표적인 방법으로 정규화(normalization)와 표준화(standardization)가 있으며, 다음과 같은 공식으로 표현된다.

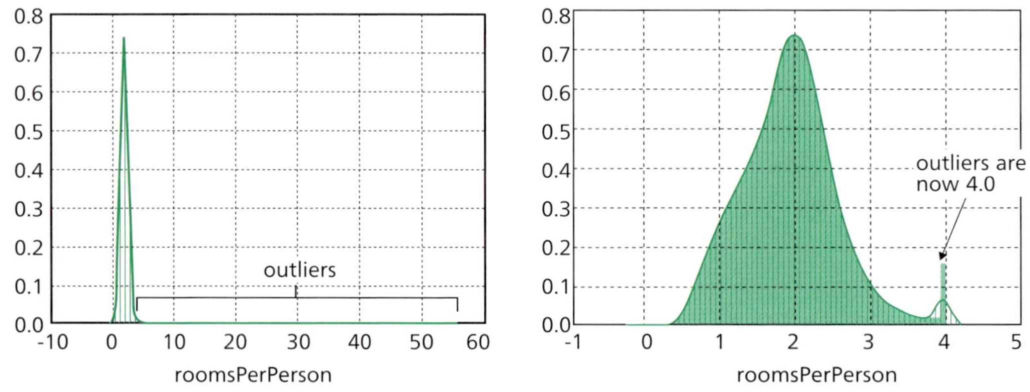


그림 4.5 정규화·표준화를 통한 데이터 품질 향상 예시.

$$\text{정규화:}\quad X' = \frac{X - X_{\text{min}}}{X_{\text{max}} - X_{\text{min}}}$$

$$\text{표준화:}\quad X' = \frac{X - \mu}{\sigma}$$

$X$는 자료의 값을 의미하고, $X_{\text{min}}$과 $X_{\text{max}}$는 각각 자료의 최대값 및 최솟값을 의미한다. $\sigma$와 $\mu$는 자료의 표준편차와 평균을 의미한다. 데이터에 따라 좋은 방법이 다르기 때문에 두 가지 방법 모두 활용하여 모델 학습에 이용하는 것이 적절하다.

## 2) 데이터 변수 규명

화공산업에서는 장치마다 다양한 공정 변수(물질 유량, 온도, 압력 등)에 의해 조작된다. 공정의 기술성·경제성·환경성 등은 이러한 공정 변수를 독립 변수로 결정되는 종속 변수다. 하지만, 모든 독립 변수를 고려하는 것은 현상을 지나치게 복잡하게 정의하는 것이며 해석에 많은 데이터와 노력을 필요로 한다. 공정 데이터 해석에는 크게 변수 선택과 차원 축소 절차가 있다.

### (1) 변수 선택

변수 선택은 종속 변수 해석에 가장 중요하고 관련성 높은 독립 변수를 추출하는 과정이다. 또한 구체적인 변수 명칭, 인과 관계, 변수 속성 등 다양한 변수 특성과 유형을 파악하여 사용자가 해석에 용이하도록 데이터 구성을 단순화하는 기능을 한다. 변수 선택을 위한 방법에는 다음과 같은 기법이 자주 수행된다.

- 필터 기법(filter method): 변수들 사이의 상관관계 파악을 통한 통계적인 측정 방법
- 래퍼 기법(wrapper method): 모델 개발 시 예측 정확도에 큰 영향을 미치는 집합을 선택하는 기법
- 임베디드 기법(embedded method): 모델 개발 시 예측 정확도에 기여하는 변수를 선택하는 기법

**표 4.1** 필터 기법의 예시

| 기법 | 설명 |
|---|---|
| 정보 소득<br>(information gain) | • 가장 정보 소득이 높은 속성을 선택하여 데이터를 더 잘 구분하게 되는 것 |
| 카이제곱 검정<br>(χ-square test) | • 카이제곱 분포에 기초한 통계적 방법으로 관찰된 빈도가 기대되는 빈도와 의미 있게 다른지 여부를 검증하기 위해 사용되는 검증 방법 |
| 피셔 스코어<br>(Fisher score) | • 최대 가능성 방정식을 풀기 위해 통계에 사용되는 뉴턴(Newton)의 방법 |
| 상관계수<br>(correlation coefficient) | • 두 변수 사이의 통계적 관계를 표현하기 위해 특정한 상관관계의 정도를 수치적으로 나타낸 계수 |

**표 4.2** 래퍼 기법의 예시

| 기법 | 설명 |
|---|---|
| RFE<br>(Recursive Feature Elimination) | • SVM (Support Vector Machine)을 사용하여 재귀적으로 제거하는 방법<br>• 전진 선택, 후진 제거, 단계적 방법 사용 |
| SFS<br>(Sequential Feature Selection) | • 그리디 알고리즘으로 빈 부분 집합에서 특성 변수를 하나씩 추가하는 방법 |
| 유전 알고리즘<br>(Genetic Algorithm) | • 자연 세계의 진화 과정에 기초한 계산 모델<br>• 존 홀랜드에 의해서 1975년에 개발된 전역 최적화 기법으로 최적화 문제를 해결하는 기법 |
| 단변량 선택<br>(Unvariable Selection) | • 하나의 변수 선택법으로 각 변수를 개별적으로 검사하여 변수와 반응 변수 간 관계의 강도를 결정<br>• 실행 및 이해가 간단하며 일반적으로 데이터에 대한 이해를 높일 때 사용 |
| mRMR (Minimum Redundancy Maximum Relevance) | • 특성 변수의 중복성을 최소화하는 방법으로 종속 변수를 잘 예측하면서, 독립 변수들과도 중복성이 적은 변수들을 선택하는 방법 |

**표 4.3** 임베디드 기법의 예시

| 기법 | 설명 |
|---|---|
| LASSO<br>(Least Absolute Shrinkage and Selection Operator | • 가중치의 절댓값의 합을 최소화하는 것을 추가적인 제약조건으로 하는 방법<br>• L1-norm을 통해 제약을 주는 방법 |
| 릿지<br>(ridge) | • 가중치들의 제곱 합을 최소화하는 것을 추가적인 제약조건으로 하는 방법<br>• L2-norm을 통해 제약을 주는 방법 |
| 엘라스틱 넷<br>(elastic net) | • 가중치 절댓값의 합과 제곱 합을 동시에 추가적인 제약조건으로 하는 방법<br>• LASSO와 릿지 두 개를 선형 결합한 방법 |
| SelectFromMode | • 의사결정 나무 기반 알고리즘에서 변수를 선택하는 기법 |

### (2) 차원 축소(Dimension Reduction)

차원 축소는 최대한 기존 정보를 유지하면서 고차원 데이터를 낮은 차원으로 투영하는 방법이다.

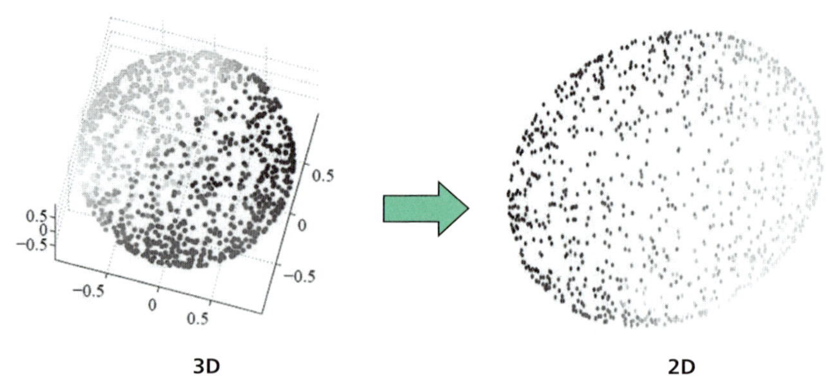


**그림 4.6** 차원 축소 방법론을 통한 데이터 압축 예시.

**표 4.4** 차원 축소의 예시

| 기법 | 설명 |
|---|---|
| 주성분 분석<br>(principal component analysis) | • 변수들의 공분산 행렬이나 상관행렬을 이용<br>• 원래 데이터 특징을 잘 설명해 주는 성분을 추출하기 위하여 고차원 공간의 표본들을 선형 연관성이 없는 저차원 공간으로 변환하는 기법<br>• 행의 수와 열의 수가 같은 정방행렬에서만 사용 |
| 특이값 분해<br>(singular value decomposition) | • $m \times n$ 차원의 행렬 데이터에서 특이값을 추출하고, 이를 통해 주어진 데이터 세트를 효과적으로 축약할 수 있는 기법 |
| 요인 분석<br>(factor analysis) | • 데이터 안에 관찰할 수 있는 잠재적인 변수(latent variable)가 존재한다고 가정<br>• 모형을 세운 뒤 관찰 가능한 데이터를 이용하여 해당 잠재 요인을 도출하고 데이터 안의 구조를 해석하는 기법<br>• 주로 사회과학이나 설문조사 등에서 많이 활용 |
| 독립성분 분석<br>(independent component analysis) | • 주성분 분석과는 달리 다변량의 신호를 통계적으로 독립적인 하부 성분으로 분리하여 차원을 축소하는 기법<br>• 독립 성분의 분포는 비정규 분포를 따르게 되는 차원축소 기법 |
| 다차원 척도법<br>(multi-dimensional scaling) | • 개체들 사이의 유사성, 비유사성을 측정하여 2차원 또는 3차원 공간상에 점으로 표현하여 개체들 사이의 집단화를 시각적으로 표현하는 분석 방법 |

일반적으로 차원이 증가하면 데이터의 밀도가 낮아져서 더욱 많은 데이터가 필요한 문제가 발생한다. 이를 차원의 저주(curse of dimensionality)라고 하며, 불필요한 차원을 제거하는 방식으로 해결할 수 있다. 이런 경우, 차원 축소 방법론은 데이터의 변수 개수를 효과적으로 줄여 시각화 및 분석에 유용하게 쓰인다. 이를테면 차원 축소는 데이터를 압축하고 잠재적인 정보를 추출하여 인공지능 모델 개발 시 학습 시간을 효과적으로 낮추고 예측 모델의 신뢰성을 향상시킬 수 있다. 독립 변수의 종속 변수에 대한 기여도와 특성·관계성 파악에 쓰이며, 보통 다른 분석(예측 모델 개발 등)의 선행적 단계에 시행된다.

## 학습 결과

- **학습 내용**

  화공 데이터 전처리를 위한 데이터 정제와 변수 규명 방법론.

- **학습 결과 확인하기**

  화공산업에 효과적인 빅데이터 활용을 위해, 주요 데이터 정제 과정과 변수 규명 방법 익히기.

- **학습 결과 응용하기**

  이 장의 학습 내용에 기반하여 화공산업에서 발생하는 데이터의 전처리 역량을 확보함으로, 실제 화공산업 현장의 데이터 분석 및 모델 개발을 위한 데이터 처리에 응용.

화공인공지능

# 제 5 장

ARTIFICIAL INTELLIGENCE
FOR CHEMICAL ENGINEERING

# 기계학습 문제 분류와 알고리즘

## 1. 기계학습 문제 분류

기계학습이란 명시적인 컴퓨터 프로그램 및 알고리즘 개발로 수행하기 어려운 복잡계 문제를 해결하기 위하여 사용되는 방법론이다. 특히, 소재 특성 분석, 공정 개발, 제어, 최적화 등 다수의 파라미터로 구성된 화공산업의 다양한 의사결정 문제를 해결하는 데 매우 적합한 방법론이다. 그림 5.1과 같이 기계학습 알고리즘은 학습을 시키는 방식에 따라 크게 지도 학습, 비지도 학습, 강화 학습으로 나뉜다. 본 절에서는 지도 학습과 비지도 학습의 주요 개념과 특징에 관해 살펴본다.

### 1) 지도 학습

화공산업의 다양한 문제 중 상대적으로 많은 데이터가 확보 가능하고 데이터의 특징(feature)과 데이터 간의 관계가 높은 정합성을 보이는 문제의 경우, 주로 지도 학습을 사용하여 문제 해결이 가능하다. 지도 학습은 수학적 모델(지도 학습 알고리즘)을 가지고 학습 데이터 내의 정답과 입력 간의 관계를 파악하여, 주어진 문제에 대한 올바른 정답을 예측하는 방법이다. 따라서 지도 학습에 쓰이는 학습 데이터는 정확한 정답과 문제에 대한 힌트를 가져야 한다. 지도 학습은 크게 분류, 회귀 문제의 유형이 적용된다.

### 2) 비지도 학습

비지도 학습은 관측치들의 특성 정보를 담고 있는 학습 데이터를 주로 사용하며, 지도 학습과는

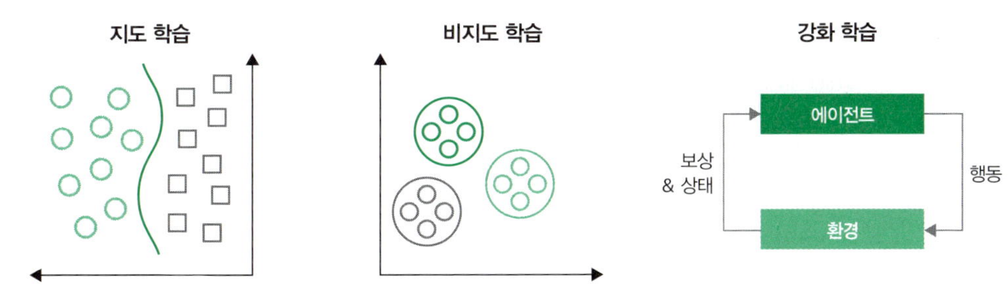


그림 5.1 기계학습 문제 분류.

달리 학습 데이터에 정답이 없다. 비지도 학습은 학습 데이터의 구조, 분포, 패턴, 특성 등을 파악한다. 주로 어떤 대상들을 구분해서 그룹을 만드는 군집화 문제, 서로 연관된 특징을 찾아내는 연관 문제 등 탐색적인 목적의 문제 유형에 적용된다.

## 2. 지도 학습 알고리즘

지도 학습 방법론에는 매우 다양한 알고리즘이 적용되고 있으며, 다양한 분야에서 해당 분야에 적합한 새로운 기능이 탑재된 새로운 알고리즘 개발이 꾸준히 개발되고 있다. 대표적인 지도 학습 알고리즘으로 서포트 벡터 머신(Support Vector Machine, SVM)과 인공신경망(Artificial Neural Network, ANN) 알고리즘이 있다. 두 기법 모두 구조가 간단함에도 불구하고, 분류와 회귀 문제 해결에서 매우 뛰어난 성능을 보인다. 상기 두 기법을 이용한 실제 화공문제 해결의 예는 "3부 화공산업에서의 인공지능"에서 다양한 예제와 함께 학습한다.

### 1) 서포트 벡터 머신(Support Cector Machine, SVM)

서포트 벡터 머신은 분류 문제에 주로 적용되는 알고리즘이다. 학습이 진행되면서 학습 데이터를 클래스로 분리하는 초평면(hyperplane)을 최적으로 분리하는 선형분리 해를 찾는 과정이 알고리즘의 핵심이다. 즉, 구성된 다양한 클래스 사이에 서로 가장 가까운 점들인 서포트 벡터과 초평면과의 거리(margin)를 최대화하기 위하여 사용 데이터로 구성된 차원을 분석한다. 서포트 벡터 머신 알고리즘은 마진이 최대화되는 초평면을 계산함으로써 비정형의 데이터를 분류 및 설명하게 된다.

서포트 벡터 머신 알고리즘은 학습 데이터에서의 서포트 벡터가 클래스 사이의 결정 경계(decision boundary)를 구분하는 데 얼마나 중요한지를 학습시켜준다. 그림 5.2의 경우 데이터가 2차원이지만 초평면은 1차원이다. 더 높은 차원의 학습 데이터, 예를 들어 $n$차원의 데이터라면 이를 구분하는 초평면은 $n-1$차원의 값을 가지게 된다.

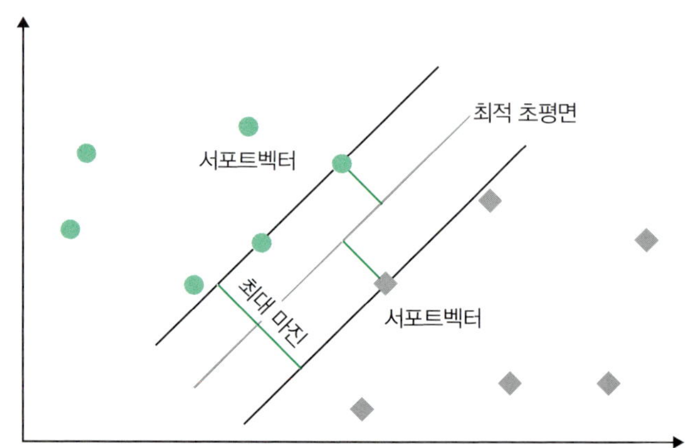


그림 5.2 선형 서포트 벡터 머신.

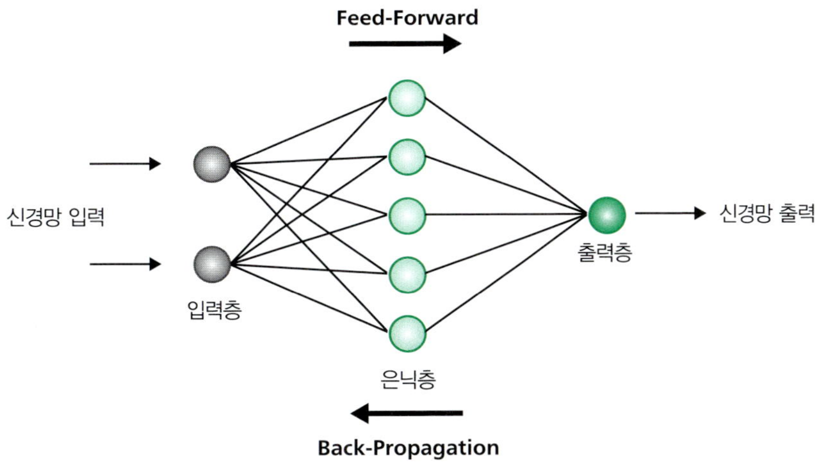

Feed-Forward

신경망 입력 → 입력층 → 은닉층 → 출력층 → 신경망 출력

Back-Propagation

그림 5.3 인공신경망의 구조.

### 2) 인공신경망(Artificial Neural Network, ANN)

인공신경망은 여러 층으로 구성된 인간의 두뇌에 착안하여 개발된 특수한 유형의 지도 학습 알고리즘이다. 인공신경망은 비선형 모델로서 이미지 인식, 음성 인식, 기계 번역 등 다양한 곳에 적용될 수 있다.

그림 5.3과 같이 인공신경망은 입력(input), 1개 이상의 은닉(hidden), 출력(output) 등 총 3개 이상의 층(layer)을 가진다. 각 층은 다수의 노드(perceptron)들로 구성되어 있으며, 입력된 데이터의 특징을 분석하여 다음 층의 입력 데이터로 출력하는 역할을 한다. 입력층은 이미지 픽셀, 텍스트, 오디오 파일 등의 형태 정보를 받게 되는 층을 말한다. 은닉층은 하나 혹은 여러 층으로 구성될 수 있으며, 입력층에 입력된 데이터의 수학적인 계산을 수행하고 패턴을 인식한다. 마지막으로 출력층은 앞선 층에서 수행된 계산을 통해 얻은 결과를 출력한다. 출력층 노드의 수는 문제의 종류에 따라 결정된다.

인공신경망에서 각 노드에는 할당된 가중치와 편향이 있다. 입력층에서의 입력 노드는 입력된 값을 그대로 출력하고, 그 값을 은닉 노드에서 받아 특정 함수로 변환하여 출력하게 된다. 이 함수를 활성화 함수(activate function)라고 한다. 활성화 함수는 입력 값으로부터 다음 계층으로 전달하는 출력신호를 생성하는 함수로, 보통 은닉과 출력 노드에 존재한다. 주로 많이 쓰이는 함수로는 sigmoid, RELU, softmax, tanh 등이 있다. 신경망 알고리즘은 데이터 처리 순서에 따라 크게 feedforward 신경망과 feedback 신경망 두 가지 유형으로 나뉜다. Feedforward 인공신경망은 정보의 흐름이 입력층에서 은닉층, 출력층으로 한 방향으로만 발생한다. 이 유형의 신경망은 분류, 이미지 인식과 같이 데이터가 순차적이지 않은 지도 학습에 주로 사용된다. Feedback 인공신경망은 출력층의 출력이 다시 입력층으로 재순환되는 신호의 되먹임이 발생하며, recurrent neural network의 경우와 같이 기억 유지를 한다. 이 유형은 데이터가 순차적이거나 시간 종속적인 영역에 주로 사용된다.

# 3. 비지도 학습 알고리즘

비지도 학습의 대표적인 알고리즘으로 주성분 분석(Principle Component Analysis, PCA)과 오토인코더(auto encoder)가 있다. 주성분 분석은 고차원의 데이터를 저차원으로 축소시키는 대표적인 차원 축소 기법이고, 오토인코더는 비선형 매니폴드를 학습하여 차원축소와 함께 노이즈 제거에도 효과적이다. 비지도 학습 알고리즘을 통한 실제 사례는 3부에서 다루는 다양한 예제에서 학습 가능하다.

## 1) 주성분 분석(Principle Components Analysis, PCA)

주성분 분석은 차원 축소 기법으로서 비지도 학습의 속도를 개선하는 데 사용될 수 있다. 주성분 분석은 전체 데이터를 $n$차원의 주요 요소들로 표현하는 기법으로, 정보의 작은 손실만으로 데이터의 간략화가 가능하며, 많은 알고리즘의 적용과정에서 사전처리 단계로 활용될 수 있다.

이미지에 대한 알고리즘을 훈련한다고 가정하면 이미지의 인접 픽셀 값이 높은 상관 관계를 갖기 때문에 입력이 다소 중복된다. 구체적으로, 우리가 16×16 회색조 이미지 패치에 대해 훈련한다고 가정할 때, $x$는 256차원 벡터이며, 하나의 특징 $x_j$는 각 픽셀의 강도에 해당한다. 인접 픽셀 간의 상관 관계로 인해 주성분 분석을 사용하면 오류를 최소화하면서도 훨씬 낮은 차원으로 입력을 근사화할 수 있다.

## 2) 오토인코더(Autoencoder)

오토인코더 신경망은 역전파를 적용하여 출력값을 입력값과 동일하게 설정하는 비지도 학습 알고리즘이다. 그림 5.5와 같이 오토인코더는 함수 $h_{w,b}(x) \approx x$를 학습한다. 즉, 항등함수에 대한 근사를 학습하여 $x$와 유사한 $\hat{x}$를 출력한다. 그러나 은닉 유닛의 수를 제한하는 것과 같이 네트워크에 제약을 가함으로써 데이터에 대한 흥미로운 구조를 발견할 수 있다. 한 예로, 입력 $x$가 10×10 이미지(100픽셀)의 픽셀 강도 값이므로 $n = 100$이고 레이어 $L_2$에 50개의 은닉 유닛이 있다고 가정하면, 은닉 유닛이 50개뿐이므로 네트워크는 입력의 "압축된" 표현을 학습해야 한다. 즉, 은닉 유닛 활성화 벡터만 주어지면 100픽셀 입력 $x$를 "재구성"할 수 있어야 한다. 입력이 무작위인 경우에는

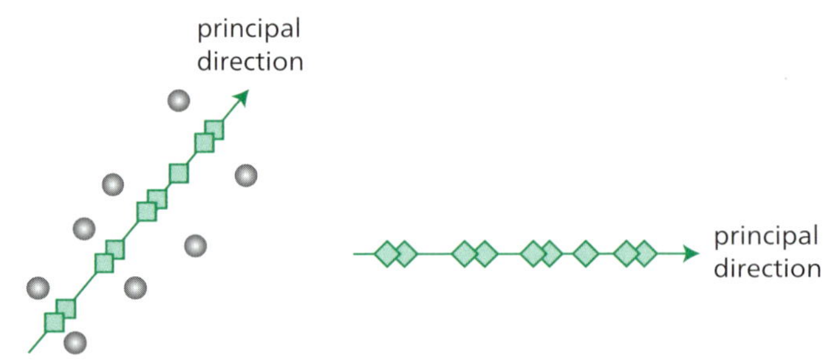


그림 5.4 주성분 선택 방법과 시각화.

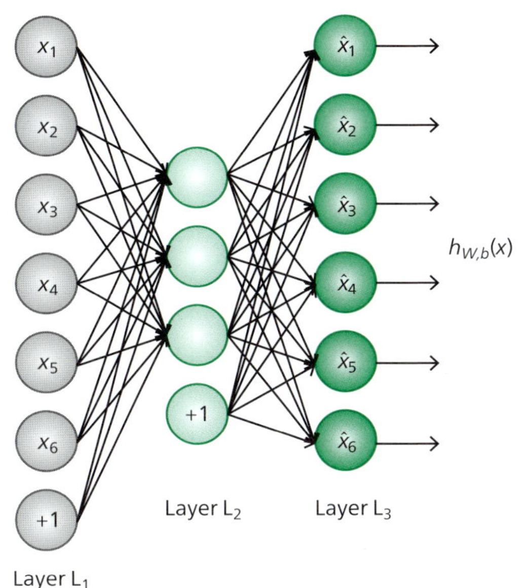


그림 5.5 오토인코더 구조.

이 압축 작업이 매우 어렵겠지만, 입력 기능 중 일부에 상관 관계가 있는 경우에는 오토인코더가 이러한 상관 관계를 학습할 수 있다. 간단한 오코인코더는 종종 주성분 분석과 매우 유사한 저차원 표현을 학습하게 된다.

앞서 은닉 유닛의 수가 작은 경우를 다루었지만, 은닉 유닛의 수가 많을 때에는 네트워크에 다른 제약 조건을 부과함으로써 흥미로운 구조를 발견할 수 있다. 특히 은닉 유닛에 "희소성" 제약 조건을 부과하면 오토인코더는 은닉 유닛의 수가 많더라도 데이터에서 여전히 흥미로운 구조를 발견할 수 있다.

## 4. 알고리즘 선택

그림 5.6과 같이 무수히 많은 알고리즘이 개발되어 있고 현재도 끊임없이 발전 중이다. 대중적인 알고리즘들은 배포된 라이브러리를 설치하여 사용할 수 있고 최신 알고리즘들은 github 등에 공개되어 있는 오픈소스 코드를 활용하여 구현할 수 있다.

다양한 알고리즘들 중에 어떤 알고리즘을 사용할 것인가는 문제의 세부 조건에 따라 그림 5.7을 참고하여 결정할 수 있다. 데이터의 종류, 크기, 속성, 라벨 여부 등이 알고리즘 선정에 영향을 미치게 된다. 먼저 얻고자 하는 출력값이 카테고리인지 수치인지에 따라 크게 나누어질 수 있다. 각각에서는 정답(라벨)의 유무에 따라 지도 학습 알고리즘을 사용할지 비지도 학습 알고리즘을 사용할지 달라진다. 모델의 목적이 카테고리를 나누는 것이라면 라벨이 존재할 때는 분류 알고리즘을 사용할 수 있고 라벨이 존재하지 않는다면 클러스터링 알고리즘을 사용할 수 있다. 마찬가지로 수치형 데이터를 사용할 때도 학습할 때 사용할 라벨이 존재하고 예측 모델을 만들고 싶다면 회귀 알고리즘을 사용할 수 있고, 라벨이 존재하지 않지만 시각화 등을 통해 표현하고 싶다면 차원 축

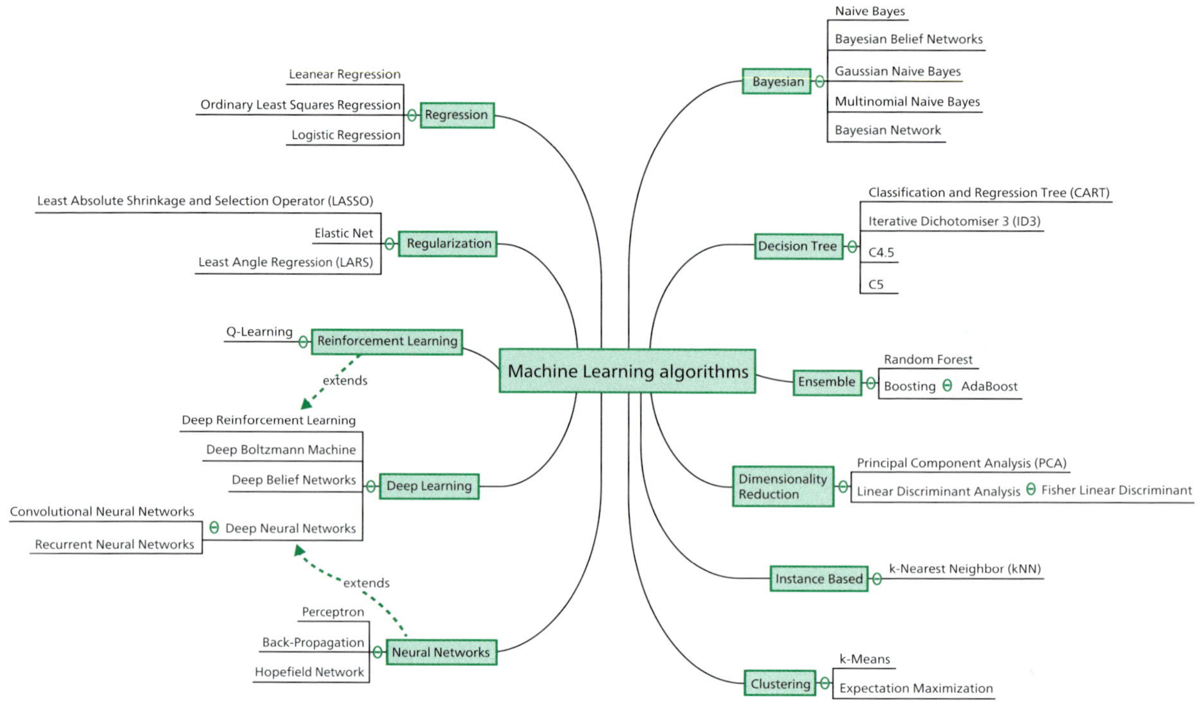


그림 5.6 다양한 머신러닝 알고리즘.

소 알고리즘을 선택할 수 있다. 데이터의 종류나 라벨 여부는 알고리즘을 선택하는 데 가장 기본적으로 고려하는 사항이고, 그 외에 일반적인 규칙이 존재하는 것은 아니기 때문에 다양한 알고리즘을 사용해 보며 데이터셋의 특징을 적절히 반영해 줄 수 있는 알고리즘을 찾아야 한다.

## 결론

이 장에서는 기계학습 문제를 분류하고 분류에 따른 알고리즘들을 살펴보았다. 풀고자 하는 문제를 정확히 파악하고 분류한 후에 어떤 알고리즘이 문제에 적합한지 판단할 수 있다. 다양한 머신러닝 알고리즘이 있지만 지도 학습의 서포트 벡터 머신과 인공신경망, 비지도 학습의 주성분 분석과 오토인코더에 대해 간략하게 알아보았다.

### 학습 결과

- **학습 내용**

  대표적인 기계학습 알고리즘의 원리와 특징 익히기.

- **학습 결과 확인하기**

  문제 특징에 따라 적절한 알고리즘 선택하기.

- **학습 결과 응용하기**

  각 알고리즘의 최신 동향 파악하기.

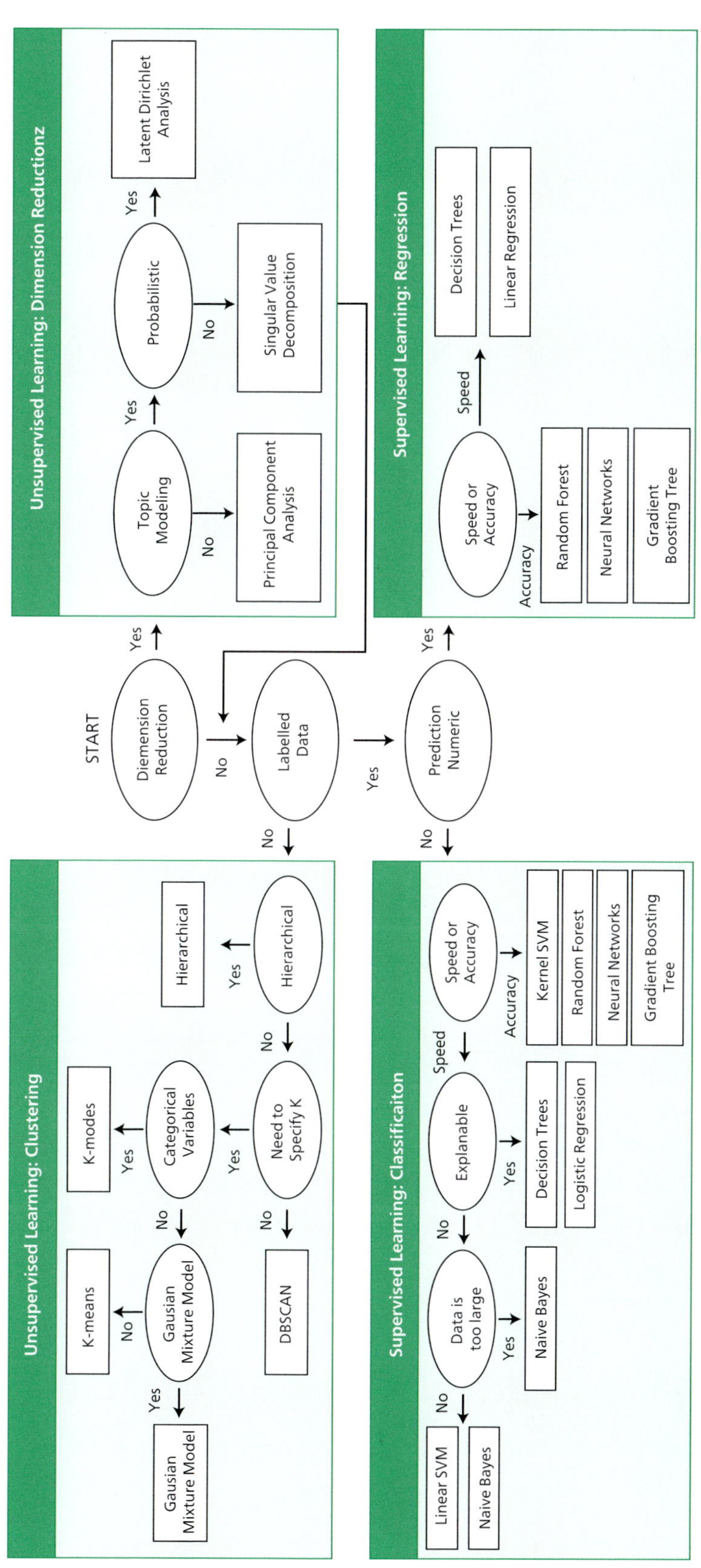


그림 5.7 머신러닝 알고리즘 선택 방법.

화공인공지능

ARTIFICIAL INTELLIGENCE For CHEMICAL ENGINEERING

# 기계학습 기반 의사결정 및 최적화

## 1. 최적화 문제와 최적 의사결정의 이해

주어진 문제상황에서 제약 조건(constraints: $h(y, x) = 0$, $g(y, x) \leq 0$)들을 만족시키면서 목적함수(objective function: $f(y, x)$)를 최대화(혹은 최소화)시키는 방법을 찾아내는 것을 최적화 문제라고 한다. 이는 수학적으로 식 (6.1)과 같이 표현될 수 있다.

$$\max_x f(x) \text{ subject to } h(x, y) = 0 \text{ and } g(x, y) \leq 0 \qquad \textbf{(6.1)}$$

여기서 보편적으로 $h(x, y) = 0$는 종속 변인 $y$와 조작변인 $x$의 관계를 지정하는 일종의 모델이다. 이 장에서는 $h(x, y)$의 형태를 모르는 경우, 즉 주어진 모델이 없는 경우의 최적화에 대해서 알아볼 예정이다.

화학공학에서는 신 공정조건 탐색, 신 물질 탐색, 공정 제어 등의 상황에서 최적화 문제를 풀게 된다. 특히 화학공학에서는 최적화 문제를 풀 때 효율적이고 조심스러운 접근 방법이 요구되는데, 이는 화학공학에서의 실험이 많은 시간과 비용이 소요되는 경우가 일반적이기 때문이며, 또한 특정 실험의 경우 위험한 결과를 초래할 수 있기 때문이다. 따라서 화학공학에서의 기계학습 기반 의사결정 및 최적화를 진행할 때는 trend 모델을 이용하여 경향을 분석, 즉 상관관계(correlation) 규명에 집중하는 것이 아닌 cause-effect 모델을 사용하여 인과관계(causation)를 파악하는 것이 중요하다. 이러한 특성 때문에 화학공학에서의 의사결정에는 탐험-탐사(exploration-exploitation)

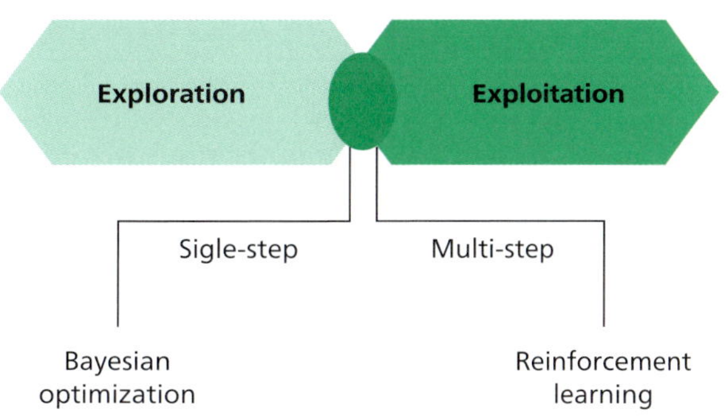


그림 6.1 탐사 간의 균형을 맞춘 기계학습 방법론.

간의 최적 균형을 이룬 의사결정 방법이 필요하다. 이 장에서는 이러한 의사결정 방법 2가지를 학습한다. 첫 번째 방법론은 베이즈 정리를 활용하여 탐험-탐사 간의 균형을 맞춘 베이지안 최적화이고, 두 번째 방법론은 무수히 많은 경험을 통한 시스템 이해를 바탕으로 탐험-탐사 간의 균형을 맞춘 강화 학습이다.

### 1) 베이지안 최적화

베이지안 최적화는 조작변인 X과 종속 변인 Y 사이의 관계가 매우 복잡한 상황에서 모델 기반 의사결정이 불가능한 경우에(black-box 시스템), 실험의 횟수를 최소화하면서 원하는 종속 변인의 원인이 되는 조작변인들의 최적 조합을 탐색할 때 주로 사용되는 의사결정 방법론이다. 특히 초기 데이터가 상대적으로 적거나 실험 시간이 오래 걸리는 경우, 적은 데이터에 기반한 이해를 바탕으로 탐사-탐험 간의 균형을 맞춘 후 실험 포인트를 결정한다.

### 2) 강화 학습

강화 학습은 마르코프 결정 과정(Markov Decision Process, MDP)으로 표현된 순차적 의사 결정 문제를 풀 때 사용되는 방법론이다. 어떠한 순차적 의사 결정 과정이 그 당시 상태에만 영향을 받고, 그 이전까지의 상태에 무관하다면, 이러한 의사결정 과정은 '마르코프하다'라고 정의된다. 수학적으로 MDP는 상태(S), 행동(A), 상태 변환 확률(Pa(s, s′)), 보상(R), 감가상각률($\gamma$)의 5중 쌍으로 표현되며, 강화 학습은 에이전트가 MDP로 정의된 환경과의 상호작용을 통해 최적의 의사결정 정책을 찾아 나가는 방법론이다.

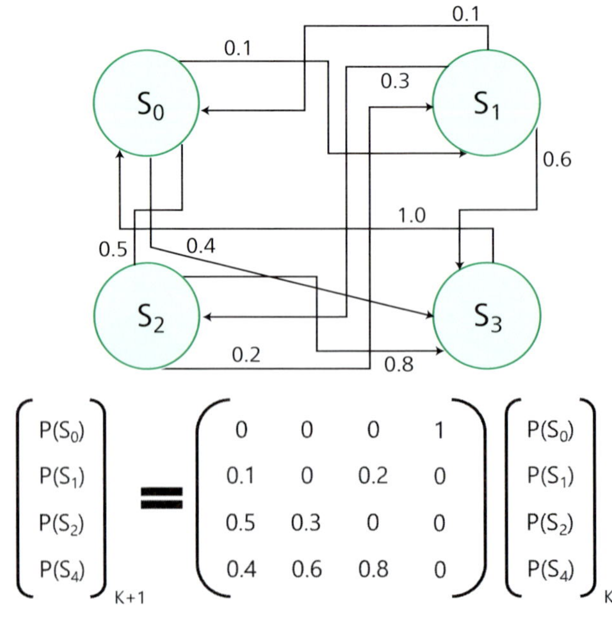


그림 6.2 마르코프 결정 과정의 예시($(P(S_i))_k$. k번째 time step에서 상태 변환 확률을 행렬로 표현한 그림이다.

# 2. 알고리즘과 작동 원리

본 절에서는 베이지안 최적화와 강화학습 알고리즘의 작동 원리를 학습한다. 이를 통해 두 최적화 방법론에 대한 이해의 깊이를 넓힌다.

## 1) 베이지안 최적화 알고리즘

베이지안 최적화는 어떠한 조작 변인 X가 주어졌을 때, 어떠한 종속 변인(목적 함수) *f*(X)가 얻어지는 시스템에서, 시스템이 복잡하여 모델을 만들기가 어렵고, 매 실험에 소요되는 시간과 비용이 많이들 때(black-box 시스템) 사용되는 최적화 방법론이다. 이때, 최적화라 함은 목적 함수 *f*(X)를 극대화시킬 수 있는 최적 조작 변인 $X^*$를 찾는 것이다. 이를 달성하기 위해선 기존에 관찰된 조작 변인과 목적 함수 사이의 데이터를 바탕으로 대체 모델(surrogate model)을 생성하여 *f*(X)의 형태를 확률적으로 추정한 후, 대체 모델을 바탕으로 획득 함수(acquisition function)를 정의하여 최적 조작 변인 $X^*$을 찾을 가능성이 가장 높은 다음 실험 후보를 얻는다. 이러한 추천을 통해 얻어진 점을 실험하고, 추가된 데이터를 기반으로 다시 대체 모델을 업데이트하는 과정을 반복하는 것이 베이지안 최적화의 구성이다.

### (1) 대체 모델(Surrogate Modeling)

베이지안 최적화의 첫 단계는 대체 모델을 만드는 것이다. 베이지안 최적화는 조작 변인 X와 목적 함수 *f*(X) 사이의 관계를 모를 때 사용되는 방법론이기에, X와 *f*(X) 사이의 관계를 확률적으로 추정하는 대체 모델을 구축하여 실험되지 않은 구간의 예측치와 불확실성을 표현한다. 실험되지 않은 구간의 예측치와 불확실성을 표현하기 위해서 가장 자주 쓰이는 데이터 기반 모델링 방법은 가우시안 프로세스(Gaussian process)이다. 가우시안 프로세스는 기존에 관찰된 점들을 관통하는 모든 그래프의 가능성을 인지하고, 이를 바탕으로 실험되지 않은 지점에서의 예측값은 정규분포의 평균, 예측값의 불확실성은 정규분포의 표준편차로 나타내는 방법이다. 가우시안 프로세스는 우리에게 친숙한 확률분포인 정규분포를 사용하기에 직관적으로 시스템을 이해할 수 있고, 추후 획득 함수를 정의하기도 용이하여 자주 사용된다.

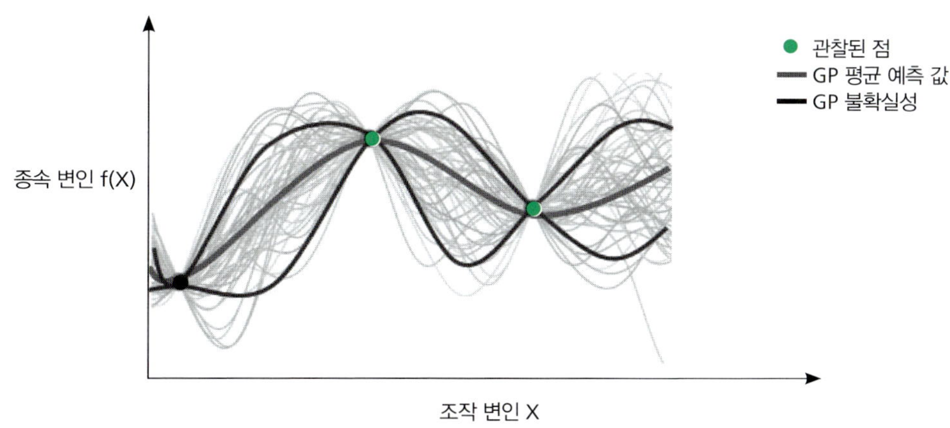


그림 6.3 가우시안 프로세스 예시.

### (2) 획득 함수(Acquisition Function)

기존에 관찰된 데이터를 바탕으로 대체 모델을 생성하여 전체적인 시스템에 대한 이해가 완료되었다면, 그러한 이해를 바탕으로 어떠한 점을 다음 실험 포인트로 잡을지를 결정해야 한다. 다음 실험 포인트는 단순히 예측치의 최댓값을 실험하는 것이 아닌, 예측치와 그 예측치가 얼마나 신뢰할 만한지에 기반하여 종합적인 의사결정이 요구된다. 목적함수를 최대화시키는 문제에서, 예측치가 높기 때문에 개선을 기대할 수 있는 점을 실험하는 것도 중요하고(exploitation), 혹은 예측치는 낮아도 불확실성이 큰 지점에서 새로운 개선(exploration)을 기대하는 것이 중요하기 때문이다. 베이지안 최적화는 이러한 종합적인 사고를 이뤄낼 수 있는 획득함수를 정의하고, 획득함수의 값이 가장 높은 지점을 그 다음 실험 포인트로 설정한다. 자주 쓰이는 획득 함수로는 PI (probability of improvement), EI (expected improvement), UCB (upper confidence bound) 등이 있다. 각각의 획득 함수는 표 6.1과 같이 수학적으로 표현할 수 있다. 직관적인 이해가 편한 UCB의 경우, 그림 그림 6.4와 같이 예측치와 표준편차의 합이 최대가 되는 지점을 다음 실험에 추천한다. 주로 초기 데이터가 많은 경우에는 exploitation을 잘 수행하는 PI 혹은 UCB 기반 베이지안 최적화를 자주 사용하고, 초기 데이터가 많지 않은 경우에는 exploration을 잘 수행하는 EI 기반 베이지안 최적화를 자주 사용한다. 이에 더해, 최근에는 미래의 의사결정까지 고려하여 현재의 의사결정을 가이드하는 획득함수가 새롭게 개발되고 있다. 이러한 기법으로는 롤 아웃 기반 혹은 강화

**표 6.1** 베이지안 최적화의 획득함수 예시(최대화 문제를 풀 경우)

| Acquisition function | Formula |
|---|---|
| Probability of improvement | $a(x) = p(f(x) > f(x^+))$ |
| Expected improvement | $a(x) = \max(0, f(x) - f(x^+))$ |
| Upper confidence bound | $a(x) = \mu(x) + \beta\sigma(x)$ |

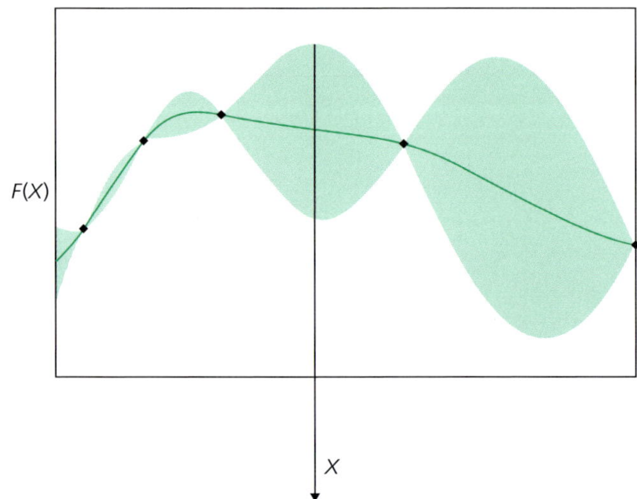


그림 6.4 Upper confidence bound의 시각적 예시.

학습 기반 베이지안 최적화가 존재하며 기존의 PI, EI, UCB 기반의 베이지안 최적화보다 좋은 성능을 보이고 있다.

#### (3) 주요 문제 해결 과정

베이지안 모델을 이용한 최적화 수행 과정은 그림 6.5와 같다. 초기에 보유하고 있는 조작변인 X와 종속변인(목적함수) *f*(X) 사이의 관계(데이터)를 활용하여 대체 모델을 형성을 한 후, 생성된 대체 모델을 바탕으로 획득함수를 정의한다. 이때, 어떠한 획득 함수를 사용할지는 해당 시스템에 대한 이해도에 따라서 결정한다. 획득함수를 시스템에 맞게 정의를 하였다면, 획득함수를 최대화시키는 조작변인을 찾아낸 후 이를 다음 실험 포인트로 설정하여 실제 실험을 진행한다. 이러한 실험을 통해서 얻어진 결과값이 사용자의 기대(요구조건)를 만족하였다면 실험이 종료되는 것이고, 결과값이 사용자의 기대를 만족하지 못하였다면, 얻어진 새로운 데이터를 기반으로 다시 대체 모델을 생성을 하고 처음부터 모든 과정을 순차적으로 반복한다.

### 2) 강화 학습 알고리즘

강화 학습은 행동심리학에서 사용되는 용어인 '강화'를 기계학습에 접목한 방법론이다. 몇 년 전에 큰 화제가 되었던 알파고에서 사용된 기계학습이 바로 강화 학습이다. 강화란 행동의 주체(이를 강화 학습에서는 '에이전트'라고 부름)가 주어진 환경에서 여러 행동을 시행한 뒤 행동에서 나

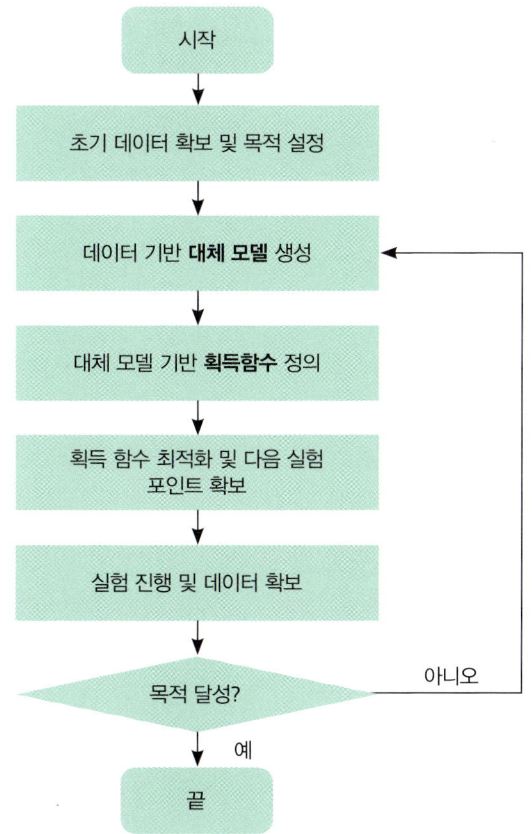


그림 6.5 베이지안 최적화의 알고리즘.

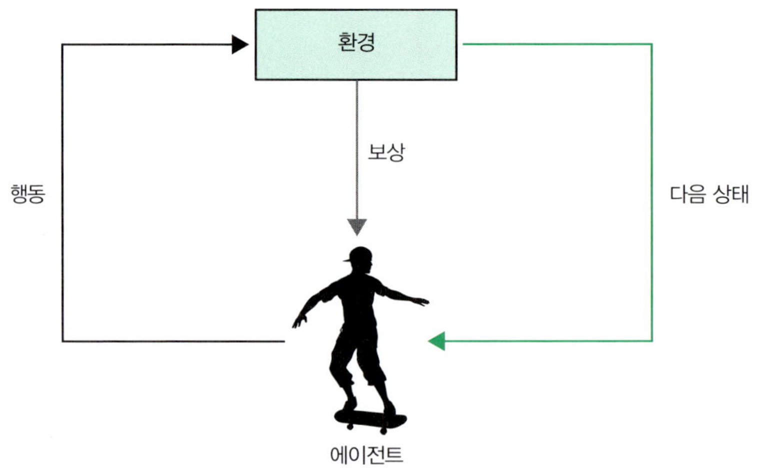


그림 6.6 스케이트 타는 아이와 강화 학습.

온 보상을 통해 학습을 하여, 최적의 의사결정 방식을 찾아 나가는 방법론이다. 어릴 적 스케이트 보드 타는 방법을 배우는 과정을 연상하면 '강화'의 개념을 이해하기가 더 쉽다. 현재의 속도, 도로의 모양, 바람의 세기, 중력의 세기 등이 주어진 환경에서, 스케이트 보드를 처음 타 보는 아이는 무게 중심의 위치, 발을 구르는 세기 등을 바꾸어 본다. 특정 행위는 보드가 잘 나아가게끔 하고, 특정 행위는 보드가 쓰러지게끔 유도를 한다. 이렇게 환경과의 상호작용을 통해서 학습을 하여 결국 최적의 행동 정책을 찾아가는 것이 '강화'이다. 이러한 과정과 같이 에이전트가 특정 환경에서의 최적 행동 정책을 찾아내는 것이 강화 학습이다.

이러한 기계학습을 진행하기 위해선 첫 번째로 환경이 제시하는 '상태'를 수학적으로 정의하여 에이전트가 이해를 할 수 있게끔 해야 한다. 두 번째로는 상태를 인식한 에이전트가 스스로의 정책에 따라 행동을 해야 한다. 세번째로는 행동을 바탕으로 환경이 에이전트에게 수학적으로 정의된 보상과 다음 상태를 전달해야 한다. 이러한 과정을 반복하는 것이 강화 학습의 전체적인 알고리즘이다.

### (1) 순차적 의사결정 문제와 MDP

2부 5장에서 논의된 바와 같이 강화 학습을 사용할 수 있는 문제의 두 가지 특징을 생각해낼 수 있다. 첫 번째로는 순차적 행동 결정 문제에서 사용된다는 점이다. 에이전트가 환경과 꾸준히 상호작용을 해가면서 최적의 행동 양식(혹은 최적 정책 $\pi^*$)을 찾아가는 방식이기 때문이다. 또한 두 번째 특징으로는 현재 '상태'만 행동에 영향을 미친다는 것이다. 이러한 성질을 '마르코프하다'라고 표현하는데, 수학적으로는 조건부 확률을 사용하여 다음과 같이 나타낼 수 있다. $\mathrm{P}\left[\text{미래} \mid \text{현재, 과거}\right] = \mathrm{P}\left[\text{미래} \mid \text{현재}\right]$. 즉, 과거가 어떠 하였든 현재의 상태만 미래에 영향을 주는 것이다. 마르코프한 순차적인 의사결정 문제는 마르코프 결정 과정(MDP)으로 표현할 수 있다. 따라서 어떠한 문제가 MDP로 정의가 될 수 있어야 강화 학습으로 풀 수 있는 문제인 것이다.

MDP는 5가지의 요소로 구성이 되는데, 이는 다음과 같다: $\{\mathbb{S}, \mathbb{A}, P, R, \gamma\}$. 첫 번째로 $\mathbb{S}$는 에이전트가 현재 스스로의 상태를 인식할 수 있는 상태(state)의 집합이다. 강화 학습 에이전트는 상태를 기반으로 의사결정을 내리기 때문에, 수학적으로 정의된 상태는 에이전트가 의사결정을 내리기 위한 충분한 정보를 갖고 있어야 한다. 따라서 상태를 의사결정에 모자란 부분 없이 정의해서 에이전트가 학습할 수 있도록 하는 것이 매우 중요하다. 두번째로 $\mathbb{A}$는 행동(action)의 집합이다. 에이전트가 할 수 있는 모든 행동들의 집합이다. 강화 학습의 최종 목표는 임의의 상태에서 현재와 미래의 보상을 고려한 가장 현명한 행동을 할 수 있는 최적 정책을 찾는 것이다. 세번째로 $P$는 상태 변환 확률이다. 특정 상태에서 특정한 행동을 했을 때, 어떠한 상태로 넘어가게 될지를 정하는 기반이 $P$이다. 네번째로 $R$은 보상(reward)이다. 강화 학습은 현재와 미래의 보상을 최대화하는 최적의 행동 정책을 찾는 것이기에, 보상이 엄밀하게 정의되어야 어떤 행동이 옳고 그른지를 에이전트가 배울 수 있다. 마지막으로 $\gamma$는 할인율(discount rate)이다. 현재의 행동에서도 보상은 나오고, 미래의 행동에서도 보상은 나온다. 이때 현재 혹은 현재와 가까운 시점에서 나오는 보상에 더욱 중점을 둔 의사결정을 할 것인지, 아니면 미래에 궁극적으로 받게 될 보상에 더욱 중점을 둘 것인지 여부가 할인율을 통해 결정된다. 이는 은행에서 말하는 이자율과도 같은 개념이다. 할인율이 높으면 미래에 얻을 보상보다는 근래에 얻게 될 보상에 더 중점을 둔 의사결정을 의미한다.

### (2) 가치 함수와 벨만 방정식

강화 학습 에이전트가 최적의 정책을 찾는다는 것은 시작할 때의 상태부터 한 에피소드가 끝날 때까지의 보상합을 최대화시키는 행동을 하게 된다는 것이다. 이때 에피소드는 시작 상태로부터 종결 상태(terminal state)까지의 에이전트와 환경의 상호작용을 의미한다. 현재 시점($T = t$)에서의 상태를 $S_t$, 행동을 $A_t$, 그 때 받게 되는 보상을 $R_t$로 표현했을 때, 하나의 에피소드가 끝날 때까지 받게 되는 모든 보상의 합은 할인율을 적용하여 $R_t + \gamma R_{t+1} + \gamma^2 R_{t+2} + \cdots$으로 표현할 수 있다. 이렇게 에피소드를 진행함에 따라 미래에 받게 될 모든 보상의 합을 반환값(return)이라고 표현한다. 어떠한 상태에 진입했을 때 어떤 반환값을 받게 되는지를 알 수 있다면, 에이전트는 최적의 의사결정을 내리도록 학습될 수 있다. 따라서 어떠한 상태가 얼마만큼의 가치가 있는지를 가치함수(value function)를 정의하여 계산한다. 수식적으로는 식 (6.2)와 같이 표현할 수 있다

$$v(x) = E[R_t + \gamma R_{t+1} + \gamma^2 R_{t+2} + \cdots \mid S_t = s] \quad \textbf{(6.2)}$$

막연할 수 있는 '미래의 보상'을 조금 더 정확히 표현하기 위하여 가치함수를 재귀 방정식 형태로 나타낼 수 있다. 여기서 에이전트는 특정 상태에서 특정 행동을 취하는 정책 $\pi$를 기반으로 행동을 하기에, 최종적으로는 가치함수를 식 (6.3)과 같이 나타낼 수 있다. 이 식이 강화 학습에서 가장 중요한 개념인 벨만 방정식이다. 이 방정식을 풀어서, 이 가치함수를 최대화할 수 있는 최적 정책($\pi^*$)을 찾아내는 것이 바로 강화 학습 에이전트를 트레이닝하는 것이다.

$$v_\pi(s) = E_\pi[R_t + \gamma v_\pi(S_{t+1}) \mid S_t = s] \quad \textbf{(6.3)}$$

### (3) MC(몬테카를로) 학습과 TD(시간차) 학습

이전 장에서 특정 상태($s$)에서 정책($\pi$)을 따라 행동했을 때의 가치를 나타내는 벨만 방정식에 대해서 이야기해 보았는데, 구체적으로 가치 함수를 추정하는 방식에 따라서 MC 학습법과 TD 학

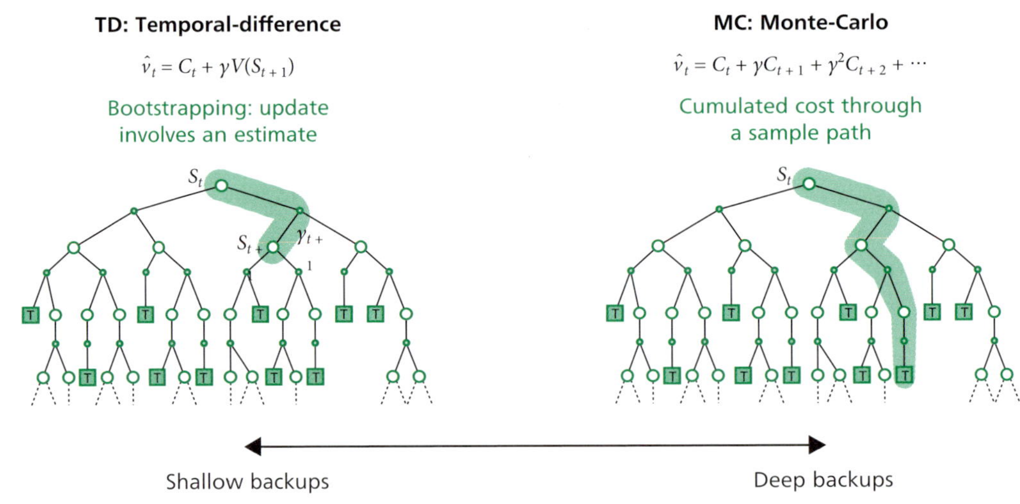


그림 6.7 TD 러닝과 MC 러닝.

습법으로 나눌 수 있다. MC 학습은 몬테카를로 방법을 사용하여 가치함수를 추정한다. 몬테카를로 방법 혹은 몬테카를로 알고리즘은 특정한 상태에서 에피소드를 따라 종결상태까지 의사결정을 진행해 본다. 종결상태까지 진행하였기에, 각 상태에서의 반환값(return)을 얻을 수 있다. 이러한 과정을 여러 번 반복하다 보면, 특정 상태에서의 반환값이 여러 번 구해진다. 만약 무수히 많은 반복을 통하여 여러 번 구해진 반환값들의 평균을 낸다면, 그 평균값은 가치함수의 참값에 한없이 가까워진다. 이러한 방식을 통해서 가치함수를 업데이트하는 것을 수식으로 표현하면 식 (6.4)와 같다.

$$v(S_t) \longleftarrow v(S_t) + \alpha(G_t - v(S_t)) \qquad \textbf{(6.4)}$$

MC 학습법은 직관적이고 효용이 높은 학습법이지만, 몇가지의 단점이 있다. 크게 두 가지의 문제를 꼽자면, 첫째로 학습을 위해서는 한 에피소드의 끝까지 기다려야 하기에 실시간 학습이 불가능하다는 것이고, 둘째로 에피소드가 끝나지 않고 계속 지속되는 경우 학습이 불가능하다는 점이다. 따라서 이러한 문제점을 보완한 정책평가 방식이 바로 TD(시간차) 학습이다.

TD 학습법은 에피소드가 끝날 때까지 기다린 후에 가치함수를 업데이트하는 것이 아닌, 에피소드가 진행되는 와중에 매 의사결정 스텝마다 가치함수를 업데이트한다. 매 스텝마다 업데이트를 하기 때문에 한 번에 하나의 가치함수만을 업데이트하는 것이 MC 방법과의 가장 큰 차이이다. 실시간으로 업데이트가 이루어지기 때문에, 가치함수를 업데이트할 때, $G_t$ 항을 사용해서 업데이트하는 것이 아닌, $R_{t+1} + \gamma^* v(S_{t+1})$ 항을 사용하여 업데이트하게 된다.

$$v(S_t) \longleftarrow v(S_t) + \alpha(R_{t+1} + \gamma v(S_{t+1} - v(S_t)) \qquad \textbf{(6.5)}$$

대표적인 TD 학습의 알고리즘으로는 살사 알고리즘과 큐러닝이 존재한다. 이 둘의 차이는 학습하는 정책과 실제로 행동하는 정책이 같은지의 여부이며, 그 두 개가 같으면 SARSA 알고리즘, 다르면 Q-러닝이다.

# 3. 알고리즘 선택

이 장에서 소개한 베이지안 최적화와 강화 학습은 각 방법론이 어떤 원리를 가지고 있고, 어떠한 문제 상황에 사용될 수 있는지에 대한 감을 잡을 수 있도록 소개되었다. 화학공학 산업에서 디지털 전환(digital transformation)이 이루어짐에 따라, 효율적인 의사결정을 해 낼 수 있는 베이지안 최적화와 강화 학습의 효용이 더 커지고 있다.

베이지안 최적화의 경우 회분 베이지안 최적화, Rollout 기반 베이지안 최적화, 강화 학습 기반 베이지안 최적화 등의 기법이 최근에 연구되고 있다. 강화 학습은 크게 가치함수(value function)를 학습하는 방법, 정책(policy)을 학습하는 방법, 또 두 가지를 같이 하는 방법(actor-critic)으로 구분할 수 있는 PPO, DDPG, 베이지안 강화 학습 등의 기법이 새로 등장하면서 효율적인 의사결정을 돕고 있다(그림 6.8).

기계학습의 핵심은 주어진 문제의 상태(복잡성, 데이터 확보 여부, 문제 해결 수준 등)를 명확하게 인식하고, 그러한 문제 상황에 적합한 알고리즘을 선정하는 과정이 가장 중요하다. 즉, 문헌 및 인터넷 상의 다양한 라이브러리 혹은 기본 모델 등을 이용하여 대상 문제에 적합한 최적의 알고리즘을 개발하는 능력이 미래의 화학공학자들에게 가장 중요한 요소이다. 그림 6.8을 통해 모델의 유무, 학습의 방법에 따른 알고리즘들의 종류를 이해할 수 있다.

## 결론

이 장에서는 독립 변수와 종속 변수의 관계가 명확치 않는 복잡계 문제에서 적용 가능한 두 가지(베이지안 최적화, 강화 기계학습) 최적화 방법론에 관하여 학습하였다. 베이지안 최적화는 실험 혹은 샘플링 한 번 한 번에 비용과 시간이 많이 드는 black-box 최적화에 사용되는 의사결정 방법론이고, 강화 학습은 에이전트가 환경과 상호작용을 통하여 현재와 미래를 모두 고려한 의사결정을 해야 할 때 사용하는 의사결정 방법론이다. 본인이 풀고자 하는 문제의 특성을 파악한 후, 정확한 기계학습 기법을 사용하여 효율적인 의사결정을 수행하는 것이 중요하다.

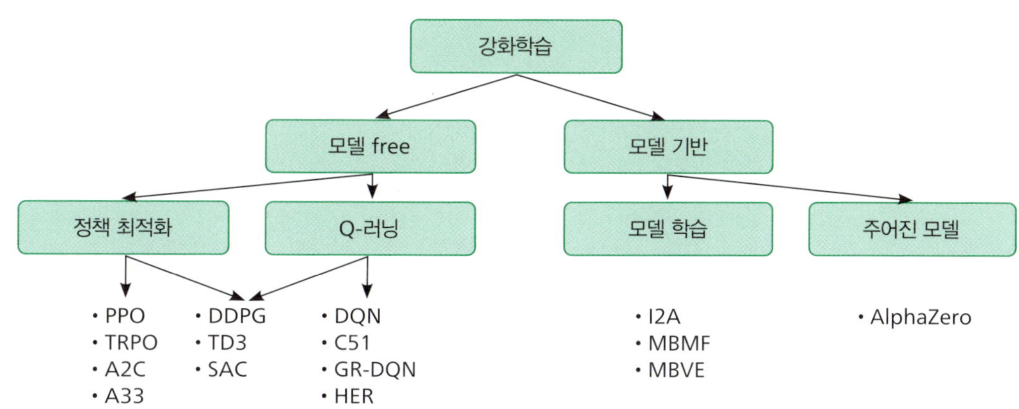


그림 6.8 강화 학습 알고리즘의 종류.

## 학습 결과

- **학습 내용**

  최적화 문제에 대한 이해와 화학공학에서 이루어지는 의사결정 문제의 형태에 대한 이해하기.

- **학습 결과 확인하기**

  베이지안 최적화와 강화 학습이 어떠한 종류의 의사결정에 사용되는지에 대한 이해하기.

- **학습 결과 응용하기**

  베이지안 최적화와 강화 학습의 수학적인 이해와 어떠한 방식의 알고리즘이 있는지를 이해함으로써 다양한 환경의 의사결정에서 상황에 맞는 알고리즘을 선택하여 본인의 환경에 맞게끔 응용.

# 제 3 부 화공산업에서의 인공지능

화공인공지능

제 1 장

ARTIFICIAL INTELLIGENCE
FOR CHEMICAL ENGINEERING

# 인공지능 기반 물질 개발 및 거동 분석

## 1. 수성 가스 전이 반응 촉매 분석

**학습 내용**

[문제] 수성 가스 전이 반응을 이용한 촉매 반응 이해

[방법] 예제 풀이를 통한 인공 신경망 방법론 학습

[응용] 인공 신경망 방법론 기반 촉매 성능 예측

[요약] • 수성 가스 전이 반응 개념 및 촉매 설계 설명
• 데이터 전처리를 위한 데이터 편집 및 변환
• 인공 신경망 기반 촉매 성능 예측 모델 개발

최근 수소가 환경 친화적인 차세대 에너지 전달체로 부각됨에 따라 화공산업에서도 다양한 수소 생산 기술에 관한 연구가 진행되고 있다. 특히, 수소 생산을 위한 대표적인 반응인 수성 가스 전이 반응(Water Gas Shift Reaction, WGSR)은 고순도 수소를 생산하는 기술로, 수소 대량 생산 기술로서 그 역할이 매우 중요하다. WGSR은 합성가스 내의 일산화탄소와 수증기가 반응하여 수소와 이산화탄소를 생성하는 반응으로, 다음과 같은 반응식을 따른다.

$$CO + H_2O \longrightarrow H_2 + CO_2, \qquad \Delta H = -41 \text{ kJ/mol}$$

고효율 WGSR 공정의 핵심은 상기 평형 반응을 열역학적 평형 전환율의 한계까지 끌어올리기 위한 고성능 WGSR 촉매 개발이다. 이때, 촉매의 성능은 활성(전환율, 선택도) 및 안정성(기계적 내구성, 열적 안정성)으로 대표된다. 현재 촉매 성능 개선을 위한 연구가 활발히 진행되고 있으나, 촉매 재료와 반응 운전 조건 간의 복잡한 상호관계로 인해 실험을 통한 시행착오법으로 최적의 촉매를 도출하는 데 어려움이 있다. 만약, 수치적으로 촉매 재료와 운전 조건의 변화에 따른 촉매의 성능 변화를 정확히 예측 가능하다면, 기술 개발에 필요한 시간을 효과적으로 단축할 수 있을 것이다. 인공신경망은 고차원 데이터를 처리할 수 있는 알고리즘으로, 복잡계 해석을 위한 유용한 방법론이다. 본 실습에서는 인공신경망 알고리즘을 이용하여 고성능 WGSR 촉매의 성능을 예측하고 분석하는 방법을 익힌다.

### [문제]

**촉매 물질 조건(금속 함량, 가공 환경)과 운전 조건(반응물 조성, 온도, 압력 등)을 이용하여 촉매 성능 예측 모델을 개발하고 모델의 정확도를 평가하라.**

- “코드 및 데이터/4-1. WGSR.csv” 데이터를 활용하라.
- 학습 및 평가 데이터는 7:3 비율로 분리하라.
- 95% 이상의 정확도를 갖는 모델을 개발하라.

### [방법] 인공신경망 예제

**Q1. 인공신경망을 활용하기 위한 라이브러리를 조사하라.**

**A1. 인공신경망 학습을 위한 다양한 라이브러리가 존재한다.**

```
Library('neuralnet')
Library('H2O')
Library('keras')
```

**Q2. 인공신경망 학습에는 다양한 하이퍼파라미터가 선행적으로 결정되어야 한다. 이들 중 모델 정확도와 직접적으로 연관 있는 하이퍼파라미터 중 활성화 함수에 대해 설명하라.**

**A2. Activation function은 인공신경망의 node를 활성화시키는 활성화 함수로, input된 가중치 합을 출력 신호로 변환하는 함수이다. 인공 신경망에서 이전 레이어에 대한 가중 합의 크기에 따라 활성 여부가 결정된다. 목적 및 역할에 따라 선택적으로 사용된다.**

### [응용] 인공 신경망 기반 촉매 반응 예측

예제는 R4.0.2 프로그래밍 언어를 기준으로 Rstudio 개발 환경에서 작성되었다. 예제 실습을 위해 Anaconda 프로그램을 다음 URL로부터 다운로드할 수 있다.

- https://www.anaconda.com/

**Q3. 데이터를 Jupyter 환경으로부터 불러오고 데이터를 확인하라.**

**A3. 다음과 같은 code를 사용하여 불러올 수 있다.**

```
WGSR <- read.csv(file.choose(), header = T)
```

‘read.csv’ 함수를 사용하여 데이터 파일이 저장된 장소를 직접 찾아 ‘WSGR’ 이름으로 데이터를 불러온다. 해당 데이터는 column 이름이 이미 존재하는 데이터로 ‘header = T’ arg를 통해 이를 밝힌다.

```
View(WGSR)
```

‘view()’ 함수를 사용하여 데이터를 확인할 수 있다.

```
WGSR_re <- WGSR
```

'WGSR' 데이터의 손상을 막기위해 'WGSR_re' 데이터를 생성하여 사용한다.

**Q4. 인공지능 학습을 위해서 데이터의 단위를 무시한 상대적 영향력을 파악할 필요가 있다. 촉매 반응 데이터를 표준화. 또한, 데이터의 결측치를 제거하라.**

**A4. 다음과 같은 절차를 통해 표준화 및 결측치 제거가 가능하다.**

```
WGSR_scale <- scale(WGSR_re)
```

'scale()' 함수를 사용하여 'WGSR_re' 데이터를 전처리한다.

```
WGSR_scale <- data.frame(replace(WGSR_scale, is.na(WGSR_scale), 0)
```

'replace()' 함수를 사용하여 'WGSR_scale' 데이터의 공백값 ('NA')를 제거하도록 한다. 이때, 'is.na' arg를 활용해 해당 데이터의 공백값만을 인식시킬 수 있다.

**Q5. 인공신경망 기반 예측 모델의 정확도를 검증하기 위해 데이터를 모델 학습 데이터와 모델 검증 데이터로 분할하라.**

**A5. 다음과 같은 절차를 통해 데이터의 분할이 가능하다.**

```
smp_size <- floor(0.7 * nrow(WGSR_scale))
train_ind <- sample(seq_len(nrow(WGSR_scale)), size = smp_size)
```

'floor()' 함수를 사용하여 'WGSR_scale' 데이터의 행 개수의 70%에 해당되는 값을 생성한다. 이 값은 'smp_size'로 명명하여, 후에 무작위 데이터 추출에 사용한다. 'sample()' 함수를 사용해서 'WGSR_scale' 데이터로부터 행 번호를 무작위 추출을 진행한다. 'size' arg를 'smp_size'로 설정하여 총 70% 데이터를 추출한다. 'seq_len()' 함수를 통해 1부터 임의의 지정된 숫자까지 순차 데이터를 생성할 수 있다.

```
neural_train <- WGSR_scale[train_ind,]
neural_test <- WGSR_scale[-train_ind,]
```

임의로 추출된 행 번호('train_ind')를 사용해서 'WGSR_scale' 데이터의 행들을 추출한다. 70%가 학습에 사용할 데이터로 'neural_train'으로 명명한다. 'train_ind' 행 번호를 제외한 데이터는 검증에 사용될 데이터이므로 'neural_test'로 명명한다.

```
name_col <- c(colnames(WGSR_scale))
name_col <- name_col[1:38]
```

인공신경망 학습을 위해 변수 이름을 지정하는 과정이 필요하다. 'WGSR_scale' 데이터의 열

이름을 추출하여 'name_col'로 명명한다. 해당 'name_col'의 38번까지가 독립변수이므로 해당 부분을 추출하여 'name_col'을 재정의한다.

**Q6. 인공 신경망 학습을 시도하고 정확도를 검증하라.**

**A6. 다음과 같은 절차를 통해 인공 신경망 학습을 시도할 수 있다.**

```
vari_name <- as.formula(paste('CO.Conversion ~',
                              paste(name_col,
                                    collapse = '+')))
```

'CO.conversion'은 데이터의 종속변수에 해당한다. 'paste()' 함수를 사용해서 'name_col'의 변수들을 '+' 기호로 연결된 일련의 문장으로 만든다. 그리고 'CO.conversion~'과 결합한다. 해당 문자열을 'as.formula' 함수를 통해 수식으로 인식시키고, 'vari_name'으로 명명한다.

```
set.seed(7)
WGSR_scale_neural <- neuralnet(vari_name, neural_train,
                               hidden = c(34, 10, 8, 8, 1))
```

'set.seed()'를 '7'로 지정하여 계산의 무작위성을 고정한다. 'neuralnet()' 함수를 사용해서 인공신경망 모델을 구축한다. Arg로 'vari_name'을 사용해 데이터의 독립 변수 및 종속 변수 관계를 지정하고, 'neural_train' 데이터를 사용한다는 것을 명시한다. 'hidden' arg를 통해 인공신경망의 구조를 설정한다. 구조는 다섯개의 은닉층과 각 층에 해당하는 node인 34-10-8-8-1로 구성된다. 해당 인공신경망을 'WGSR_scale_neural'로 명명한다.

```
WGSR_scale_neural$result.matrix
```

'$result.matrix'를 사용하면 'WGSR_scale_neural'의 weight, bias, 그리고 학습 결과를 확인할 수 있다.

```
pred_result <- data.frame(compute(WGSR_scale_neural, neural_test[,1:38]))
pred_result_train <- data.frame(compute(
                                  WGSR_scale_neural, neural_train[,1:38])
```

'compute' 함수를 통해 'WGSR_scale_neural' 모델을 사용할 수 있다. 'neural_test' 데이터의 독립변수 부분을 지정하여 예측해 보도록 한다. 마찬가지로 'neural_train'도 예측하여 학습 정확도를 확인해보도록 한다.

```
Pred_train_unscaled <- data.frame(mean(WGSR$CO.Conversion) +
                    pred_result_train$net.result * sd(WGSR$CO.Conversion))
neural_train_unscaled <- data.frame(mean(WGSR$CO.Conversion) +
                    neural_train$net.result * sd(WGSR$CO.Conversion))
Pred_result_unscaled <- data.frame(mean(WGSR$CO.Conversion) +
```

```
                    pred_result$net.result * sd(WGSR$CO.Conversion))
neural_test_unscaled <- data.frame(mean(WGSR$CO.Conversion) +
                    neural_test$net.result * sd(WGSR$CO.Conversion))
```

예측된 데이터는 scale된 값이므로 unscale할 필요가 있다. 따라서 수식을 역전시켜 예측된 학습 데이터와 검증 데이터의 원본 값을 추출하도록 한다.

```
rsq(neural_train_unscaled[,1], pred_train_unscaled[,1])
Metrics::mse(neural_train_unscaled[,1], pred_train_unscaled[,1])
Metrics::rmse(neural_train_unscaled[,1], pred_train_unscaled[,1])
rsq(neural_test_unscaled[,1], pred_ test_unscaled[,1])
Metrics::mse(neural_ test_unscaled[,1], pred_ test_unscaled[,1])
Metrics::rmse(neural_ test_unscaled[,1], pred_ test_unscaled[,1])
```

정확도 파악을 위해 각 unscale된 데이터의 $R^2$, MSE, RMSE 값을 확인한다.

## 결론

이 장에서는 인공신경망 기법에 기반한 WGSR 촉매 성능 예측 모델을 개발하고, 정확도를 평가하였다. 또한, 모델 개발을 위한 데이터 전처리 과정으로 데이터 표준화를 진행하였으며, 인공신경망의 하이퍼파라미터를 조절하여 모델 정확도 개선 방법을 학습하였다. 이를 통해 높은 모델 정확도를 확보하기 위한 과정으로, 데이터 전처리와 모델 하이퍼파라미터 튜닝의 중요성을 이해하였다.

### 학습 결과

- **학습 내용**
  고성능 수성화 전이 반응 촉매 개발을 위한 인공 신경망 기반 예측 방법론 익히기.
- **학습 결과 확인하기**
  인공 신경망 알고리즘의 활용 방법 및 예측 모델 학습을 위한 데이터 구조화 익히기.
- **학습 결과 응용하기**
  이 장의 학습 내용에 기반하여 촉매 성능의 예측과 예측 알고리즘의 정확도 향상시키기

## 2. 이온성 액체의 무한 희석 활성도 계수 추정

**학습 내용**

**[문제]** 이온성 액체를 이용한 추출 공정 이해
**[방법]** 예제 풀이를 통한 인공신경망 알고리즘 학습
**[응용]** 인공신경망 기반 이온성 액체의 열역학적 특성 예측
**[요약]**
- 이온성 액체 기반 추출공정 설명
- 활동도 계수와 기존 예측 방법론 설명
- 인공 신경망 기반 활동도 계수 예측 모델 개발

이온성 액체(ionic liquid)는 그 성분과 구조를 사용 목적에 따라 선택적으로 합성 및 사용할 수 있는 설계 물질(designer material)로, 흔히 탄화수소 추출 공정에 이용된다. 이온성 액체는 독특한 물리·화학적 특성(전기화학적 안정성, 높은 전도성 등)으로 인해, 기존의 유기 용매 기반의 추출 공정을 대체할 친환경적인 대안으로 주목을 받고 있다.

이온성 액체의 거동 원리는 보통 묽은 용액에서의 활동도 계수(Infinite Diluent Activity Coefficient, IDAC)에 기반하여 해석된다. 이를 계산하기 위한 방법으로 UNIFAC, COSMO-RS, 혹은 Abraham과 같은 mechanistic model들이 사용됐다. 하지만 활동도 계수 계산을 위한 mechanistic model들은 낮은 정확도와 한정된 데이터를 기반으로 작동한다는 단점이 명확하다. 또한, 수많은 용매와 용질 사이의 활동도 계수 실험은 상당한 시간과 예산을 필요로 하는 작업으로, 현재의 이온성 액체 개발과 적용은 비효율적인 상태에 머물러있다.

인공신경망(artificial neural network)은 데이터 기반 학습을 통한 복잡계 현상의 예측 모델을 생성하는 인공지능 알고리즘이다. 인공신경망은 고차원의 데이터 학습에 높은 성능을 보여주고 있고, 오늘날 다양한 물질 개발 및 공정 개선 연구에 활용되고 있다.

본 실습에서는 이온성 액체의 물리·화학적 특성 데이터 베이스를 활용하여, 인공신경망을 통한 활동도 계수 예측모델을 개발한다.

### [문제]

**이온성 액체의 물리/화학적 특성(밀도, 임계 온도 등)을 이용하여 이온성 액체의 열역학성 특성 예측 모델을 개발하고 모델의 정확도를 평가하라.**

- “코드 및 데이터/4-2. IL_data.csv” 데이터를 활용하라
- 학습 및 평가 데이터는 7:3 비율로 분리하라.
- 95% 이상의 정확도를 갖는 모델을 개발하라.

### [방법] 인공신경망 예제

**Q1.** 인공신경망 하이퍼파라미터 최적화를 위한 방법론을 조사하라.

**A1.** 하이퍼파라미터 최적화를 위해 전통적으로는 manual search, grid search, random search 방법이 사용되었으며, 최근에는 통계적인 혹은 기계학습 방법으로 genetic algorithm, Bayesian optimization도 널리 사용되고 있다.

**Q2. 인공신경망 학습을 위해 데이터의 정규화·표준화가 필요한 이유를 설명하고, 일반적인 정규화·표준화 이외의 데이터 전처리 방법을 조사하라.**

**A2. 인공신경망은 데이터의 변위 및 크기를 인식하는 과정이 가중치 설정에 영향을 준다. 따라서 데이터의 정확한 상대적 영향력 파악을 위해 데이터의 정규화·표준화가 필요하다. 다음에 일반적인 정규화·표준화 이외의 데이터 전처리 방법을 보였다.**

- L1 (Manhattan distance) normalization
- L2 (Euclidean distance) normalization
- L infinity normalization

### [응용] 인공 신경망 기반 이온성 액체의 열역학적 특성 예측

예제는 Python 3.5 프로그래밍 언어를 기준으로 Jupyter 개발 환경에서 작성되었다. 예제 실습을 위해 Anaconda 프로그램을 다음 URL로부터 다운로드할 수 있다.

- https://www.anaconda.com/

**Q3. 데이터를 Jupyter 환경으로부터 불러오고 확인하라.**

**A3. 다음과 같은 code를 사용하여 불러올 수 있다.**

```
import numpy as np
import pandas as pd
import matplotlib.pyplot as plt
```

'pandas' package는 데이터 편집을 위한 도구로, python에서 매우 유용하게 사용된다. 본 실습에서는 OSN 데이터 불러오기 및 데이터 편집(컬럼 및 이름 설정)을 위해 사용한다.

'numpy' package는 수학적 기능이 탑재된 도구로, 난수 발생과 대수적 계산을 위해 사용된다. 본 실습에서는 데이터의 형태 변환 및 벡터 계산을 위해 사용한다.

'matplotlib.pyplot' package는 시각화를 위한 그래프 도구로, 다양한 그래프를 그리기 위해 사용된다.

'pandas' package를 import하고 'pd'로 축약해 사용한다.

'numpy' package를 import하고 'np'로 축약해 사용한다.

'matplotlib.pyplot' package를 import하고 'plt'로 축약해 사용한다.

```
IDAC = pd.read_csv('IL_data.csv')
df = pd.DataFrame(data = IDAC)
df_copy = df.copy()
df_copy
```

```
df_copy
```

| | Solute | Solvent | Solu Tc | Solu Pc | Solu Vc | Solu DM | Solu MW | Solu Acent. | Solv MW | Solv Density | Solv Viscosity | Solv Solub. | Alpha | Beta | Pi* |
|---|---|---|---|---|---|---|---|---|---|---|---|---|---|---|---|
| 0 | n-Pentane | [BMPYR][CF3SO3] | 0.026916 | 0.062644 | 0.468519 | 0.020833 | 0.435631 | 0.125000 | 0.403424 | 0.575113 | 1.000000 | 0.419660 | 0.000000 | 0.116959 | 0.809524 |
| 1 | n-Pentane | [BMPYR][CF3SO3] | 0.026916 | 0.062644 | 0.468519 | 0.020833 | 0.435631 | 0.125000 | 0.403424 | 0.575113 | 1.000000 | 0.419660 | 0.000000 | 0.116959 | 0.809524 |
| 2 | n-Pentane | [BMPYR][CF3SO3] | 0.026916 | 0.062644 | 0.468519 | 0.020833 | 0.435631 | 0.125000 | 0.403424 | 0.575113 | 1.000000 | 0.419660 | 0.000000 | 0.116959 | 0.809524 |
| 3 | n-Pentane | [BMPYR][CF3SO3] | 0.026916 | 0.062644 | 0.468519 | 0.020833 | 0.435631 | 0.125000 | 0.403424 | 0.575113 | 1.000000 | 0.419660 | 0.000000 | 0.116959 | 0.809524 |
| 4 | n-Pentane | [BMPYR][CF3SO3] | 0.026916 | 0.062644 | 0.468519 | 0.020833 | 0.435631 | 0.125000 | 0.403424 | 0.575113 | 1.000000 | 0.419660 | 0.000000 | 0.116959 | 0.809524 |
| ... | ... | ... | ... | ... | ... | ... | ... | ... | ... | ... | ... | ... | ... | ... | ... |
| 1674 | 3-Pentanone | [BmPY][CF3SO3] | 0.527190 | 0.081137 | 0.511834 | 0.869048 | 0.548160 | 0.323661 | 0.437661 | 0.635735 | 0.719413 | 0.351796 | 0.044053 | 0.438596 | 0.333333 |
| 1675 | 3-Pentanone | [BmPY][CF3SO3] | 0.527190 | 0.081137 | 0.511834 | 0.869048 | 0.548160 | 0.323661 | 0.437661 | 0.635735 | 0.719413 | 0.351796 | 0.044053 | 0.438596 | 0.333333 |
| 1676 | 3-Pentanone | [BmPY][CF3SO3] | 0.527190 | 0.081137 | 0.511834 | 0.869048 | 0.548160 | 0.323661 | 0.437661 | 0.635735 | 0.719413 | 0.351796 | 0.044053 | 0.438596 | 0.333333 |
| 1677 | 3-Pentanone | [BmPY][CF3SO3] | 0.527190 | 0.081137 | 0.511834 | 0.869048 | 0.548160 | 0.323661 | 0.437661 | 0.635735 | 0.719413 | 0.351796 | 0.044053 | 0.438596 | 0.333333 |
| 1678 | 3-Pentanone | [BmPY][CF3SO3] | 0.527190 | 0.081137 | 0.511834 | 0.869048 | 0.548160 | 0.323661 | 0.437661 | 0.635735 | 0.719413 | 0.351796 | 0.044053 | 0.438596 | 0.333333 |

1679 rows × 17 columns

'pd'를 사용하여 Jupyter 환경에 있는 'IL_data.csv' 데이터를 Jupyter script 환경에 불러온다.

'IL_data.csv'는 'pd'를 활용, 데이터 프레임 형태인 df로 정의한다.

'.copy' 함수를 사용하여 'df' 데이터의 복사본인 'df_copy'를 만든다. 이 과정은 원본 데이터의 훼손을 피하기 위해 실행된다.

**Q4. 재현성 있는 모델 구축을 위해 계산의 무작위성을 고정하고 데이터를 정규화하라.**

**A4. 다음과 같은 절차를 통해 무작위성 고정과 데이터 정규화가 가능하다.**

```
import random as rn
```

'random' module은 무작위 숫자 생성 등 무작위 관련 함수를 제공한다. 본 실습에서 훈련 및 검증 데이터셋 생성을 위해 사용한다.

'random' module을 import하고 'rn'으로 축약해 사용한다.

```
import sklearn
from sklearn import preprocessing
from sklearn.preprocessing import MinMaxScaler
```

'sklearn' package는 계산을 위한 유용한 함수를 다수 내장하고 있다. 'sklearn.preprocessing'의 'MinMaxScaler' 함수를 import한다.

```
from sklearn.model_selection import train_test_split
from sklearn.metrics import mean_squared_error, r2_score
```

'sklearn.model_selection'의 'train_test_split' 함수를 import하도록 한다. 'train_test_split' 함

수는 모델 학습 및 검증을 위한 모델 학습 데이터와 검증 데이터를 분할하기 위해 사용한다.

'sklearn.metrics'의 'mean_square_error' 함수와 'r2_score' 함수를 import하도록 한다. 'mean_square_error'와 'r2_score'는 모델 검증을 위한 정확도 지표를 내장하고 있는 함수이다.

```
from keras import Sequential, optimizers, metrics
from tensorflow.keras import backend as K
from keras.layers import Dense, BatchNormalization, Dropout, Activation
from keras.optimizers import Adam, SGD
from keras.initializers import lecun_normal
```

'keras'는 'TensorFlow'와 같은 머신러닝 백앤드 엔진 플랫폼을 지원하는 라이브러리 이자 API (Application programming interface)이다.

'keras'로부터 'Sequential', 'optimizer', 'metrics' 함수들을 import한다.

'tensorflow.keras' 함수로부터 'backend' import하고 'K'로 축약한다.

'keras.layers'로부터 'Dense', 'BatchNormalization', 'Dropout', 'Activation' 함수들을 import 한다.

'keras.optimizers'로부터 'Adam' 함수를 import한다.

'keras.initializers'로부터 'lecun_normal' 함수를 import한다.

```
sc = MinMaxScaler()
```

'MinMaxScaler()' 함수를 'sc'로 명명하여 사용.

```
standardized_copy = df_copy
standardized_copy.iloc[:,2:] = sc.fit_transform(df_copy.iloc[:,2:])
standardized_copy = pd.DataFrame(standardized_copy,
                                 columns = df_copy.columns)
df_copy = standardized_copy
```

'sc.fit_transform' 함수를 사용하여 'df_copy' 데이터의 numerical value만 (3열부터 17열)을 정규화한다.

정규화한 데이터는 'standardized_copy'로 명명하고 데이터 프레임 형태로 변환한다.

'standardized_copy' 데이터를 'df_copy'로 명명한다.

```
X = df_copy.iloc[:,2:-1]
y = df_copy[['ln IDAC']]
```

'df_copy' 데이터의 독립변수 부분인 2열부터 16열까지를 추출하여 'X'로 명명한다.

'df_copy' 데이터의 종속변수 부분인 'in IDAC'을 추출하여 'Y'로 명명한다.

**Q5. 인공신경망 기반 예측 모델의 정확도를 검증하기 위해 데이터를 모델 학습 데이터와 모델 검증 데이터로 분할하라.**

**A5. 다음과 같은 절차를 통해 데이터의 분할이 가능하다.**

```
tf.random.set_seed(34)
randomstate=8
```

'tf'의 '.random.set_seed' 함수를 사용하여 데이터 추출의 무작위성을 고정시킨다.

마찬가지로 인공신경망 학습의 무작위성을 고정시키기 위해 'randomstate'를 생성하고 차후 학습에 사용한다.

```
X_train, X_test, y_train, y_test = train_test_split(X,y, test_size = .3,
                                                    random_state = randomstate)
```

'train_test_split' 함수를 사용하여 학습 데이터와 검증데이터를 생성한다.

'X_train'과 'Y_train'은 각각 학습 데이터의 독립변수와 종속변수 부분이고, 마찬가지로 'X_test'와 'Y_test'는 각각 검증데이터의 독립변수와 종속변수 부분이다.

본 실습에서는 학습에 전체 데이터의 70%를 할당할 것이므로, 'test_size' arg를 '.3'으로 설정한다. 모델 학습의 재현성을 위해 데이터 추출의 무작위성을 고정한다('random_state' arg).

**Q6. 인공신경망 기반 예측 모델을 구축하라. 모델 학습을 위해 활성화 함수로 'swish', optimizer로 'adam', 그리고 손실함수는 'mean_square_error'를 이용하라.**

**A6. 다음과 같은 절차를 통해 인공신경망 학습이 가능하다.**

```
model = Sequential()
model.add(Dense(units=50, kernel_initializer=lecun_normal(seed=None),
                activation='swish', input_dim=X.shape[1]))
model.add(Dense(units=100, kernel_initializer=lecun_normal(seed=None),
                activation = 'swish'))
model.add(Dense(units=150, kernel_initializer=lecun_normal(seed=None),
                activation = 'swish'))
model.add(Dense(units=200, kernel_initializer=lecun_normal(seed=None),
                activation = 'swish'))
model.add(Dense(units=250, kernel_initializer='normal', activation='swish'))
model.add(Dense(units=150, kernel_initializer='normal', activation='swish'))
model.add(Dense(units=100, kernel_initializer='normal', activation='swish'))
model.add(Dense(units=50, kernel_initializer='normal', activation = 'swish'))
model.add(Dense(units=1, kernel_initializer='normal'))
model.compile(loss='mean_squared_error',
              optimizer=Adam(lr=0.001, beta_1=0.9, beta_2=0.999,
                             epsilon=1e-8),
              metrics=[metrics.mse])
```

'sequential()' 함수를 사용하여 인공신경망 모델을 생성한다. 모델은 'model'로 명명하고 인공신경망 층은 '.add'를 통해 추가할 수 있다.

일반적인 신경망 모델을 사용하기 위해 'Dense' 기능을 넣고, 각 노드를 지정한다.

Activation argument는 인공신경망의 활성화 함수에 해당하며, Input shape argument는 데이터의 column 차원이다.

본 실습에선 'swish'를 활성화 함수로 사용한다.

'.compile' 함수를 통해 학습의 optimizer와 loss function을 설정할 수 있다.

본 실습에서 사용된 optimizer는 adam optimizer이고, loss function으로 MSE (Mean Square Error)를 사용한다.

```
model.fit(X_train, y_train, batch_size=10, epochs=1000, verbose=0)
```

'.fit' 함수를 사용하여 모델 학습을 진행한다.

모델 학습에 'X_train'와 'y_train' 데이터를 사용한다. 'batch_size' arg를 통해 한 번에 10개 데이터셋을 고려하도록 한다.

또한, 'epochs' arg를 통해 반복 학습의 주기를 1000으로 지정한다.

'verbose' arg는 모델 학습의 진행상황을 표현하는 것으로, 0으로 설정하여 진행 상황을 표시하지 않는 것으로 지정한다.

**Q7. 인공신경망 기반 예측 모델의 정확도를 파악하라.**

**A7. 다음과 같은 절차를 통해 정확도 검증이 가능하다.**

```
y_train_pred = model.predict(X_train)
train_mse = mean_squared_error(y_train, y_train_pred)
train_r2 = r2_score(y_train, y_train_pred)
```

학습이 끝나면, '.predict' 함수를 사용해서 'X_train' 데이터를 예측한다. 예측된 결과값은 'y_train_pred'로 명명한다.

'mean_squared_error'와 'r2_score' 함수를 사용해서 'y_train'과 'y_train_pred'의 정확도를 확인한다.

```
train_mse
```

```
1.885064083830330e-05
```

```
train_r2
```

```
0.9994958276736698
```

학습의 정확도를 확인한다.

```
y_pred = model.predict(X_test)
test_mse = mean_squared_error(y_test, y_pred)
test_r2 = r2_score(y_test, y_pred)
```

마찬가지로 'mean_squared_error'와 'r2_score' 함수를 사용해서 'y_test'과 'y_test_pred'의 정확도를 확인한다.

```
test_mse
```

```
2.1621913930289482e-05
```

```
test_r2
```

```
0.9993778847925268
```

```
plt.style.use('ggplot')
fig, ax = plt.subplots(1, 2, sharey=True, figsize=(14, 7))
custom_xlim = (0, 1)
custom_ylim = (0, 1)
plt.setp(ax, xlim=custom_xlim, ylim=custom_ylim)

ax[0].scatter(y_train, y_train_pred, color='deepskyblue', alpha=1, s=7)
ax[0].set_title('train set')
ax[0].set_xlabel('IDAC', labelpad=10)
ax[0].set_ylabel('IDAC_train', labelpad=10)

ax[1].scatter(y_test, y_pred, color='lightcoral', alpha=1, s=7)
ax[1].set_title('test set')
ax[1].set_xlabel('IDAC', labelpad=10)
ax[1].set_ylabel('IDAC_test', labelpad=10)
```

'plt'를 사용하여 정확도를 시각화한다.

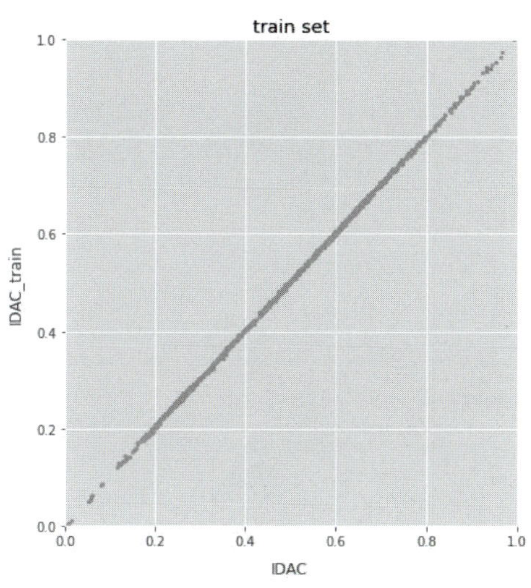


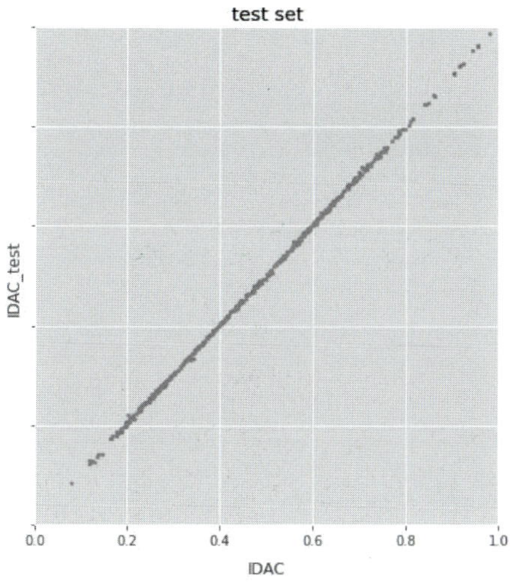


## 결론

이 장에서는 이온성 액체의 열역학적 특성(활동 계수)을 예측하기 위해 인공신경망을 이용하였다. 데이터 정규화를 통해 데이터 전처리를 진행하였다. 또한 모델 개발을 위해 인공신경망의 하이퍼 파라미터를 조정하여 모델 정확도 개선 방법을 학습하였다. 결과로, 열역학적 특성 예측을 위한 모델 개발 방법을 학습하였다.

### 학습 결과

- **학습 내용**
  추출 공정의 열역학 특성 분석을 위한 인공 신경망 기반 예측 방법론 익히기.
- **학습 결과 확인하기**
  인공 신경망 알고리즘의 활용 방법 및 예측 모델 학습을 위한 데이터 구조화 익히기.
- **학습 결과 응용하기**
  이 장의 학습 내용에 기반하여 추출 공정 설계를 위한 인공 신경망 적용 방법 조사하기.

# 3. 유기용매 막분리 소재 분석

**학습 내용**

**[문제]** 유기용매 막분리를 이용한 여과 공정 이해
**[방법]** 예제 풀이를 통한 주성분 분석 방법론 학습
**[응용]** 주성분 분석 방법론 기반 막분리 소재 특성 이해
**[요약]** • 나노여과 분리막과 나노여과 공정 설명
• 주성분 분석 기반 고차원 분리막 데이터 시각화
• 분리막 설계 인자들의 여과 성능 기여도 분석

유기용매 나노여과 분리막(Organic Solvent Nanofiltration, OSN)은 용질의 선택적 분리 기능과 효율적인 물질 투과 능력으로 인해 난분해성 폐수의 분리에 탁월한 성능을 보인다. 이로 인해 유기용매 나노여과 분리막은 화학, 환경, 의료, 제약, 식품공업 등 다양한 산업분야로 응용이 가능하다.

유기용매 나노여과 분리막은 친환경적이고 효율적인 분리 기술로서, 추가적인 분리 성능 향상을 위해 분리막 개선에 관한 많은 연구가 시도되고 있다. 하지만 사용 환경에 따라 그 성능이 크게 변화하는 분리막의 특성상 변수 변화에 따른 분리막 성능 예측이 어려운 실정이다. 이에 따라 고성능 분리막 설계 과정에서 반복적인 실험에 의존하는 것이 보편적이다. 하지만 시행착오법은 많은 예산과 시간을 소모하여 다양한 조건에서의 분리막 설계를 지연시키는 한계점을 갖는다. 그 결과 새로운 분리막 개발을 통한 분리 공정 개선은 상당히 소극적으로 이루어지며 낮은 성공률을 갖는다. 분리막의 기술 개발 효과를 증가시키기 위해서는 분리막 성능 예측이 필수적이며, 특히 분리막의 주요 변수를 규명하여 정형화된 분리막 성능의 화학적 차원(chemical dimension)을 정의한다면, 좋은 성능 예측 모델의 초석이 될 수 있다.

본 실습에서는 차원 축소 방법론 기반 분리막 성능 예측과 주요 변수 규명을 목적으로 한다.

### [문제]

**유기용매 막분리 소재의 화학적 차원 조사를 위해 주성분 분석(Principal Component Analysis, PCA) 방법론을 이용하고, 막분리 소재 성능 결정의 주요 변수를 규명하라.**

- "코드 및 데이터/4-3. OSN_membrane_data.csv" 데이터를 활용하라.
- 데이터의 80~90%를 설명할 수 있는 성분 수를 파악하라.
- 가장 높은 데이터 설명력을 갖는 두 가지 성분에 기반하여 데이터를 정보 차원에서 시각화하고 두 성분에 대한 변수 기여도를 파악하라.

### [방법] PCA 예제

**Q1.** PCA을 활용하기 위한 라이브러리를 조사하라.

**A1.** PCA를 활용하기 위한 라이브러리는 대표적으로 sklearn의 'sklearn.decomposition'이 있다. PCA와 함께 다양한 차원 축소 관련 알고리즘을 제공한다.

```
From sklearn.decomposition import PCA
```

**Q2. 화학적 차원에서 정보 차원으로의 투영에는 데이터 손실이 필연적으로 발생한다. 데이터 손실의 허용 수준을 조사하라.**

**A2. PCA는 변수의 수(n)만큼 정보 차원의 축을 생성한다. 축은 principal component (PC)라고 부르며, 가장 데이터를 잘 설명하는 차원(PC1)부터 가장 설명을 못하는 차원(PCn) 순으로 분류된다. 여기서 데이터 설명력이 80~90% 되는 수준의 PC 수를 채택해야 한다.**

### [응용] PCA 기반 여과 공정 소재 특성 분석

예제는 Python 3.5 프로그래밍 언어를 기준으로 Jupyter 개발 환경에서 작성되었다. 예제 실습을 위해 Anaconda 프로그램을 다음 URL로부터 다운로드할 수 있다.

- https://www.anaconda.com/

**Q3. 데이터를 Jupyter 환경으로부터 불러오고 데이터를 확인하라.**

**A3. 다음과 같은 code를 사용하여 불러올 수 있다.**

```
import pandas as pd
import numpy as np
import matplotlib.pyplot as plt
```

'pandas' package는 데이터 편집을 위한 도구로, python 언어에서 매우 유용하게 사용된다. OSN 데이터 불러오기 및 데이터 편집(컬럼 및 이름 설정)을 위해 본 실습에서 사용한다. 'pandas' package를 import하고 'pd'로 축약해 사용한다.

'numpy' package는 수학적 기능이 탑재된 도구로, 난수 발생과 대수적 계산을 위해 사용된다. 본 실습에서는 데이터의 형태 변환 및 벡터 계산에 사용한다. 'numpy' package를 import하고 'np'로 축약해 사용한다.

'matplotlib.pyplot' package는 시각화를 위한 그래프 도구로, 다양한 그래프를 그리기 위해 사용된다. 'matplotlib.pyplot' package를 import하고 'plt'로 축약해 사용한다.

```
df = pd.read_csv('OSN_membrane_data.csv')
df
```

| | Unnamed: 0 | Membrane | Solute | Solute.concentration | Factor_1 | Temperature | Process | Permeance | Rejection |
|---|---|---|---|---|---|---|---|---|---|
| **0** | 11 | 150 | 0.00 | 0.0 | 29.29 | 20.0 | 2 | 0.450000 | 0.000 |
| **1** | 13 | 200 | 0.00 | 0.0 | 29.29 | 20.0 | 2 | 1.713333 | 0.000 |
| **2** | 16 | 300 | 0.00 | 0.0 | 29.29 | 20.0 | 2 | 1.653333 | 0.000 |
| **3** | 71 | 700 | 879.92 | 0.1 | 21.71 | 20.0 | 1 | 0.030000 | 92.000 |
| **4** | 72 | 700 | 879.92 | 0.1 | 21.71 | 20.0 | 1 | 1.300000 | 92.000 |
| **...** | ... | ... | ... | ... | ... | ... | ... | ... | ... |
| **643** | 1452 | 500 | 1300.00 | 0.5 | 92.36 | 25.0 | 1 | 6.304500 | 98.977 |
| **644** | 1453 | 500 | 1400.00 | 0.5 | 92.36 | 25.0 | 1 | 6.304500 | 99.437 |
| **645** | 1454 | 500 | 1500.00 | 0.5 | 92.36 | 25.0 | 1 | 6.304500 | 99.551 |
| **646** | 1455 | 500 | 1600.00 | 0.5 | 92.36 | 25.0 | 1 | 6.304500 | 100.011 |
| **647** | 1456 | 500 | 1700.00 | 0.5 | 92.36 | 25.0 | 1 | 6.304500 | 100.011 |

648 rows × 9 columns

데이터는 'OSN_membrane_data.csv'로 Jupyter 환경에 저장됐다. 'pd'에 내장된 read.csv 함수를 사용하여 해당 데이터를 Jupyter script 환경에 불러온다.

해당 데이터는 Jupyter script 환경에서 df로 명명되었으며, df를 타이핑하여 데이터를 읽어온다.

```
OSN_data = df.iloc[:,1:9]
OSN_data.columns = ['Membrane_MWCO', 'Solute_MW', 'Solute_concentration', 'Solvent_factor', 'Temperature', 'Process_configuration', 'Permeance', 'Rejection']
OSN_data
```

| | Membrane_MWCO | Solute_MW | Solute_concentration | Solvent_factor | Temperature | Process_configuration | Permeance | Rejection |
|---|---|---|---|---|---|---|---|---|
| 0 | 150 | 0.00 | 0.0 | 29.29 | 20.0 | 2 | 0.450000 | 0.000 |
| 1 | 200 | 0.00 | 0.0 | 29.29 | 20.0 | 2 | 1.713333 | 0.000 |
| 2 | 300 | 0.00 | 0.0 | 29.29 | 20.0 | 2 | 1.653333 | 0.000 |
| 3 | 700 | 879.92 | 0.1 | 21.71 | 20.0 | 1 | 0.030000 | 92.000 |
| 4 | 700 | 879.92 | 0.1 | 21.71 | 20.0 | 1 | 1.300000 | 92.000 |
| ... | ... | ... | ... | ... | ... | ... | ... | ... |
| 643 | 500 | 1300.00 | 0.5 | 92.36 | 25.0 | 1 | 6.304500 | 98.977 |
| 644 | 500 | 1400.00 | 0.5 | 92.36 | 25.0 | 1 | 6.304500 | 99.437 |
| 645 | 500 | 1500.00 | 0.5 | 92.36 | 25.0 | 1 | 6.304500 | 99.551 |
| 646 | 500 | 1600.00 | 0.5 | 92.36 | 25.0 | 1 | 6.304500 | 100.011 |
| 647 | 500 | 1700.00 | 0.5 | 92.36 | 25.0 | 1 | 6.304500 | 100.011 |

행 번호(row name)가 포함된 첫번째 열을 제거하고 사용한다. 해당 열은 첫번째 열이고, python에서는 0번째 열이다.

행 번호가 삭제된 데이터는 'OSN_data'로 명명하여 사용한다. '.colums' 함수를 사용하여 'OSN_data'의 열 이름을 변수 이름으로 설정한다.

**Q4. 주성분 분석은 데이터의 스케일을 무시한 영향력을 확인이 가능하다. 주성분 분석을 위해 데이터를 표준화하라.**

**A4. 다음과 같은 절차를 통해 표준화한다.**

```
from sklearn.preprocessing import StandardScaler
```

'sklearn' package는 계산을 위한 유용한 함수를 다수 내장하고 있다. 'sklearn.preprocessing'의 'StandardScaler' 함수를 import하도록 한다.

```
OSN_data_x = OSN_data.loc[:, :].values
```

'OSN_data'의 값만을 'OSN_data_x'로 가져온다. 이때 '.loc' 함수를 사용하여 데이터를 지정하고, '.value'함수를 사용하여 값을 가져온다.

```
OSN_data_x
```

```
array([[1.50000000e+02, 0.00000000e+00, 0.00000000e+00, ...,
        2.00000000e+00, 4.50000000e-01, 0.00000000e+00],
       [2.00000000e+02, 0.00000000e+00, 0.00000000e+00, ...,
        2.00000000e+00, 1.71333333e+00, 0.00000000e+00],
       [3.00000000e+02, 0.00000000e+00, 0.00000000e+00, ...,
        2.00000000e+00, 1.65333333e+00, 0.00000000e+00],
       ...,
       [5.00000000e+02, 1.50000000e+03, 5.00000000e-01, ...,
        1.00000000e+00, 6.30450000e+00, 9.95510000e+01],
       [5.00000000e+02, 1.60000000e+03, 5.00000000e-01, ...,
        1.00000000e+00, 6.30450000e+00, 1.00011000e+02],
       [5.00000000e+02, 1.70000000e+03, 5.00000000e-01, ...,
        1.00000000e+00, 6.30450000e+00, 1.00011000e+02]])
```

'OSN_data_x'를 확인한다. 데이터는 array 형식으로 편집됐다.

```
OSN_data_scale = StandardScaler().fit_transform(OSN_data_x)
OSN_data_scale
```

```
array([[-1.2474129 , -0.94847159, -1.00018553, ...,  1.26174482,
        -0.89582295, -1.28159288],
       [-0.90629054, -0.94847159, -1.00018553, ...,  1.26174482,
        -0.5134034 , -1.28159288],
       [-0.2240458 , -0.94847159, -1.00018553, ...,  1.26174482,
        -0.5315658 , -1.28159288],
       ...,
       [ 1.14044367,  2.05786218,  1.12383764, ..., -0.79255328,
         0.87637385,  0.92169297],
       [ 1.14044367,  2.25828444,  1.12383764, ..., -0.79255328,
         0.87637385,  0.9318738 ],
       [ 1.14044367,  2.45870669,  1.12383764, ..., -0.79255328,
         0.87637385,  0.9318738 ]])
```

'StandardScaler' 함수를 사용하여 'OSN_data_x' 데이터의 표준화를 진행한다.

**Q5. PCA를 통해 화학적 차원에서 정보 차원으로 데이터를 투영하라.**

**A5. 다음과 같은 절차를 통해 데이터를 정보 차원에 투영할 수 있다.**

```
from sklearn.decomposition import PCA
```

'sklearn.decomposition'의 'PCA'함수를 import하도록 한다.

```
pca = PCA(n_components=8)
```

'PCA'함수를 사용하여 8개의 성분을 갖는 주성분을 생성한다.

```
principalComponents = pca.fit_transform(OSN_data_scale)
```

'pca.fit_transform' 함수를 사용하여 정규화된 'OSN_data_scale' 데이터를 정보차원으로 변환한다. 정보 차원으로 변환된 데이터는 'principalComponents'로 명명한다.

```
principalDf = pd.DataFrame(data = principalComponents
                   , columns = ['principal component 1', 'principal component 2',
                                'principal component 3', 'principal component 4',
                                'principal component 5', 'principal component 6',
                                'principal component 7', 'principal component 8'])
principalDf
```

| | principal component 1 | principal component 2 | principal component 3 | principal component 4 | principal component 5 | principal component 6 | principal component 7 | principal component 8 |
|---|---|---|---|---|---|---|---|---|
| **0** | -2.783268 | -0.923474 | -0.551747 | 0.646289 | -0.695080 | -0.255012 | 0.136483 | -0.376664 |
| **1** | -2.587727 | -0.550978 | -0.784053 | 0.638494 | -0.647573 | -0.423198 | 0.121686 | -0.347846 |
| **2** | -2.463974 | -0.195474 | -1.187474 | 0.411259 | -0.422036 | -0.193578 | 0.153907 | -0.276599 |
| **3** | 0.327668 | -0.427328 | -2.299245 | -1.583215 | 1.541539 | 0.470288 | 0.755294 | 1.005007 |
| **4** | 0.458920 | -0.236097 | -2.329289 | -1.479301 | 1.477456 | 0.192398 | 0.724945 | 0.998324 |
| **...** | ... | ... | ... | ... | ... | ... | ... | ... |
| **643** | 2.503970 | 0.129888 | -0.544128 | -0.303620 | 0.733353 | -0.219579 | 0.554571 | -0.214147 |
| **644** | 2.593147 | 0.082651 | -0.537170 | -0.258429 | 0.807439 | -0.226855 | 0.703750 | -0.228355 |
| **645** | 2.679250 | 0.038019 | -0.530359 | -0.214294 | 0.877667 | -0.233656 | 0.857047 | -0.245597 |
| **646** | 2.768427 | -0.009218 | -0.523401 | -0.169103 | 0.951754 | -0.240931 | 1.006227 | -0.259806 |
| **647** | 2.853518 | -0.052991 | -0.516638 | -0.125315 | 1.020710 | -0.247575 | 1.160880 | -0.278047 |

648 rows × 8 columns

'pd' 패키지의 'DataFrame' 함수를 사용하여 'principalComponents' 데이터를 'principalDf'로 명명하고 열 이름(Column name)을 수정한다.

```
pca.explained_variance_ratio_
sum(pca.explained_variance_ratio_)
```

```
array([0.48362625, 0.14803595, 0.12621207, 0.08608533, 0.06540286,
       0.04386603, 0.03122951, 0.01554202])
```

```
1.0000000000000002
```

'.explained_variance_ratio' 함수를 통해 미리 생성해 둔 'pca'의 각 주성분의 데이터 설명도(dimension coverage)를 확인할 수 있다.

앞에서부터 첫번째 주성분(PC1)이며 혼자서 전체 데이터의 48.3% 정도 설명할 수 있는 것을 확인한다.

전체 주성분(PC1~8)의 데이터 설명도 총합은 100%이다.

**Q6.** PCA 방법론은 데이터 손실을 최소화하도록 차원수가 선택되어야 한다. 데이터 해석을 위해 최소 몇 개의 차원이 필요한가?

**A6.** 다음과 같은 절차를 통해 각 차원의 데이터 설명력을 확인할 수 있다.

```
explained_variance_ratio = pca.explained_variance_ratio_

def explained_variance_ratio_plot(explained_variance_ratio):
    x_axis = range(1, len(explained_variance_ratio)+1)
    plt.bar(x_axis, explained_variance_ratio,
           align = 'center', label = 'Individual Explained Variance Ratio')
    plt.step(x_axis, np.cumsum(explained_variance_ratio),
           where = 'mid', color='red',
           label='Cumulative Explained Variance Ratio')
    plt.ylim(0, 1.1)
    plt.xticks(x_axis)
    plt.xlabel('Principal Components')
    plt.ylabel('Explained Variance Ratio')
    plt.grid("true")
    plt.show()

explained_variance_ratio_plot(explained_variance_ratio)
```

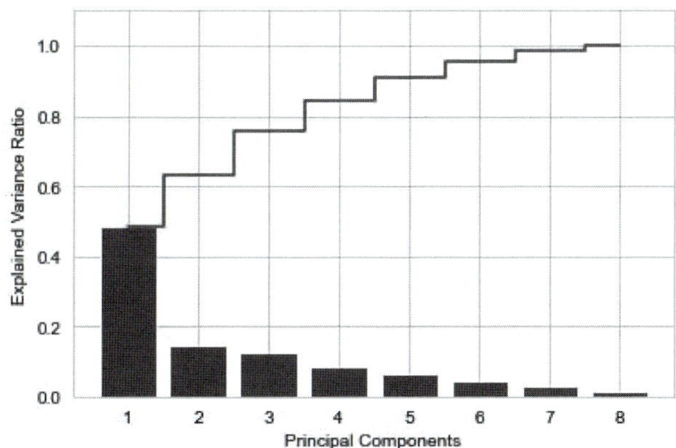


차원 축소는 전체 데이터의 80~90% 이상의 설명력을 갖는 주성분 개수를 선택하면 된다. 여기서 누적 그래프를 확인하면 최소 4개 이상의 주성분이 선택돼야 한다는 것을 알 수 있다.

시각화를 위해 함수를 정의하여 사용한다. 'def'를 사용하여 함수를 정의할 수 있고, 'plt' package를 사용해 시각화한다.

**Q7. 가장 데이터 설명력이 높은 두 개의 차원을 선택하여 데이터를 시각화하라.**

**A7. 다음과 같은 절차를 통해 데이터 시각화가 가능하다.**

```
PCs_12 = principalDf.iloc[:,0:2]
PCs_12
```

| | principal component 1 | principal component 2 |
|---|---|---|
| **0** | -2.783268 | -0.923474 |
| **1** | -2.587727 | -0.550978 |
| **2** | -2.463974 | -0.195474 |
| **3** | 0.327668 | -0.427328 |
| **4** | 0.458920 | -0.236097 |
| **...** | ... | ... |
| **643** | 2.503970 | 0.129888 |
| **644** | 2.593147 | 0.082651 |
| **645** | 2.679250 | 0.038019 |
| **646** | 2.768427 | -0.009218 |
| **647** | 2.853518 | -0.052991 |

648 rows × 2 columns

'pd' package의 'iloc' 함수를 활용하여 'principalDf' 데이터의 1~2번째 열을 추출하여 'PC_12'로 명명한다.

```
plt.scatter(PCs_12["principal component 1"], PCs_12["principal component 2"],
                    color='grey', alpha=.5)
plt.xlabel('principal component 1')
plt.ylabel('principal component 2')
plt.grid("true")
plt.show()
```

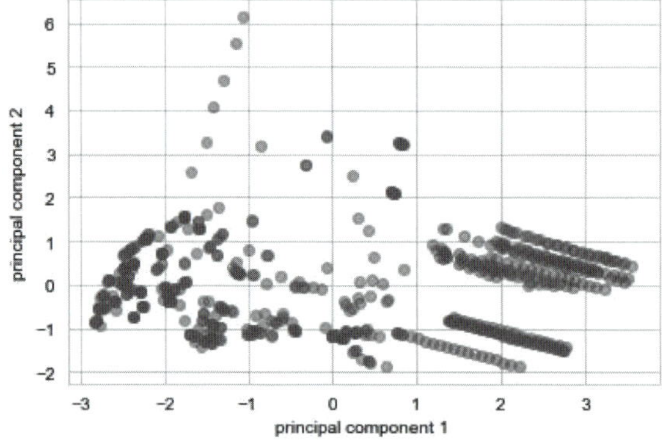


'plt' package의 'scatter' 함수를 활용하여 시각화한다. 'PC_12'의 첫번째 열과 두번째 열을 좌표로 사용한다.

```
plt.scatter(PCs_12["principal component 1"], PCs_12["principal component 2"],
                    c=OSN_data["Permeance"], cmap='coolwarm', alpha=.5)
plt.xlabel('principal component 1')
plt.ylabel('principal component 2')
```

```
plt.colorbar()
plt.title("Permeance level")
plt.grid("true")
plt.show()
```

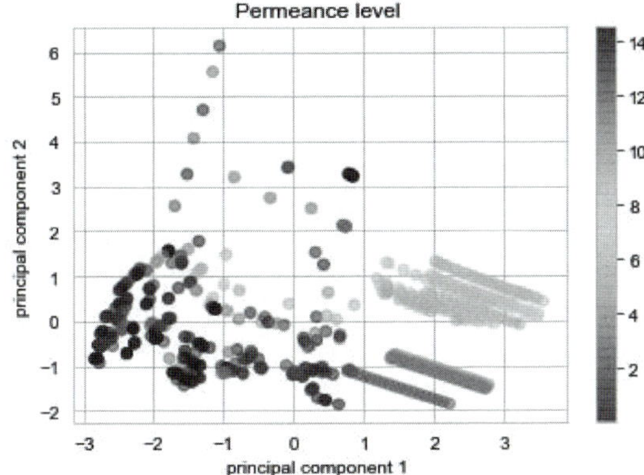


'plt' package의 'scatter' 함수를 활용하여 시각화한다. 'c' 함수 인자(argument)를 사용하여 'OSN_data'의 permeance 열을 색으로 표현할 수 있다.

```
plt.scatter(PCs_12["principal component 1"], PCs_12["principal component 2"],
                 c=OSN_data["Permeance"], cmap='coolwarm', alpha=.5)
plt.xlabel('principal component 1')
plt.ylabel('principal component 2')
plt.colorbar()
plt.title("Rejection level")
plt.grid("true")
plt.show()
```

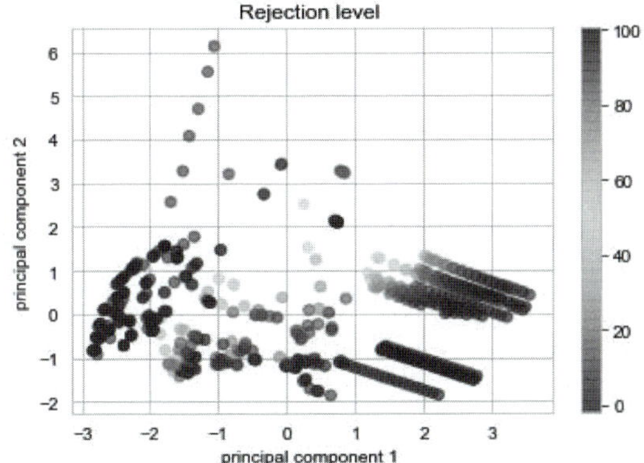


'plt' package의 'scatter' 함수를 활용하여 시각화한다. 'c' 함수 인자(argument)를 사용하여 'OSN_data'의 Rejection 열을 색으로 표현할 수 있다.

**Q8. 가장 데이터 설명력이 높은 두개의 차원에 대한 변수 기여도를 확인하라.**

**A8. 다음과 같은 절차를 통해 각 차원에 대한 변수 기여도를 확인할 수 있다.**

```
Feature_importance = pd.DataFrame(data = pca.components_, columns =
                     ['principal component 1', 'principal component 2',
                     'principal component 3', 'principal component 4',
                     'principal component 5', 'principal component 6',
                     'principal component 7', 'principal component 8'],
Index = ['Membrane_MWCO', 'Solute_MW', 'Solute_concentration',
        'Solvent_factor', 'Temperature', 'Process_configuration',
        'Permeance', 'Rejection'])
Feature_importance
```

| | principal component 1 | principal component 2 | principal component 3 | principal component 4 | principal component 5 | principal component 6 | principal component 7 | principal component 8 |
|---|---|---|---|---|---|---|---|---|
| **Membrane_MWCO** | 0.190480 | 0.424555 | 0.468295 | 0.395252 | 0.076337 | -0.352702 | 0.341413 | 0.401444 |
| **Solute_MW** | 0.534322 | -0.218405 | -0.133906 | 0.084046 | 0.507203 | 0.146059 | 0.497430 | -0.340264 |
| **Solute_concentration** | -0.593394 | 0.033745 | -0.011870 | -0.001698 | 0.778904 | -0.182860 | -0.078151 | 0.019081 |
| **Solvent_factor** | -0.325874 | 0.218480 | -0.173633 | 0.423146 | -0.063050 | 0.735433 | 0.270300 | 0.137743 |
| **Temperature** | 0.326142 | 0.344056 | -0.091386 | -0.548301 | 0.278667 | 0.326985 | -0.166694 | 0.503895 |
| **Process_configuration** | 0.317322 | -0.033148 | 0.137302 | 0.523844 | 0.217054 | 0.177383 | -0.722848 | -0.062111 |
| **Permeance** | 0.045125 | 0.771637 | -0.292100 | -0.012566 | -0.032090 | -0.144012 | -0.078945 | -0.537641 |
| **Rejection** | 0.103967 | -0.091014 | -0.787371 | 0.287146 | -0.021283 | -0.347628 | -0.017384 | 0.396106 |

'.components_' 함수를 사용하면 'pca'의 변수들의 주성분에 대한 기여도를 확인할 수 있다.

각 성분의 이름을 열 이름으로, 행은 변수 이름으로 설정하고 데이터를 'Feature_importance'로 명명한다.

```
Feature_importance_pc1 = Feature_importance.iloc[:,0]
Feature_importance_pc1
```

```
Membrane_MWCO            0.190480
Solute_MW                0.534322
Solute_concentration    -0.593394
Solvent_factor          -0.325874
Temperature              0.326142
Process_configuration    0.317322
Permeance                0.045125
Rejection                0.103967
Name: principal component 1, dtype: float64
```

```
Feature_importance_pc2 = Feature_importance.iloc[:,0]
Feature_importance_pc2
```

```
Membrane_MWCO              0.424555
Solute_MW                 -0.218405
Solute_concentration       0.033745
Solvent_factor             0.218480
Temperature                0.344056
Process_configuration     -0.033148
Permeance                  0.771637
Rejection                 -0.091014
Name: principal component 2, dtype: float64
```

가장 데이터 설명력이 좋은 두 성분(PC1, PC2)을 추출해 사용한다.

각 PC1과 PC2에대한 기여도 정보를 추출하여 'Feature_importance_pc1'과 'Feature_importance_pc2'로 명명한다.

```
x = np.arange(8)

descriptor_name = ['Membrane MWCO','Solute MW','Solute concentration', 'Solvent
                   factor', 'Temperature','Process configuration', 'Permeance',
                   'Rejection']

plt.bar(x, Feature_importance_pc1)
plt.title('Descriptor contribution On PC1', fontsize=20)
plt.ylabel('Contribution', fontsize=18)
plt.xticks(x, descriptor_name, rotation = "vertical")
plt.show()
```

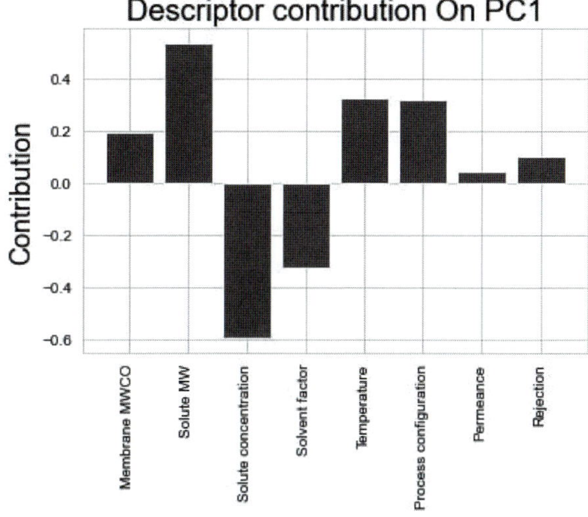


```
plt.bar(x, Feature_importance_pc2)
plt.title('Descriptor contribution On PC2', fontsize=20)
plt.ylabel('Contribution', fontsize=18)
plt.xticks(x, descriptor_name, rotation = "vertical")
plt.show()
```

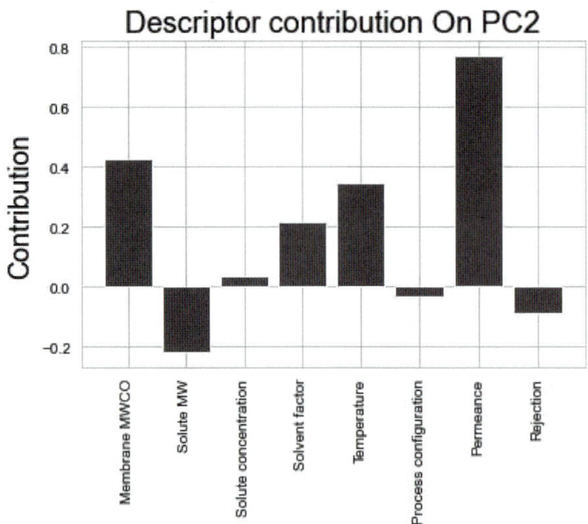


'np' package의 'array' 함수를 사용하여 8개의 name space를 갖는 'x' array를 생성한다.

'plt' package의 'bar' 함수를 사용하여 'Feature_importance_pc1'과 'Feature_imporatnce_pc2'를 시각화한다.

결과로 PC1에서 Solute M.W.와 Solute Concentration, PC2에서는 MWCO가 가장 주요한 변수로 식별되었다.

## 결론

이 장에서는 주성분 분석 방법론을 활용하여 나노여과 막분리 소재 성능의 화학적 차원 탐색을 수행하였다. 화학적 차원에서 정보 차원으로 데이터를 변환하였고, 데이터 설명력을 기반으로 데이터 손실과 주요 차원을 확인하였다. 이를 통해 막분리 소재 성능에 가장 중요한 변수를 규명하기 위한 변수들의 주성분 기여도를 학습하였다.

### 학습 결과

- **학습 내용**
  유기용매 나노여과 분리막 개발을 위한 주성분 분석 방법론 익히기.
- **학습 결과 확인하기**
  주성분 분석 알고리즘의 활용 방법 및 변수 기여도 해석 방법 익히기.
- **학습 결과 응용하기**
  이 장의 학습 내용에 기반하여 나노여과 분리막의 성능 향상을 위한 특성 이해와 주요 원인 규명하기.

ARTIFICIAL INTELLIGENCE
FOR CHEMICAL ENGINEERING

제 2 장

# 인공지능 기반 공정 설계 및 최적화

## 1. 바이오공정 전 과정 평가

**학습 내용**

[문제] 전 과정 평가를 통한 환경성 분석 이해
[방법] 머신러닝을 이용한 전 과정 평가
[응용] 공정 데이터를 통한 이산화탄소 배출량 예측
[요약] • 전 과정 평가의 방법론 및 중요성 이해
• 전 과정 평가의 머신러닝 접목의 필요성
• 머신러닝을 이용해 제지 공장의 이산화탄소 배출량 예측

### [이론] 전 과정 평가

전 과정 평가(life-cycle assessment)는 제품의 생산, 사용, 폐기의 전 과정에 걸쳐 수지(투입물질, 에너지, 배출물질)와 해당 과정에서 미치는 환경 영향을 정량화하는 환경경영 기법을 말한다. 전 과정 평가는 공정의 환경성을 진단함으로써 환경라벨링 인증 획득이나 친환경 제품 개발 등에서 의사 결정을 하는 근거로 활용된다. 특히 화공산업은 대기, 수질, 토양 등 다양한 분야에 넓게 연계되어 있으므로, 지속 가능한 산업 발전을 위해서도 환경성 평가는 매우 중요하다.

그림 2.1에 보인 바와 같이 전 과정 평가는 목적 및 범위 정의, 전 과정 목록 분석, 전 과정 영향 평가, 전 과정 해석의 4단계로 구성된다.

#### 1) 목적 및 범위 정의(Goal and Scope Definition)

목적 및 범위 정의 단계에서는 전 과정 평가를 수행하고자 하는 목적과 대상(제품 또는 서비스), 데이터 수집범위와 수집방법, 결과형태 및 활용방법을 결정한다. 이 단계에서 전 과정 평가의 기준이 되는 '기능적 단위(functional unit)'와 전 과정 평가 수행 범위를 나타내는 '시스템 경계(system boundary)'를 설정한다.

#### 2) 전 과정 목록 분석(Life-Cycle Inventory Analysis)

전 과정 목록 분석은 목적 및 범위 정의 단계에서 설정한 시스템 경계에 대하여 물질수지 데이터

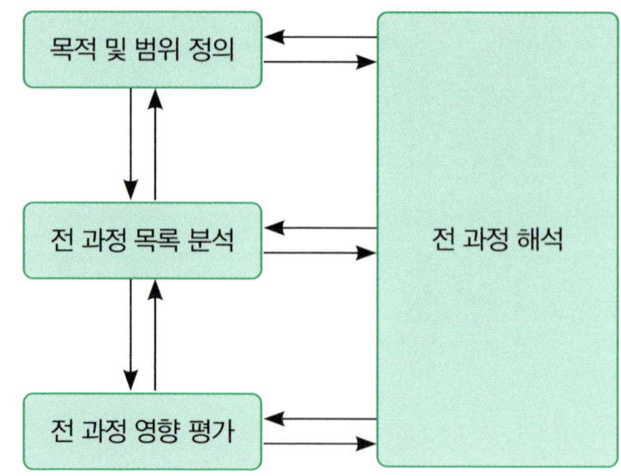


그림 2.1 전 과정 평가 방법론 개요(국제 표준화 기구 제공).

를 수집하고, 기능적 단위를 기준으로 정량화하는 단계이다.

### 3) 전 과정 영향 평가(Life-Cycle Impact Assessment)

전 과정 영향 평가는 전 과정 목록 분석을 바탕으로 환경에 미치는 영향을 종합적으로 산출하는 단계이다. 각 평가 항목을 산출하는 방법론에는 IPCC, ReCiPe 등이 존재한다.

### 4) 전 과정 해석(Life-Cycle Interpretation)

전 과정 해석은 전 과정 영향 평가 결과를 바탕으로 각각의 평가 항목에 중요한 영향을 미치는 환경인자를 분석하는 단계이다.

이 장에서는 머신 러닝 기반의 회귀분석을 전 과정 영향 평가에 적용하여, 이산화탄소 배출량 예측 모델을 제작함으로써, 공정 변수의 변화에 따른 정확한 온실가스 배출량 산정을 목적으로 한다.

### [문제]

엑셀파일 paperdata.xlsx는 어느 공장의 샘플 운전데이터를 나타낸다. 해당 파일의 각 열은 차례로 stock 유량, talc 유량, 압력, 속도, 이산화탄소 발생량을 나타낸다. stock 유량, talc 유량, 압력, 속

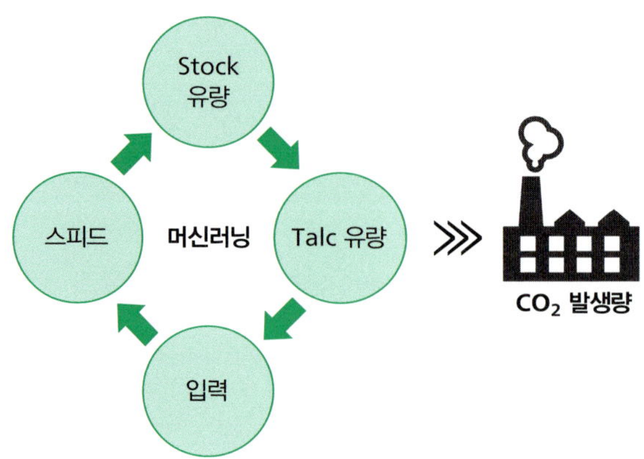


그림 2.2 문제 요약.

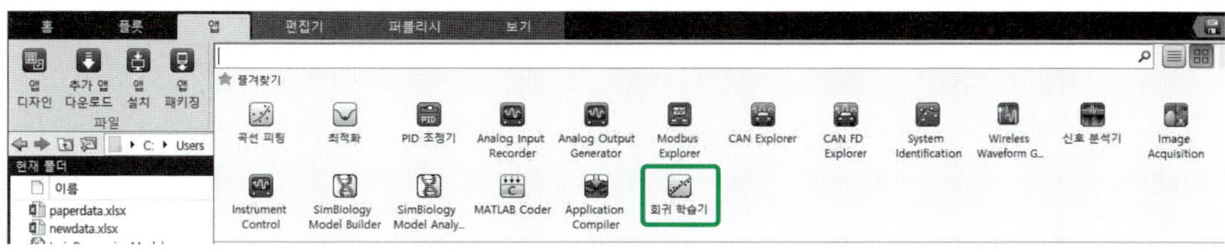


그림 2.3 회귀 분석을 위한 회귀 학습기.

도는 독립변수이자 예측변수이며, 이산화탄소 발생량은 출력변수이다. 운전 데이터의 40%를 홀드아웃 검증에 사용한다고 할 때, SVM 회귀모델을 통해 새로운 운전데이터(newdata.xlsx)의 이산화탄소 발생량을 예측하라.

**[방법]** 머신 러닝을 통한 회귀분석법

**Q1. 매트랩에서 SVM 회귀분석을 하기 위한 명령어는 무엇이 있으며, 이들의 차이는 무엇인가?**

**A1. SVM 회귀분석을 위한 명령어는 'fitrsvm'과 'fitrlinear'가 있다. 'fitsvm'은 비교적 크기가 작은 차원의 데이터 집합들에 대한 SVM 회귀모델을 생성하는 반면, 'fitrlinear'는 비교적 크기가 큰 차원의 데이터 집합들에 대한 SVM 선형회귀 모델을 형성한다.**

**Q2. 명령어를 직접 입력하지 않고, 매트랩 내부의 앱을 통해 회귀분석을 하기 위해서는 어떻게 해야 하는가?**

**A2. 그림 2.3과 같이 리본 메뉴의 '앱' 탭에서 앱들 중 [머신러닝 및 딥러닝]에서 '회귀 학습기'를 선택한다.**

**[응용]** 머신 러닝을 통한 이산화탄소 배출량 예측

**Q3. 매트랩의 회귀 학습기를 사용해 샘플 운전데이터(paperdata.xlsx)를 입력하라.**

**A3. 그림 2.6과 같은 절차를 통해 샘플 운전데이터를 입력할 수 있다.**

상단 리본 메뉴에서 '새 세션'을 클릭한 후 '파일에서'를 선택한다. 그리고 'paperdata.xlsx'를 선택한다(그림 2.4).

상단 리본 메뉴의 '선택 범위/내역'에 필요한 데이터가 모두 선택되었는지 확인한 후, 리본 메뉴 우측의 '선택 항목 가져오기'를 클릭한다(그림 2.5).

응답변수에 이산화탄소 발생량이 설정된 것을 확인한다. 그 후 검증 방법에서 '홀드아웃 검증'을 선택하고, '홀드아웃 비율'에는 40을 입력한 후 '세션 시작'을 클릭한다(그림 2.6).

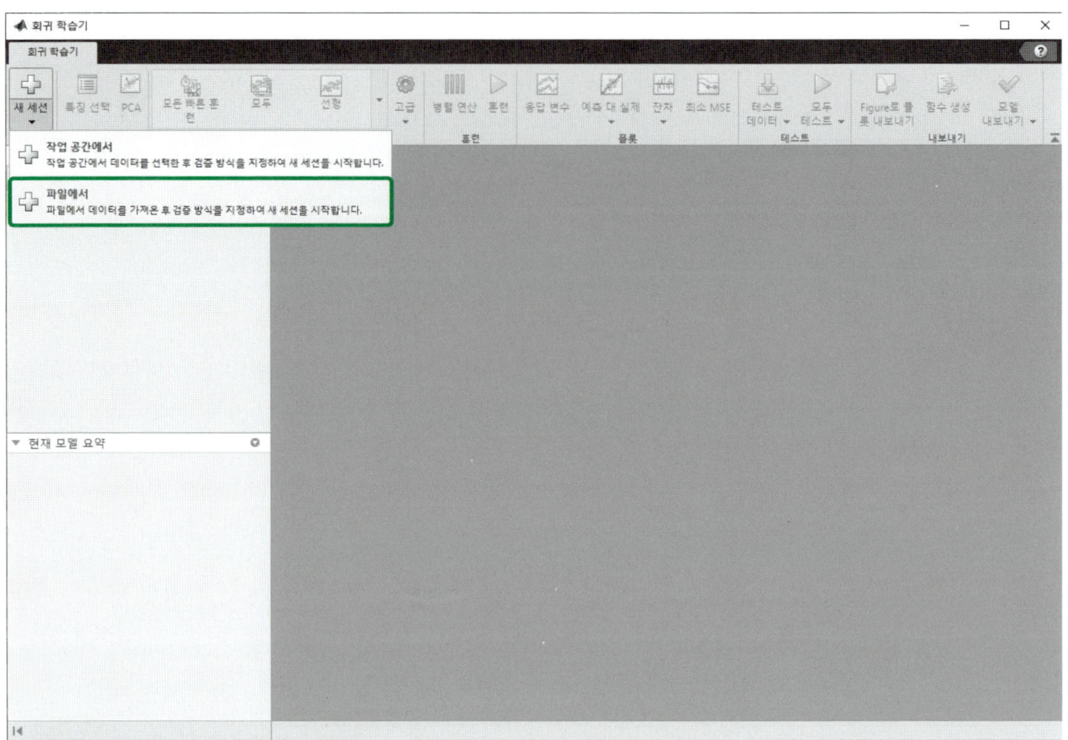


그림 2.4 샘플 운전데이터 불러오기.

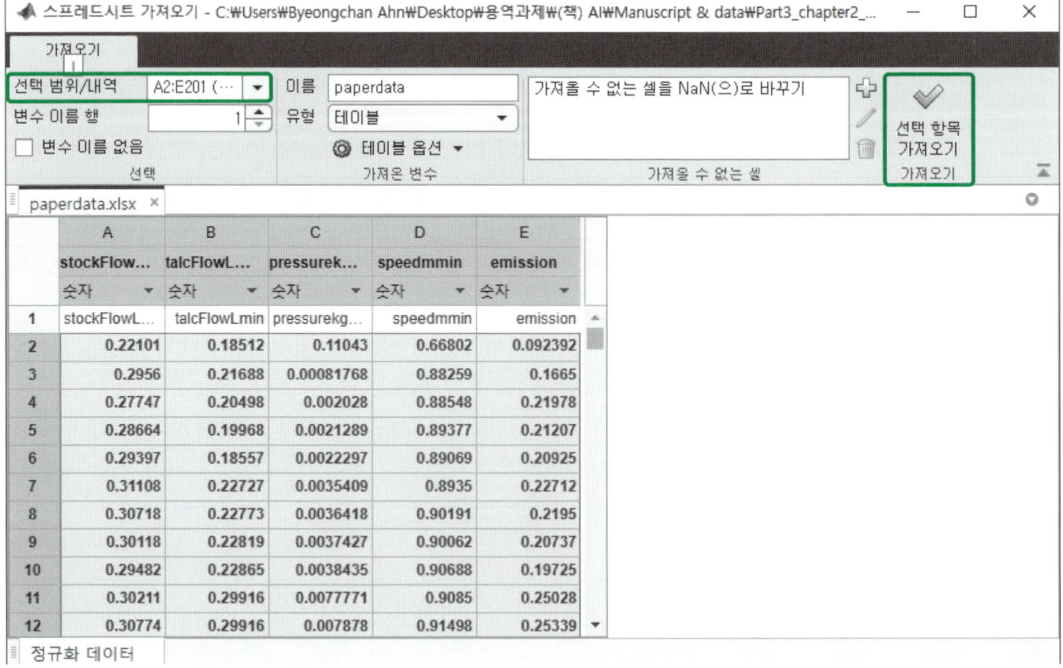


| | A | B | C | D | E |
|---|---|---|---|---|---|
| | stockFlow... | talcFlowL... | pressurek... | speedmmin | emission |
| | 숫자 | 숫자 | 숫자 | 숫자 | 숫자 |
| 1 | stockFlowL... | talcFlowLmin | pressurekg... | speedmmin | emission |
| 2 | 0.22101 | 0.18512 | 0.11043 | 0.66802 | 0.092392 |
| 3 | 0.2956 | 0.21688 | 0.00081768 | 0.88259 | 0.1665 |
| 4 | 0.27747 | 0.20498 | 0.002028 | 0.88548 | 0.21978 |
| 5 | 0.28664 | 0.19968 | 0.0021289 | 0.89377 | 0.21207 |
| 6 | 0.29397 | 0.18557 | 0.0022297 | 0.89069 | 0.20925 |
| 7 | 0.31108 | 0.22727 | 0.0035409 | 0.8935 | 0.22712 |
| 8 | 0.30718 | 0.22773 | 0.0036418 | 0.90191 | 0.2195 |
| 9 | 0.30118 | 0.22819 | 0.0037427 | 0.90062 | 0.20737 |
| 10 | 0.29482 | 0.22865 | 0.0038435 | 0.90688 | 0.19725 |
| 11 | 0.30211 | 0.29916 | 0.0077771 | 0.9085 | 0.25028 |
| 12 | 0.30774 | 0.29916 | 0.007878 | 0.91498 | 0.25339 |

그림 2.5 불러온 샘플 운전데이터의 항목 설정.

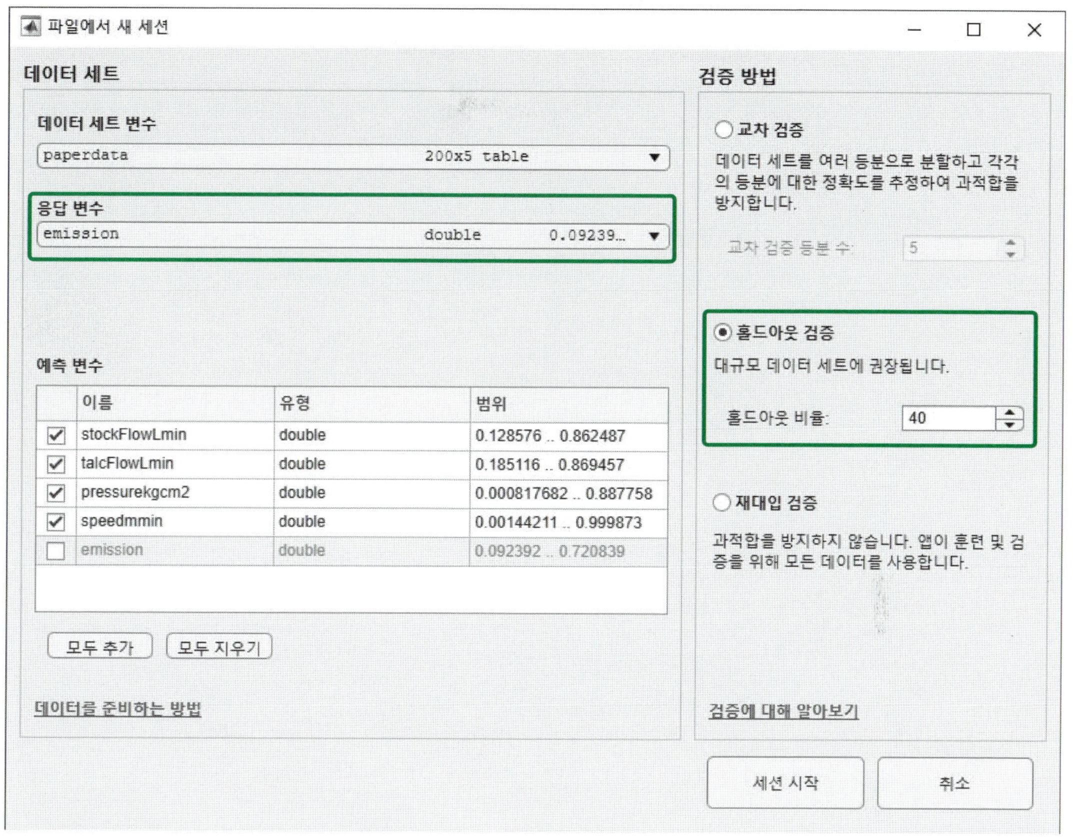


그림 2.6 ▶ 응답변수 및 검증 방법 설정.

**Q4. 입력한 샘플 운전데이터를 이용해 SVM 회귀 모델을 학습하여 이산화탄소 발생량 예측 함수를 생성하라.**

**A4. SVM 회귀 모델을 학습 및 이산화탄소 발생량 예측 함수를 생성은 그림 2.7, 그림 2.8과 같은 절차를 통해 가능하다.**

그림 2.7과 같이 모델 유형에서 SVM 모델을 선택한다. 특정 SVM 모델을 선택할 수도 있고, '모든 SVM'을 통해 모든 종류의 SVM을 동시에 학습시킬 수 있다. (이번 예제에서는 '모든 SVM'을 선택하였다.) 모델을 선택한 후 상단의 훈련 버튼을 클릭하면 SVM 회귀 분석 모델이 생성된다.

리본 메뉴에서 '함수 생성'을 클릭하면 그림 2.8의 오른쪽 그림과 같이 코드가 생성된 것을 확인할 수 있다.

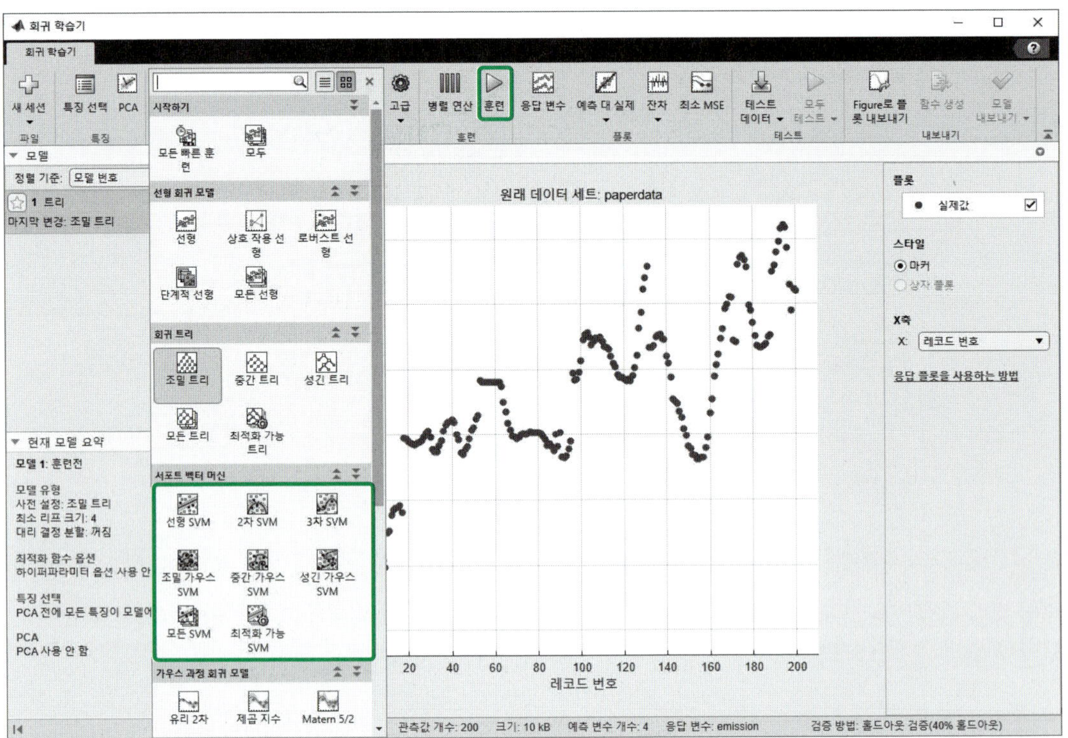


그림 2.7 SVM 회귀 모델 설정 및 훈련.

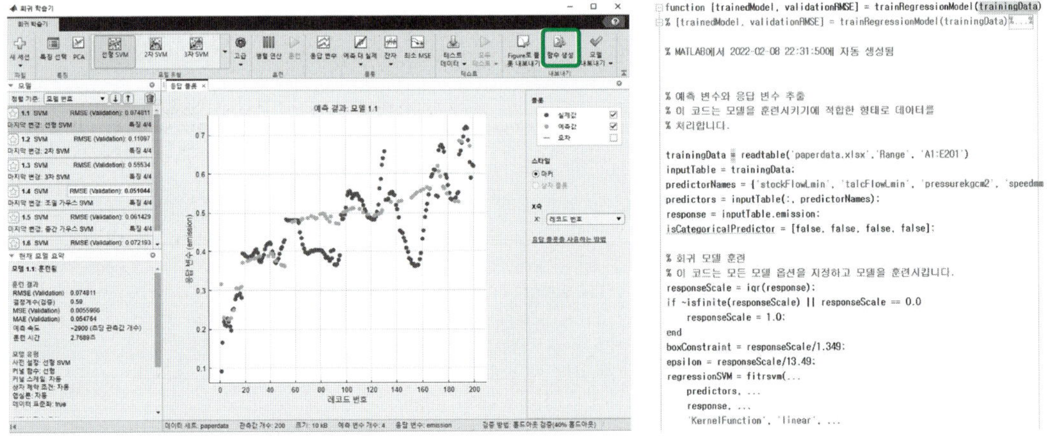


그림 2.8 훈련된 모델의 함수 생성.

**Q5. 생성한 SVM 회귀 함수를 이용해 새로운 운전데이터(newdata.xlsx)의 이산화탄소 발생량을 예측하라.**

**A5. 그림 2.9~2.11과 같은 절차를 통해 새로운 운전데이터의 이산화탄소 발생량을 예측할 수 있다.**

샘플 운전데이터를 불러와 데이터 범위를 지정하여 trainingData로 입력한다(그림 2.9).

```
trainingData=readtable('paperdata.xlsx','Range','A1:E201')
inputTable = trainingData;
predictorNames = {'stockFlowLmin', 'talcFlowLmin', 'pressurekgcm2', 'speedmmin'}
predictors = inputTable(:, predictorNames);
response = inputTable.emission;
isCategoricalPredictor = [false, false, false, false];
```

그림 2.9 샘플 운전데이터 지정 및 범위 입력.

그림 2.10과 같이 샘플 운전데이터와 마찬가지로 새로운 운전데이터를 불러와 범위를 지정한다(T로 설정). 이를 통해, 샘플 운전데이터로 학습한 모델을 통해 새로운 운전데이터의 이산화탄소 발생량을 예측한다(그림 2.10~2.11).

```
% 생성된 모델을 이용한 이산화탄소 발생량 예측
T = readtable('newdata.xlsx','Range','A1:D2')
yfit=trainedModel.predictFcn(T)
```

그림 2.10 생성된 모델을 이용한 새로운 운전데이터의 이산화탄소 발생량 예측.

```
명령 창
MATLAB을 처음 사용한다면 시작하기를 참조하십시오.
yfit =

    0.4535
```

그림 2.11 모델을 통해 예측한 새로운 운전데이터의 이산화탄소 발생량.

## 결론

전 과정 평가는 공정의 환경성을 판단할 수 있는 분석 방법 중 하나로, 기후 위기가 심각해짐에 따라 그 중요성이 더욱 강조되고 있다. 이 장에서는 전 과정 평가와 머신러닝을 접목함으로써 효과적으로 이산화탄소의 발생량을 예측하였다. 주어진 예제에서는 계산의 용이성을 위해 예측에 200개의 샘플을 이용하였으나, 더 많은 샘플을 이용할 경우 정확도를 크게 향상시킬 수 있다. 또한 전 과정 평가에서 이산화탄소 배출량뿐만 아니라 연료 소모량, 오존 발생량 등 다양한 환경 지표를 함께 산정하였다.

## 학습 결과

- **학습 내용**

  환경성 평가를 위한 전 과정 평가의 방법론 및 이해.

- **학습 결과 확인하기**

  머신러닝을 이용한 회귀 분석 절차 및 방법을 익히기.

- **학습 결과 응용하기**

  이 장의 학습 내용에 기반하여 회귀분석함으로써 새로운 공정에서 발생하는 이산화탄소 배출량을 예측.

## 2. 탈실험 단원자 증착 공정 설계

**학습 내용**

[문제] 단원자 증착법을 이용한 반도체 공정 이해
[방법] 예제 풀이를 통한 서포트 벡터 회귀 알고리즘 학습
[응용] 서포트 벡터 회귀 기반 단원자 증착 전구체 성능 예측
[요약] • 고집적 박막 형성을 위한 단원자 증착법 소개
• 데이터 전처리를 통한 학습용 데이터 생성
• 서포트벡터 회귀 기반 단원자 증착 예측 모델 개발

### 1) 단원자 증착법

증착 공정(deposition process)은 반도체 소자 재조를 위한 단위공정들 중 하나로 반도체 산업에 핵심적인 기술이다. 보통 증착 공정은 단결정의 규소기판에 반도체, 절연체, 도체 등의 재료를 박막의 형태로 증착시킴으로써, 집적회로의 미세구조 형성에 사용된다. 일반적으로 증착 공정은 기판 위 회로 규모에 가장 큰 영향을 주므로, 소자의 집적도에 가장 큰 기여를 한다. 따라서 고집적 박막 형성을 위한 효율적이고 섬세한 증착 공정 개발이 차세대 반도체 개발을 위해 핵심적이다.

기존의 반도체 공정에서의 증착법은 전통적으로 물리기상증착법(Physical Vapor Deposition, PVD)과 화학기상증착법(Chemical Vapor Deposition, CVD)에 의존한다. PVD는 도포에 사용할 물질들을 높은 에너지나 열에 노출시켜 입자를 기판 표면에 방사하여 증착하는 방식이다. 이 기술은 높은 생산성을 갖고 준수한 박막 두께 조절력을 갖는다. CVD는 기질 표면에서 반응기체를 증착시키는 방법으로, 박막 두께 조절에 우수하고 적절한 생산성을 갖는다. 하지만 CVD와 PVD는 모두 200 Å 이하의 박막 증착에는 사용할 수 없는데, 반도체 박막 증착 두께가 높은 집적도의 소자 개발에 필수적이므로 새로운 기술이 요구되는 실정이다. 단원자 증착법(Atomic Layer Deposition, ALD)은 소자 미세화와 집적도 향상을 위한 가장 이상적인 무기 및 금속 박막 증착 기술이다. ALD은 원자 단위에서 단원자층을 증착하는 기술로써 200 Å 이하의 박막 형성이 가능하여 고용량 반도체 소자 개발에 핵심적이다. 또한 3차원 구조의 반도체 제조 공정에 응용할 수 있어 반도체 생산에 큰 각광을 받고 있다.

ALD은 기판과의 전구체 물질(precursor) 사이의 선택적 표면 화학반응을 통한 반응물 분자의 증착을 유도한다. 이를 위해 밀도범함수 이론(Density Functional Theory, DFT), kinetic Monte Carlo 방법 등이 기판-전구체 사이의 반응 예측과 해석에 이용된다. 하지만 수많은 전구체 물질, 반응물, 기판 사이의 현상 실험은 비용과 시간의 한계점이 명확히 존재한다. 따라서 비효율적인 단원자 증착법을 탈피해 실용화를 위한 고성능 물질 탐색을 위해 혁신이 요구된다.

서포트 벡터 회귀(Support Vector Regression)는 고차원 데이터 식별을 위한 서포트 벡터 머신(Support Vector Machine)으로부터 발달한 인공지능 알고리즘이다. 서포트 벡터 회귀는 단순한 하이퍼파라미터 구조를 통해 신속한 모델 생성이 가능한 특징을 지녔다. 오늘날 서포트 벡터 회귀는 다양한 모델과 결합된 hybrid 형태로 화학공정의 많은 복잡계 문제를 해결하고 있다.

본 실습에서는 탈실험화된 단원자 증착 공정 설계를 위해 서포트 벡터 머신 기반의 전구체 성능 예측 모델을 개발한다.

**[문제]**

고성능 반도체 소재 개발에 핵심적인 단원자 증착 과정 제어를 위해 서포트 벡터 머신을 활용해 증착 두께 예측 모델을 개발하라.

- "코드 및 데이터/4-3. ALD.csv" 데이터를 활용하라.
- 서포트 벡터 머신의 하이퍼파라미터를 이해하고 정확도 개선을 위한 하이퍼파라미터 튜닝을 시도하라.

**[방법]** SVM 예제

**Q1.** SVM을 활용하기 위한 라이브러리를 조사하라. SVM을 regression 형태로 사용하기 위한 명령어는 무엇인가?

**A1.** SVM 활용을 위한 라이브러리로 'e1071'이 있다. SVM은 input 데이터 형식에 따라 자동으로 classification/regression을 설정한다. 따라서 'svm()' 함수를 불러오고, 데이터를 독립·종속변수를 설정한다.

```
Library('e1071')

Model_SVM <- e1071::svm(Data[,:1:x], Data[,x], gamma = , cost = )
```

**Q2.** SVM의 학습은 하이퍼파라미터에 따라 다른 성능의 예측 모델을 생성한다. SVM의 하이퍼파라미터는 무엇인가? 하이퍼파라미터가 의미하는 것은 무엇인가?

**A2.** SVM의 하이퍼파라미터에는 'gmma'와 'cost'가 있다. 'gamma'는 데이터 샘플의 영향력 행사 거리(분산)를 가정한다. 'gamma'가 클수록 데이터가 다른 데이터에 더 큰 영향을 줄 수 있다고 판단한다. 'cost'는 데이터 샘플의 최대·최소 허용 클래스 수를 가정한다. 'cost'가 크면 이상치의 가능성을 매우 작게 판단한다.

**[응용]** SVM 기반 고성능 전구체 물질 예측 모델 개발

예제는 R4.0.2 프로그래밍 언어를 기준으로 Rstudio 개발 환경에서 작성되었다. 예제 실습을 위해 Anaconda 프로그램을 다음 URL로부터 다운로드할 수 있다.

- https://www.anaconda.com/

**Q3.** 데이터를 Jupyter 환경으로부터 불러오고 데이터를 확인하라.

**A3.** 다음과 같은 code를 사용하여 불러올 수 있다.

```
DFT_data <- read.csv(file.choose(), header = T)
```

'read.csv' 함수를 사용하여 데이터 파일이 저장된 장소를 직접 찾아 'DFT_data' 이름으로 데이터를 불러온다. 해당 데이터는 column 이름이 이미 존재하는 데이터로 'header = T' arg를 통해 이를 밝힌다.

```
str(DFT_data)
```

'str()' 함수를 사용하여 데이터의 형태를 확인할 수 있다.

```
DFT_data
```

```
> DFT_data
   core.metal ligand precursor.synonym molecular.weight..g.mol heterolytic.type homolytic.type dipole.moment..Debye isotropic.polarizability
1      24.305 35.450               DCM                   95.21            207.6          117.2              0.00000                     27.0
2      24.305 79.904               DBM                  184.11            193.8           98.0              0.00000                     47.0
3      24.305 15.035               DMM                   54.37            225.9           66.9              0.00025                     39.8
4      24.305 55.056              MTIP                  142.48            223.9           96.5              0.19006                    105.1
5      26.982 35.450               TCA                  133.34            219.0          120.1              0.00440                     41.8
6      26.982 79.904               TBA                  226.70            196.1           98.8              0.00308                     59.4
7      26.982 15.035               TMA                   72.09            232.7           86.5              0.02082                     54.3
8      26.982 55.056              ATIP                  204.24            231.8          113.3              1.92543                    126.1
9      26.982 43.069             TDMAA                  159.21            233.3           91.5              0.00440                    111.7
10     47.867 35.450               TTC                  189.70            218.1          102.3              0.00347                     71.4
11     47.867 79.904               TTB                  367.48            197.0           83.6              0.00176                     95.3
```

불러온 데이터를 확인해본다.

**Q4. 인공지능 학습을 위해서 데이터의 단위를 무시한 상대적 영향력을 파악할 필요가 있다. DFT 데이터를 정규화하라.**

**A4. 다음과 같은 절차를 통해 정규화한다.**

```
DFT_wo_NA <- data.frame(DFT_data[,1:2], DFT_data[,4:28])
```

데이터의 3번째 열은 전구체 물질의 이름이므로 이를 제거한다. 추출된 데이터는 'DFT_wo_NA'로 명명한다.

```
DFT_wo_NA_symbol <- data.frame(DFT_wo_NA)
DFT_wo_NA_symbol_scale <- data.frame(scale(DFT_wo_NA_symbol))
```

데이터를 'DFT_wo_NA'로 명명하고 'scale()' 함수를 사용해서 정규화한다. 정규화된 데이터는 'DFT_wo_NA_symbol_scale'로 명명한다

**Q5. 9개의 종속변수 각각 예측하는 SVM 모델을 생성할 것이다. 데이터를 이에 맞춰 나누어라.**

**A5. 다음과 같은 절차를 통해 데이터를 나눌 수 있다.**

```
DFT_EadH <- data.frame(DFT_wo_NA_symbol_scale[,1:9], DFT_wo_NA_symbol_scale[,10])
DFT_EadOH <- data.frame(DFT_wo_NA_symbol_scale[,1:9],
                        DFT_wo_NA_symbol_scale[,11])
DFT_EadNH2 <- data.frame(DFT_wo_NA_symbol_scale[,1:9],
                         DFT_wo_NA_symbol_scale[,12])
```

데이터의 종속변수인 3가지 표면에서의 adsorption 에너지(Ead_H, Ead_OH, Ead_NH2)에 대해 각각 독립변수-종속변수 관계를 규명한 데이터를 생성한다.

```
DFT_EaH <- data.frame(DFT_wo_NA_symbol_scale[,1:9], DFT_wo_NA_symbol_scale[,13])
DFT_EaOH <- data.frame(DFT_wo_NA_symbol_scale[,1:9], DFT_wo_NA_symbol_scale[,14])
DFT_EaNH2 <- data.frame(DFT_wo_NA_symbol_scale[,1:9],
                        DFT_wo_NA_symbol_scale[,15])
```

데이터의 종속변수인 3가지 표면에서의 active barrier 에너지(Ea_H, Ea_OH, Ea_NH2)에 대해 각각 독립변수-종속변수 관계를 규명한 데이터를 생성한다

```
DFT_dEH <- data.frame(DFT_wo_NA_symbol_scale[,1:9], DFT_wo_NA_symbol_scale[,16])
DFT_dEOH <- data.frame(DFT_wo_NA_symbol_scale[,1:9],
                       DFT_wo_NA_symbol_scale[,17])
DFT_dENH2 <- data.frame(DFT_wo_NA_symbol_scale[,1:9],
                        DFT_wo_NA_symbol_scale[,18])
```

데이터의 종속변수인 3가지 표면에서의 dE (dE_H, dE_OH, dE_NH2)에 대해 각각 독립변수-종속변수 관계를 규명한 데이터를 생성한다.

**Q6. SVM 학습을 위해 데이터를 학습·검증 데이터로 나누어야 한다. 학습·검증 데이터를 각각 70%와 30%로 나누어라.**

**A6. 다음과 같은 절차를 통해 데이터를 나눌 수 있다.**

```
smp_size <- floor(0.7 * nrow(DFT_EadH))
set.seed(1)
train_ind <- sample(seq_len(nrow(DFT_wo_NA)), size = smp_size)
```

'floor()' 함수를 사용하여 'WGSR_scale' 데이터의 행 개수의 70%에 해당되는 값을 생성한다. 이 값은 'smp_size'로 명명하여, 후에 무작위 데이터 추출에 사용한다.

'sample()' 함수를 사용해서 'WGSR_scale' 데이터로부터 행 번호를 무작위 추출을 진행한다. 'size' arg를 'smp_size'로 설정하여 총 70% 데이터를 추출한다. 'seq_len()' 함수를 통해 1부터 임의의 지정된 숫자까지 순차 데이터를 생성할 수 있다.

```
SVM_train <- DFT_EadH[train_ind,]
SVM_test <- DFT_EadH[-train_ind,]

SVM_train <- DFT_EadOH[train_ind,]
SVM_test <- DFT_EadOH[-train_ind,]

SVM_train <- DFT_EadNH2[train_ind,]
SVM_test <- DFT_EadNH2[-train_ind,]
```

SVR의 학습과 검증을 위해 세 가지 표면에서의 adsorption 에너지에 대한 데이터를 생성한다.

```
SVM_train <- DFT_EaH[train_ind,]
SVM_test <- DFT_EaH[-train_ind,]

SVM_train <- DFT_EaOH[train_ind,]
SVM_test <- DFT_EaOH[-train_ind,]

SVM_train <- DFT_EaNH2[train_ind,]
SVM_test <- DFT_EaNH2[-train_ind,]
```

SVR의 학습과 검증을 위해 세가지 표면에서의 active barrier 에너지에 대한 데이터를 생성한다.

```
SVM_train <- DFT_dEH[train_ind,]
SVM_test <- DFT_dEH[-train_ind,]

SVM_train <- DFT_dEOH[train_ind,]
SVM_test <- DFT_dEOH[-train_ind,]

SVM_train <- DFT_dENH2[train_ind,]
SVM_test <- DFT_dENH2[-train_ind,]
```

SVR의 학습과 검증을 위해 세 가지 표면에서의 dE에 대한 데이터를 생성한다.

**Q7. 앞서 만든 데이터를 사용하여 SVM 모델을 생성할 것이다. Gamma = 0.1, cost = 10 환경에서 SVM 모델을 생성하라.**

**A7. 다음과 같은 절차를 통해 SVM을 생성할 수 있다.**

```
library(e1071)
library(Metrics)
```

SVR 모델을 내장하고 있는 'e1071' package를 import한다.

SVR 모델의 검증을 예측 정확도 평가 지표를 내장하고 있는 'Metrics' package를 import한다.

```
model_SVM <- e1071::svm(SVM_train[,1:9], SVM_train[,10],
                        gamma = 0.001, cost = 60)
```

SVR의 학습을 진행한다. Gamma와 cost는 'svm()' 함수의 'arg'로, 하이퍼파라미터에 해당한다. 이는 여러 번의 시행착오를 통해 얻도록 한다.

```
summary(model_SVM)
```

```
Call:
svm.default(x = SVM_train[, 1:11], y = SVM_train[, 12], gamma = 0.1, cost = 10)


Parameters:
   SVM-Type:  eps-regression
 SVM-Kernel:  radial
       cost:  10
      gamma:  0.1
    epsilon:  0.1


Number of Support Vectors:  20
```

'summary()' 함수를 통해 모델의 정보를 얻을 수 있다.

**Q8. 모델의 예측 정확도를 파악. 예측 정확도는 R2, MSE, RMSE, MAE 지표를 사용해 판단하라.**

**A8. 다음과 같은 절차를 통해 정확도를 평가할 수 있다.**

```
pred_train <- predict(model_SVM, SVM_train[,1:9])
pred_test <- predict(model_SVM, SVM_test[,1:9])
```

SVR의 모델을 통해 학습 데이터와 검증 데이터를 예측한다.

```
rsq <- function (x, y) cor(x, y) ^ 2
```

예측 정확도 평가를 위한 $R^2$ 계산식을 만든다. 해당 함수는 'rsq()'로 명명한다.

```
rsq(pred_train,SVM_train[,10])
Metrics::mse(pred_train,SVM_train[,10])
Metrics::rmse(pred_train,SVM_train[,10])
Metrics::mae(pred_train,SVM_train[,10])

rsq(pred_test,SVM_test[,10])
Metrics::mse(pred_test,SVM_test[,10])
Metrics::rmse(pred_test,SVM_test[,10])
Metrics::mae(pred_test,SVM_test[,10])
```

학습 데이터 예측에 대한 정확도와 검증 데이터 예측에 대한 정확도를 계산한다.

```
plot(pred_train, SVM_train[,10])
plot(pred_test, SVM_test[,10])
```

예측 값과 실제 값을 시각화한다.

## 결론

이 장에서는 증착 두께를 제어 가능한 단원자 증착법을 위해 서포트 벡터 머신을 활용하여 증착 두께 예측 모델을 개발하였다. 이를 위해 데이터를 표준화하고 예측 모델 학습을 위한 데이터 구조를 설계하였다. 예측 정확도 평가를 위해 통계적 정확도 지표를 사용과 정확도 개선을 위한 하이퍼파라미터 조사를 학습하였다. 결과로, 서포트 벡터 머신을 활용한 증착 두께 예측 모델 개발 방법을 학습할 수 있었다.

### 학습 결과

- **학습 내용**

  반도체 소재 개발을 위한 SVM 방법론 기반 단원자 증착 설계 익히기.

- **학습 결과 확인하기**

  SVM 알고리즘의 활용 방법 및 예측 결과 해석 방법 익히기.

- **학습 결과 응용하기**

  이 장의 학습 내용에 기반하여 단원자 증착을 위한 전구체 물질 탐색 및 효과적 표면 화학반응 설계를 위한 전구체 물질 성능 예측하기.

# 3. 접착용 에폭시 고분자 개발

학습 내용

[문제] 에폭시 최적 생산조건 탐색
[방법] 접착용 에폭시 생산 모사 함수 구축
[응용] 베이지안 최적화 기반 최적 생산 조건 도출
[요약] • 접착용 에폭시 생산 반응 이해
• 생산 모사 함수 구축
• 베이지안 최적화를 사용하여 최적의 생산 조건 도출

**[이론] 능동학습을 사용한 고분자 생산조건 최적화.**

2010년대에 들어서부터 능동학습 프레임워크를 활용한 기능성 신물질 탐색이 점점 각광을 받고 있다. 기계학습을 통한 능동학습(active learning)의 프레임 워크의 하에서의 의사결정 과정의 장점이 기존의 의사결정 과정들과 비교해서 여러 장점이 있기 때문이다. 인간의 의사결정보다는 의사결정 과정이 더욱 정교하기 때문에 탐험-탐사(exploration-exploitation) 사이의 균형을 고차원의 의사결정에서도 잘 맞출 수 있고, 지도 학습 기반 의사결정보다는 필요한 초기 데이터의 수가 훨씬 적기 때문이다. 따라서, 데이터 생성이 시간이 많이 걸리고 비용이 드는 신물질 개발에서 능동학습은 점점 중요도가 올라가고 있다.

능동학습 기반 의사 과정은 다음과 같은 세가지 과정들을 거친다. 첫째로는 현재 존재하는 소수의 데이터를 바탕으로 모델을 구축하여 input-output 사이의 상관관계를 기계가 학습을 한다(modeling). 둘째로는 기계가 직접 다음 실험 지점을 추천한다(proposal). 이때 추천이 되는 점은 모델에서의 이해를 바탕으로 우리가 원하는 물성이 최대화가 될 수 있는 지점이면서, 또한 탐색되지 않은 지점의 정보를 얻어낼 수 있는, 즉 탐험-탐사 간의 균형이 맞은 지점이다. 셋째로는 추천된 실험 후보를 사람이 직접 실험을 하여 얻어진 결과를 확인하는 것이다. 이때 얻어진 결과가 목적에 부합하는지 여부에 따라서 실험이 종결되거나 지속된다.

탐험-탐사 간의 균형이 맞은 의사결정을 내리는 방법론 중에서 가장 대표적인 방법은 베이지안 최적화이다. 따라서 베이지안 최적화를 접착용 에폭시 개발 문제에 직접 적용하는 것이 이번 실습의 목적이다. 베이지안 최적화의 이론 관한 자세한 설명은 2부 6장 기계학습 기반 의사결정 및 최적화에 서술되어 있다.

베이지안 최적화를 실제 실험 적용해 보면 가장 좋겠지만, 교과서적인 한계로 인해 고분자를 실제로 합성해 나가며 물질 개발을 할 수 없기에 접착용 에폭시 고분자의 input–output의 상관관계를 Sum-squares function이라는 기준 함수(benchmark function)로 정의한다. 이때 함수를 모른다고 가정한 뒤, 초기의 특정한 실험 데이터(spot data)만을 시작으로 베이지안 최적화 기반의 의사결정을 해 나가면서 의사결정이 효율적으로 이루어짐을 확인한다. 효율성을 보이기 위해 베이지안 최적화를 진행한 결과와 불확실성에 대한 고려 없는 greedy-policy (대체 모델의 평균값이 최대화 되는 지점을 실험, 즉 지도 학습 기반 의사결정) 기반 최적화를 진행한 퍼포먼스를 비교한다.

### [문제]

**새로운 기능성 물질을 효율적으로 개발하기 위한 베이지안 최적화 기반의 의사결정 방법론을 접착용 에폭시 고분자 개발이라는 예시에 적용하여, 블랙박스 최적화에서의 효율적인 의사결정을 가이드 해보자.**

- "part3_접작용 에폭시 고분자 개발.py 코드를 활용하라.
- sklearn, scipy 라이브러리를 설치하라.
- 챕터 8을 읽고 베이지안 최적화의 이론을 이해하라.

### [방법] 접착용 에폭시 생산 모사 함수 구축

2019년 *Science and Technology of Advanced Materials*에 출간된 Sirawit P.의 논문에서는 접착용 에폭시 고분자를 DGEBA 레진, propylene glycol(경화제)의 두 가지 재료를 사용하여 접착용 에폭시 고분자를 생성한다. 이러한 시스템에서 조작변인은 4가지로서, 레진과 글리콜의 비율, 레진의 분자량, 경화제의 분자량, 반응 온도이다. 논문에서는 이러한 상황하에서 어떠한 비율, 분자량, 반응 온도를 설정해야 가장 접착력이 높은 에폭시 폴리머를 만들 수 있는지를 베이지안 최적화를 사용하여 찾아낸다(실험 가능한 조합의 수: 256). 이를 간단하게 모사하기 위하여 본 실습에서는 2차원의 input을 받아들이는 Real_epoxy 함수를 정의하여 베이지안 최적화를 진행한다. $f(x) = -x_1^2 - 2x_2^2$와 같은 Sum-squares 함수를 이번 실습의 에폭시 폴리머의 input-output 상관관계라고 정의한다. 이때 최적해(global maximum)는 (0,0)에서 0의 꼴로 존재하며, $x_1$과 $x_2$의 가능한 실험 후보는 $-30$~30까지 0.1의 단위로 존재한다(실험 가능한 조합의 수: $600 \times 600 = 360{,}000$).

**Q1. 관련 라이브러리를 설치하자.**

**A1. 베이지안 최적화를 진행하기 위해선 numpy, sklearn, scipy 등의 라이브러리와 GaussianProcessRegressor, WhiteKernel, RBF 등의 함수가 요구되기에 이를 불러온다.**

```
import numpy as np
from sklearn.gaussian_process import GaussianProcessRegressor
from sklearn.gaussian_process.kernels import WhiteKernel, RBF
import itertools
from scipy.stats import norm
```

**Q2. 문제 조건대로 에폭시 접착제의 생산 모사 class를 정의해 보자.**

**A2. 문제 상황에서 정의한 대로의 코드를 구성해보면 다음과 같이 구성할 수가 있다. 이때 이상적인 상황을 가정하여 실험 결과가 특정 input을 넣었을 때 같은 output이 매번 나온다면 .real의 함수를 사용할 수 있고, 현실적인 상황을 가정하여 실험 결과가 noise에 의해 오염된 상황을 실험해보고 싶다면 .noisy 함수를 사용할 수 있다.**

```
class Real_epoxy:
    def __init__(self):
        pass
```

```
    def real(self, x):
        x1 = x[:,0]
        x2 = x[:,1]
        return -x1**2 - 2*x2**2

    def noisy(self, x, noise_var):
        x1 = x[0]
        x2 = x[1]
        return -x1**2 - 2*x2**2 + np.sqrt(noise_var) * np.random.standard_normal()

test_func = Real_epoxy()
noise_var = 0.01
GP_lengthscale = np.sqrt(0.1)
search_space_org = np.array(list(itertools.product(np.arange(-30,30,0.1),
np.arange(-30,30,0.1))))
y_max_real = 0
action_min = np.array([-30, -30])
action_max = np.array([30, 30])
```

### [응용] 베이지안 최적화 기반 최적 생산조건 도출

모사된 에폭시 input-output 함수를 바탕으로 초기 데이터 확보, 데이터 전처리, 획득함수 정의, 베이지안 최적화를 진행해 보자.

**Q3.** 의사 결정을 위한 초기 데이터셋을 구축해 보자.

**A3.** 초기 데이터셋은 전체 가능한 실험 조합인 360,000개의 점들 중에서 20개를 알고 있다고 가정을 한다. 이때, 어떠한 초기 데이터를 안다고 가정하는지에 따라 베이지안 최적화의 성능이 많이 다를 수 있다. 따라서 베이지안 최적화의 평균적인 성능을 보기 위하여 랜덤하게 20 실험 포인트의 결과를 알고있는 상태(num_initial_data)에서 20번 최적화를 진행을 한 뒤(num_experiments), 이러한 과정을 초기 데이터를 바꾸어가며 10번 진행을 하게끔 세팅을 한다(num_runs). 이때 매 의사결정마다 최적해로부터 얼마나 떨어진 지점을 탐색했는지 성과를 수치화하기 위해 regret_store라는 빈 list를 만들어 둔다.

```
np.random.seed(1)
num_runs = 10
num_experiments = 20
num_initial_data = 20
regret_store = []
initial_indices_store = []
for i in range(num_runs):
    random_indices = np.random.choice(search_space_org.shape[0],
    size=num_initial_data, replace=False)
    initial_indices_store.append(random_indices)
```

**Q4.** 데이터 전처리를 위한 class를 설정해 보자.

**A4.** 기계학습을 위하여 input-output 로우데이터(raw data)를 사용하는 것보다 데이터를 표준화하여 스케일된 데이터를 사용하면 기계학습의 성능이 더 나아진다는 것은 널리 알려진 사실이다. 따라서 에폭시 모사 시스템의 대체모델과 획득함수를 정의하기에 앞서 로우 데이터를 표준화된 데이터로 스케일링할 수 있는 함수와 표준화된 형태로 나타내어진 데이터를 우리에게 친숙한 로우 데이터의 형태로 다시 바꾸는 함수를 정의해야 한다.

```
class Scaler:
    def __init__(self):
        pass

    def fit(self, x):
        self.mu  = np.mean(x,0)
        self.std = np.std(x,0)

    def transform(self, x):
        return (x-self.mu)/self.std

    def inverse_transform_mean(self, x):
        return x*self.std + self.mu

    def inverse_transform_std(self, x):
        return x*self.std
```

**Q5.** Expected improvement 기반 획득함수 class를 설정해 보자.

**A5.** 2부 6장에서 소개된 expected improvement의 식은 $a(x) = max(0, f(x^+) - f(x))$와 같고, 이를 예측 평균치($\mu(x)$)와 표준편차($\sigma(x)$)를 활용하여 표현하면 다음과 같이 나타낼 수 있다: $EI[x] = (\mu(x) - f_{max})\Phi\left(\frac{\mu(x) - f_{max}}{\sigma(x)}\right) + \sigma(x)\phi\left(\frac{\mu(x) - f_{max}}{\sigma(x)}\right)$. 이때 $f_{max}$는 기존에 관찰된 데이터 중에서 가장 성능이 좋았던 값이고, $\Phi$는 표준 정규 누적 분포 함수이고, $\phi$는 표준 정규 분포 함수이다. 이를 코드로 구현하면 다음과 같다.

```
class Base_EI:
    def __init__(self):
        self.scaler_EI = Scaler()

    def evaluate(self, x, model, y_max, y_train):
        self.scaler_EI.fit(y_train)

        mean, std = model.predict(x, return_std=True)
        mean = self.scaler_EI.inverse_transform_mean(mean)
        std = self.scaler_EI.inverse_transform_std(std)
```

```
        a = (mean - y_max).reshape(-1,)
        z = a / std
        ei = a * norm.cdf(z) + std * norm.pdf(z)

        index_next = np.argmax(ei)
        X_next = x[index_next]
        return X_next, index_next
```

**Q6.** 초기 데이터를 사용한 베이지안 최적화를 통해 의사결정을 진행해 보고 의사결정들의 평균 퍼포먼스를 print해 보자.

**A6.** 사용하는 획득함수를 Q5에서 정의한 expected improvement로 정의한다. 이후, 실험이 진행됨에 따라 초기 데이터에 가우시안 프로세스 모델을 사용하여 대체모델을 구축한다. 이를 바탕으로 획득함수가 최대화되는 점을 찾고, real_epoxy 함수에 넣어서 결과값을 얻고, 얻어진 결과값을 최적해와 비교한 성과지표(regret)를 기록하는 것을 하나의 에피소드가 끝날 때까지 20번 반복을 하고(num_experiments), 초기 데이터를 바꾸어가며 총 10번의 에피소드(num_run)를 반복하여 베이지안 최적화를 진행한다.

```
acq_func = Base_EI()
kernel = 1.0 * RBF(length_scale=GP_lengthscale) + WhiteKernel(noise_level=noise_var)
gpr = GaussianProcessRegressor(kernel=kernel, alpha=0.0, optimizer=None, random_state=0)
scaler = Scaler()
for i in range(num_runs):
    print("run: " + str(i))
    regrets = []
    random_indices = initial_indices_store[i]
    print(random_indices)
    X_train = search_space_org[random_indices,:]
    y_train = test_func.real(X_train).reshape(-1,1)
    search_space = np.delete(search_space_org, random_indices, axis=0)

    y_max = np.max(y_train)
    regret = y_max_real - y_max
    regrets.append(regret)
    for j in range(num_experiments):
        print("experiment: " + str(j))
        scaler.fit(y_train)
        y_train_scaled = scaler.transform(y_train)
        gpr.fit(X_train, y_train_scaled)

        X_next, index_next = acq_func.evaluate(search_space, gpr, y_max, y_train)
        print(X_next)
        y_next = test_func.noisy(X_next, 0)
        search_space = np.delete(search_space, index_next, axis=0)
```

```
        X_train = np.vstack((X_train, X_next))
        y_train = np.vstack((y_train, y_next))

        y_max = np.max(y_train)
        regret = y_max_real - y_max
        print(regret)
        regrets.append(regret)

    regret_store.append(regrets)

regret_store = np.array(regret_store)
avg_regret = np.mean(regret_store, axis=0)
print(avg_regret)
```

이때 print(avg_regret)의 결과로는 다음과 같은 list가 프린트된다.

[101.293 99.311 98.47 98.47 97.717 97.717 96.724 96.125 95.136 92.865 92.254 90.46 88.852 87.793 86.667 85.133 84.711 82.068 81.889 80.708 79.627]

즉, 평균적으로 매 time-step마다 베이지안 최적화 기반의 의사결정이 최적해에 근접한 값들을 제시해 나갔다는 것을 알 수 있다.

**Q7.** 초기 데이터를 사용한 greedy-policy 기반 최적화를 통해 의사결정을 진행해 보고 의사결정의 효율성을 베이지안 기반 최적화와 비교해 보자.

**A7.** Q6의 성능 지표가 다른 의사결정 방법론보다 좋은지 확인할 대조군 제작을 위해, 대체 모델의 불확실성에 대한 고려 없이 예측값의 최댓값만을 실험해 나가는 greedy policy 기반의 의사결정을 진행한 뒤(supervised learning 기반 의사결정), 그 결과(avg_regret)를 베이지안 최적화의 결과와 비교하여 베이지안 최적화의 의사결정 효율성을 인식한다.

```
class Base_EI:
    def __init__(self):
        self.scaler_EI = Scaler()
    def evaluate(self, x, model, y_max, y_train):
        self.scaler_EI.fit(y_train)
        mean, std = model.predict(x, return_std=True)
        mean = self.scaler_EI.inverse_transform_mean(mean)
        std = self.scaler_EI.inverse_transform_std(std)
        a = (mean - y_max).reshape(-1,)
        z = a / std
        ei = a * norm.cdf(z) + std * norm.pdf(z)
        index_next = np.argmax(mean)
        X_next = x[index_next]
        return X_next, index_next
```

코드상으론 기존의 베이지안 최적화 기반 코드와 대부분이 똑같지만, 획득함수를 정의함에 있어서 index_next = np.argmax(ei)가 아닌, index_next = np.argmax(mean)로 바꾸어 주면 예측값의 최대치를 추천하는 greedy policy 기반의 의사결정 실험이 된다. 이때 결과를 print해 보면 다음과 같은 list가 출력된다.

[101.293 100.358 99.959 99.959 98.678 98.678 98.678 97.699 97.348 96.92 96.236 95.887 95.27 94.678 94.312 93.779 93.037 92.675 92.164 91.426 91.083]

Q6의 결과와 비교하여 불확실성을 고려한 베이지안 최적화 기반 의사결정의 데이터 효율성을 입증할 수 있다.

## 결론

이 장에서는 베이지안 최적화 기반 의사결정의 효율성을 모사된 접착용 에폭시 폴리머 생산 공정에 적용하여 능동 학습을 실제로 진행해 보았고, 이러한 의사결정을 탐욕정책(greedy policy) 기반 의사결정 과정과 성능을 비교하여 불확실성을 고려한 의사결정 과정의 효율성을 몸소 체험해 보는 공부를 하였다.

### 학습 결과

- **학습 내용**
  접착용 에폭시 폴리머 생산 공정을 모사해 보기.
- **학습 결과 확인하기**
  베이지안 최적화 기반 의사결정을 접착용 에폭시 폴리머 공정에 적용해 보기.
- **학습 결과 응용하기**
  베이지안 최적화 기반 의사결정과 탐욕정책 기반 의사결정의 데이터 효율성 비교해 보기.

제 3 장

ARTIFICIAL INTELLIGENCE
FOR CHEMICAL ENGINEERING

# 인공지능 기반 공정 운전 및 최적화

## 1. 천연가스를 사용한 수소 생산 공정 최적화

**학습 내용**

**[문제]** 수소 생산을 위한 수증기 개질 공정 이해

**[방법]** 인공신경망 모델 구축 및 최적화

**[응용]** 인공신경망 기반 수증기 개질 공정 최적 변수 탐색

**[요약]**
- 수증기 개질 공정 개념 및 주요 반응식 설명
- 운전 데이터 기반의 인공신경망 모델 개발
- 예측 모델을 이용한 운전조건 최적화 수행

**[공정설명]** 수증기 개질 공정의 이해

전 세계적으로 다양한 환경 문제에 대응하기 위해서 이산화탄소 등 온실가스 배출을 줄이기 위해 발전 및 수송 산업에서 석탄과 석유 등의 탄화수소 사용을 지양하고 신재생 에너지로의 에너지 전환을 추진하고 있다. 신재생 에너지들 중 수소는 탄소중립을 실현하기 위한 친환경 에너지로서 큰 주목을 받고 있다. 환경과 경제적인 측면에서 수소 경제로 나아가야 한다는 전문가들의 목소리가 커지고 있으나, 수소경제의 실현을 위해서는 수소의 안정적인 생산과 공급을 위한 기반을 먼저 구축하는 것이 선행되어야 한다.

수소 에너지는 생산 방식에 따라 회색(또는 그레이), 청색(또는 블루), 녹색(또는 그린)의 세 가지 색깔로 분류된다. 먼저, 회색 수소는 천연가스와 같은 화석연료를 기반으로 수소를 생산하는 방식은 부산물로 이산화탄소를 함께 배출하는 특징을 갖는다. 현재 생산되고 있는 대부분의 수소는 회색 수소이다. 다음으로, 청색 수소는 회색 수소를 생산하는 공정에서 발생하는 이산화탄소를 포집하고 활용 및 저장하는 기술을 접목한 것을 의미한다. 청색 수소는 회색 수소에 비해 대기 중으로 배출하는 이산화탄소량이 적어 환경적으로 친화적이지만 탄소 배출을 완전히 제거할 수는 없는 한계가 있다. 마지막으로, 녹색 수소는 세 가지 수소 중에 환경적으로 가장 깨끗한 수소를 의미하며 신재생 에너지를 활용한 물의 전기분해 방식을 통해 생산된다. 녹색 수소의 환경적 이점은 가장 크지만 생산 비용과 제한적인 생산량 등을 고려했을 때 아직 실용적이지 않은 한계가 있다.

완전한 탄소중립에 도달하려면 앞으로 오랜 기간 동안에 회색 수소에서 녹색 수소로 점진적

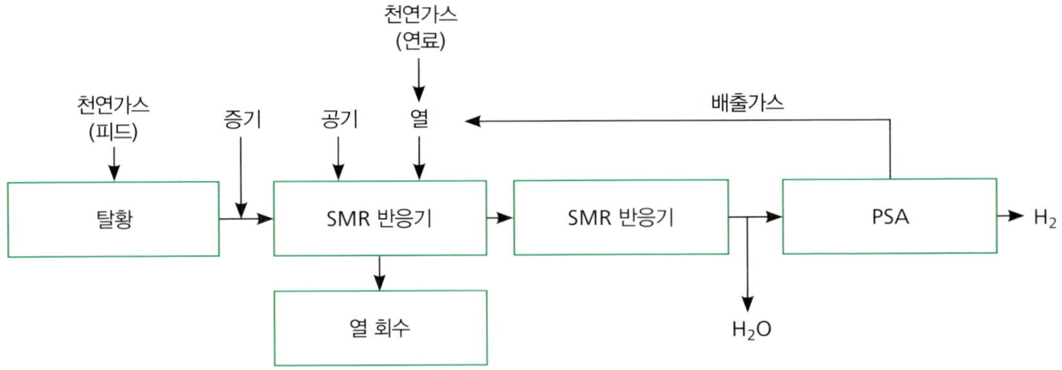


그림 3.1 수증기 개질 공정의 흐름도.

으로 발전해 나가야 한다. 아직까지는 수소를 대량으로 그리고 경제적으로 생산할 수 있는 방법은 탄화수소의 개질(reforming)을 통한 수소 생산 공정이 지배적이다. 따라서 녹색 수소로 전환하는 단계에 앞서 회색 수소 생산 공정의 최적화를 통해 더 경제적이고 친환경적인 공정운전을 수행하는 것이 필요하다.

수증기 개질(Steam Methane Reforming, SMR) 공정은 크게 주요 반응이 이루어지는 SMR 반응기, 황성분을 제거하는 탈황장치(hydrodesulfurization, HDS), 잔존 CO를 $H_2$로 전환하는 전환반응기(shift reactor), 생성된 합성가스로부터 고순도의 수소를 분리하는 압력 스윙 흡착(Pressure Swing Adsorption, PSA) 장치, 열회수를 위한 열교환기(heat exchanger)로 이루어져 있다(그림 3.1).

원료인 천연가스는 한국 전역에 설치되어 있는 천연가스배관 인프라를 통하여 공급된다. 천연가스는 C1~C5의 혼합물로 구성되어 있으며 주성분은 $CH_4$로 약 93%를 차지한다. 천연가스는 일부 황을 포함하고 있는데, 황 성분은 촉매독 역할을 하여 촉매에 큰 악영향을 가하므로 원료 투입 전에 제거되어야 한다. 원료인 천연가스는 약 300°C로 예열되어 CoMo와 ZnO 촉매로 충전된 탈황장치로 투입되고 황 성분이 제거된다. 또한 각종 불순물이 제거된 물은 열교환기를 통하여 180°C 이상으로 승온되어 과열 증기 상태로 공급된다. 결과적으로 황 성분이 제거된 천연가스와 과열 스팀이 섞인 후 약 580°C 의 조건으로 승온되어 SMR 반응기로 투입된다. SMR 반응기에서 다음의 세 가지 주요 반응이 진행되며 수소가 생성된다. 전체적인 SMR 반응은 강한 흡열반응이며 약 700~800°C, 그리고 8 barg 조건에서 반응이 일어난다.

$$CH_4 + H_2O \leftrightarrow CO + 3H_2 \qquad \Delta H^\circ_{298K} = +206 \text{ kJ/mol} \qquad \textbf{(3.1)}$$

$$CO + H_2O \leftrightarrow CO_2 + H_2 \qquad \Delta H^\circ_{298K} = -41.1 \text{ kJ/mol} \qquad \textbf{(3.2)}$$

$$CH_4 + 2H_2O \leftrightarrow CO_2 + 4H_2 \qquad \Delta H^\circ_{298K} = +164.9 \text{ kJ/mol} \qquad \textbf{(3.3)}$$

반응 종료된 합성가스는 CO, $CO_2$, $CH_4$, $H_2$, $H_2O$로 이루어지며 약 750°C 조건으로 SMR 반응기를 빠져나와 후단 공정에 열을 전달한다. 이 합성가스는 180~250°C 조건으로 저온수성가스화(Low Temperature Shift, LTS) 반응기로 투입된다. LTS 반응기에서는 합성가스에 잔존하고 있는 CO를 제거하는 반응이 일어난다. CO는 수소 연료전지에 악영향을 미치기 때문에 최대한 제거하는 것이 좋다. 또한 LTS 반응기에서 CO가 제거되며 추가적인 $H_2$를 생성하는 장점이 있다. LTS 반응을 거치고 나온 흐름은 40°C까지 온도가 낮춰지고, 물이 제거된 합성가스를 순도 99.999%, CO 농도 0.2 ppm 이하의 스펙을 갖는 수소로 분리하기 위해서 PSA 장치에 투입된다.

### [문제]

**투입되는 천연가스, 스팀, 공기의 유량과 PSA 장치의 회수율에 따라서 최종적으로 생성되는 수소의 유량을 계산하고 SMR 공정의 최적운전조건을 구하라.**

- "2. 코드 및 데이터/7-1. SMR process.csv" 데이터를 활용하라.
- 학습 및 평가 데이터는 7:3 비율로 분리하라.
- 민감도 분석은 평균값의 5% 범위 내에서 진행하라.

### [방법] SMR 공정의 인공신경망 모델 구축

**Q1. 데이터를 작업 환경으로 불러 오자. 데이터의 불러오기와 저장하기 등 데이터 작업에 유용한 파이썬 라이브러리는 무엇인가?**

**A1. 일반적으로 데이터는 Excel과 같은 관계형 데이터베이스에 많이 들어 있다. 데이터는 pandas 라이브러리를 이용하여 다음 명령어를 통해 읽어 들인다.**

```
import pandas as pd

data_smr = pd.read_csv(“./smr_process.csv”, header=0)
```

pd.read_csv 함수는 해당 경로의 데이터를 불러와 데이터 프레임 형태로 저장한다. 여기서 "header=0"은 첫 행을 열 이름으로 지정한다는 의미이다.

**Q2. 데이터의 기본 정보를 파악하라. 데이터 샘플 개수, 특성 개수, 각 특성의 타입, 최솟값, 최댓값, 평균값은 어떻게 되는가?**

**A2. head() 사용하여 불러온 데이터의 정보를 확인해 보자.**

```
data_smr.head()
```

| | NG feed | NG fuel | Water | Air | PSA recovery | H2 | Efficiency |
|---|---|---|---|---|---|---|---|
| **0** | 38.07504 | 1.192972 | 128.988119 | 268.8 | 85 | 146.0 | 81.2 |
| **1** | 38.07504 | 1.192972 | 128.988119 | 268.8 | 83 | 142.6 | 79.3 |
| **2** | 38.07504 | 1.192972 | 128.988119 | 268.8 | 81 | 139.2 | 77.4 |
| **3** | 38.07504 | 1.192972 | 128.988119 | 268.8 | 79 | 135.7 | 75.4 |
| **4** | 38.07504 | 1.192972 | 128.988119 | 268.8 | 77 | 132.3 | 73.5 |

각 행은 하나의 데이터 샘플을 나타낸다. head() 괄호 안에 숫자를 입력하면 처음부터 그 숫자

만큼의 행을 보여주고, 기본 값은 5개로 설정되어 있다.

info()는 데이터에 대한 간단한 설명을 나타낸다. 데이터 샘플의 수, 각 특성의 데이터 타입, 결측치 개수 등의 정보를 파악할 수 있다.

```
data_smr.info()
```

```
<class 'pandas.core.frame.DataFrame'>
RangeIndex: 71680 entries, 0 to 71679
Data columns (total 7 columns):
 #   Column       Non-Null Count  Dtype
---  ------       --------------  -----
 0   NG feed      71680 non-null  float64
 1   NG fuel      71680 non-null  float64
 2   Water        71680 non-null  float64
 3   Air          71680 non-null  float64
 4   PSA recovery 71680 non-null  int64
 5   H2           71680 non-null  float64
 6   Efficiency   71680 non-null  float64
```

describe()는 숫자형 데이터의 통계 정보를 보여준다.

```
data_smr.describe()
```

| | NG feed | NG fuel | Water | Air | PSA recovery | H2 | Efficiency |
|---|---|---|---|---|---|---|---|
| **count** | 71680.000000 | 71680.000000 | 71680.000000 | 71680.000000 | 71680.000000 | 71680.000000 | 71680.000000 |
| **mean** | 41.983290 | 1.314562 | 141.598690 | 297.920000 | 78.000000 | 147.247344 | 74.305312 |
| **std** | 2.494594 | 0.079600 | 8.255614 | 18.059583 | 4.582608 | 10.856272 | 4.763979 |
| **min** | 38.075040 | 1.192972 | 128.988119 | 268.800000 | 71.000000 | 122.000000 | 63.500000 |
| **25%** | 39.812040 | 1.253767 | 135.293405 | 282.240000 | 74.500000 | 139.175000 | 70.500000 |
| **50%** | 41.983290 | 1.314562 | 141.598690 | 297.920000 | 78.000000 | 146.950000 | 74.300000 |
| **75%** | 44.154540 | 1.375357 | 147.903975 | 313.600000 | 81.500000 | 155.025000 | 78.100000 |
| **max** | 45.891540 | 1.436152 | 154.209260 | 327.040000 | 85.000000 | 175.500000 | 85.500000 |

Count는 결측치를 제외한 데이터 샘플의 개수, mean, min, max는 각 데이터 특성의 평균값, 최솟값, 최댓값을 나타낸다. Std 행은 값이 퍼져 있는 정도를 측정하는 표준편차이다. 25%, 50%, 75% 행은 백분위수를 나타낸다.

**Q3. 신경망 모델의 학습과 평가를 위해 데이터를 분리하라. 학습 데이터와 평가 데이터의 차이점은 무엇인가?**

**A3. 모델 훈련과 평가를 진행하기 위해서 사이킷런의 train_test_split 함수를 이용하여 훈련 데이터와 평가 데이터를 분리한다. 학습 데이터는 모델 학습을 할 때 사용하는 데이터이며, 평가 데이터는 학습된 모델의 성능을 평가하는 데이터이다. 평가 데이터는 모델의 일반화 오류 정도를 평가하기 위해 마지막에 한 번만 사용되며, 이를 통해 모델의 과적합을 방지할 수 있다.**

```
from sklearn.model_selection import train_test_split

test_ratio = 0.3
random_state = 42
data_train, data_test = train_test_split(data_modeling, test_size = test_ratio,
                                         shuffle=True, random_state=random_state)
```

test_ratio 값은 데이터 샘플들로부터 테스트 데이터셋을 얼마만큼 분리할지를 결정한다. 여기서는 전체의 30%만큼 테스트 데이터셋으로 분리하였다. random_state는 랜덤으로 분리되는 데이터를 다음 시행에서도 동일하게 분리하기 위해(동일한 실험 결과를 얻기 위해서) 고정하는 값으로, 42로 설정되었다.

**Q4. 모델의 입력변수와 출력변수를 정의하고, 스케일러를 이용하여 데이터의 값을 조정하라. 훈련데이터와 평가데이터의 스케일링 시 주의사항은 무엇인가?**

**A4. 모델이 데이터의 정보를 효율적으로 파악하고 학습할 수 있도록 모든 공정 변수의 값을 표준화하는 데이터 스케일링을 진행한다. 데이터 스케일링을 진행하기에 앞서, 스케일러 용이성을 위하여 모델의 입력변수와 출력변수를 구분하여 스케일링을 진행한다.**

```
from sklearn.preprocessing import StandardScaler

var_x = [“NG feed”, “NG fuel”, “Water”, “Air”, “PSA recovery”]
var_y = [“H2”]

scaler_x = StandardScaler()
scaler_y = StandardScaler()

train_x = scaler_x.fit_transform(data_train[var_x])
train_y = scaler_y.fit_transform(data_train[var_y])

test_x = scaler_x.transform(data_test[var_x])
test_y = scaler_y.transform(data_test[var_y])
```

모델의 입력변수는 시스템에 주입되는 천연가스의 원료와 연료, 공기와 물의 유량, PSA 장치에서의 회수율로 설정되었고, 출력변수는 시스템에서 빠져나가는 합성가스의 유량과 그 조성, 그리고 각 장치의 온도로 설정되었다. 스케일러는 표준화를 위한 StandardScaler가 사용되었으며, 모델 훈련 시 테스트 데이터셋의 정보가 반영되지 않도록 훈련 데이터셋에 맞추어 스케일링을 진행한다.

**Q5. 공정 모델링을 위한 인공신경망을 구축하라. 인공신경망 구성 시 필요한 요소들은 무엇인가?**

**A5. 정제된 데이터를 이용하여 SMR 공정을 모델링하기 위해서는 데이터 학습을 위한 인공신경망 구축이 필요하다. 인공신경망 함수는 다음과 같이 정의된다.**

```
from tensorflow import keras
from tensorflow.keras.layers import *

def NeuralNet(num_x, num_y, num_layers, num_neurons, learning_rate):
    model = keras.Sequential()
    model.add(Dense(num_neurons,
                    activation="relu",
                    input_shape=[num_x]))

    for n in range(num_layers-1):
        model.add(Dense(num_neurons,
                        activation="relu"))
    model.add(Dense(num_y))

    optimizer = keras.optimizers.Adam(learning_rate = learning_rate,
                                      beta_1=0.9, beta_2=0.999)
    model.compile(loss='mse', optimizer = optimizer)

    return model
```

인공신경망 함수는 입력변수 개수, 출력변수 개수, 은닉층 개수, 은닉노드 개수, 학습률을 인자로 갖는다. 은닉층과 은닉노드의 개수는 증가할수록 모델 파라미터의 수가 증가하여 더 섬세한 모델링이 가능하지만 오버피팅(overfitting) 문제가 발생할 수 있다. 따라서 문제에 따라 적절한 개수로 설정해 주어야 하며, 일반적으로 하이퍼파라미터 최적화 과정을 통해 결정된다.

다음으로 인공신경망 함수를 이용하여 모델을 만든다.

```
num_x = len(var_x)
num_y = len(var_y)
num_layers = 3
num_neurons = 20
learning_rate = 0.001

nn_model = NeuralNet(num_x, num_y, num_layers, num_neurons, learning_rate)
```

신경망의 구조는 3개의 은닉층, 각 층마다 20개의 뉴런, 0.001의 학습률로 설정하였다. 그리고 학습 종료 조건으로 조기 종료(early stopping) 기법을 사용하였다. 이제 모델을 훈련해 보자. 모델 훈련 시에는 다양한 훈련 조건이 설정된다.

```
training_epoch = 10000
patience = 30
early_stopping_cb = keras.callbacks.EarlyStopping(patience=30,
                                                  restore_best_weights= True,
                                                  monitor='val_loss')
# 모델 저장 경로
import os

def CreateFolder(directory):
    try:
        if not os.path.exists(directory):
            os.makedirs(directory)
    except OSError:
        print ('Error: Creating directory. ' +  directory)

path_save = f'{Path_project}/Model'
model_name = 'nn_model'
CreateFolder(path_save)

# 모델 학습
if not os.path.exists(f"{path_save}/{model_name}"):
    history = nn_model.fit(train_x, train_y,
                       epochs = training_epoch, callbacks=[early_stopping_cb],
                       verbose = 2,
                       validation_data=(test_x, test_y))
# 모델 저장
    nn_model.save(f'{path_save}/{model_name}')

# 모델 불러오기
else:
nn_model = keras.models.load_model(f"{path_save}/{model_name}")
```

```
Epoch 1/1000
1568/1568 - 7s - loss: 0.0384 - val_loss: 0.0011 - 7s/epoch - 5ms/step
Epoch 2/1000
1568/1568 - 3s - loss: 7.8750e-04 - val_loss: 4.0449e-04 - 3s/epoch - 2ms/step
Epoch 3/1000
1568/1568 - 3s - loss: 3.8030e-04 - val_loss: 2.3340e-04 - 3s/epoch - 2ms/step
Epoch 4/1000
1568/1568 - 4s - loss: 2.4263e-04 - val_loss: 1.8069e-04 - 4s/epoch - 2ms/step
Epoch 5/1000
1568/1568 - 4s - loss: 1.6533e-04 - val_loss: 6.3940e-04 - 4s/epoch - 2ms/step
```

조기 종료는 정해진 횟수(tolerance) 동안 검증 데이터에 대한 손실 함수값이 더 이상 줄어들지 않으면 학습을 종료한다. 따라서 정해진 훈련 에포크(training epoch)만큼의 반복이 끝나기 전에 훈련이 조기 종료될 수 있으며, 이 조건은 모델이 훈련 데이터에 과적합(overfitting)되는 문제를 방지할 수 있다.

**Q6. 학습된 모델의 정확도를 평가하라. 평가지표 R2와 RMSE의 차이점에 대해서 설명하라.**

**A6. 훈련이 끝난 모델은 R2와 RMSE 등의 평가지표를 통해 성능을 평가한다. R2과 RMSE 함수는 다음과 같이 설정된다.**

```
import numpy as np

def R_Squared(prediction, actual_value):
    actual_mean = np.mean(actual_value, axis=0)
    SSR = np.sum( (prediction - actual_value)**2 , axis=0)
    RSS = np.sum( (prediction - actual_mean )**2, axis=0 )
    TSS = np.sum( (actual_value - actual_mean )**2, axis=0 )
    r2 = 1 - SSR/TSS

    return r2

def RMSE(prediction, actual_value):
    rmse = np.sqrt(np.mean((prediction - actual_value)**2, axis=0))

    return rmse
```

예측(prediction)은 훈련된 모델에 입력 변수를 입력하였을 때 출력되는 예측값을 나타내고, 실제값(actual value)은 입력 변수값에 해당하는 실제 출력 데이터값을 나타낸다. $R^2$ 지표는 0과 1 사이의 값을 가지며, 1에 가까울수록 예측과 실제가 유사하다는 것을 의미한다. 반면에 RMSE 지표는 예측과 실제의 오차를 나타내는 값으로, 0에 가까울수록 두 값이 일치한다는 것을 의미한다.

```
prediction = pd.DataFrame(scaler_y.inverse_transform(nn_model.predict(test_x)),
                          index=data_test.index,
                          columns=var_y)
actual_value = data_test[var_y]

r2 = R_Squared(prediction, actual_value)
rmse = RMSE(prediction, actual_value)

display(pd.DataFrame([r2, rmse], index=["R2", "RMSE"]))
```

| | H2 |
|---|---|
| **R2** | 0.999995 |
| **RMSE** | 0.024163 |

이 결과는 SMR 공정의 수소생산량에 대한 모델의 예측 성능을 나타낸다.

**Q7. 민감도 분석을 이용하여 공정 모델에 대한 각 입력변수의 영향도를 분석하라.**

**A7. 민감도 분석은 각 입력변수를 평균값의 −5%~+5% 범위에서 변화시키면서 공정의 반응을 관찰한다. 이 분석을 통해 각 변수들의 영향도를 알 수 있다.**

```
x_base = data_smr[var_x].mean()
sensitivity_points = 5

sensitivity_result = SensitivityAnalysis(x_base, sensitivity_points,
                                         nn_model, var_x, var_y, scaler_x, scaler_y)
```

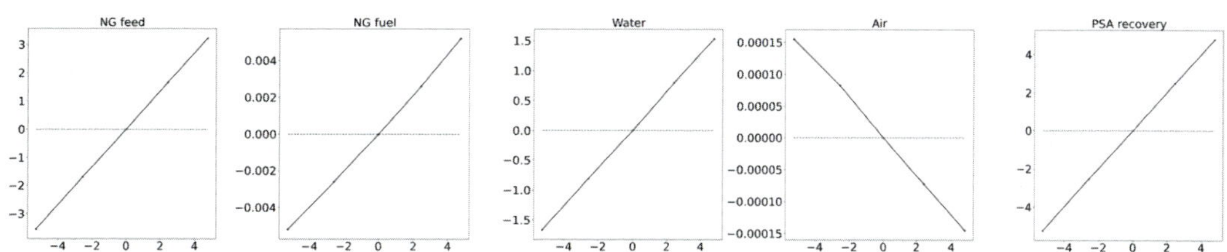


수소 생산량에 대해 3개의 변수(천연가스 원료, 물, PSA 장치의 회수율)가 유의미한 영향도를 나타내고, 2개의 변수(천연가스 연료, 공기)가 미미한 영향도를 나타냈다. 또한, PSA 장치의 회수율, 천연가스 원료, 물, 천연가스 연료, 공기의 순서대로 수소 생산량에 큰 영향력을 갖는다.

### [응용] 인공신경망 기반 최적 공정변수 탐색

**Q8. 학습된 모델을 기반으로 격자탐색법을 이용하여 SMR 공정의 운전 조건을 최적화하라. 최적화하고자 하는 목적함수에 따라서 최적 운전 조건이 어떻게 달라지는가?**

**A8. 앞에서 구축된 인공신경망 모델의 빠른 계산 속도를 활용하여 최적의 운전조건을 탐색한다. 운전조건은 수집된 데이터에서 각 변수의 최솟값과 최댓값 사이에서 탐색하며, 이 범위를 탐색공간이라고 정의한다.**

```
data = data_smr
data.describe().loc[['min', 'mean', 'max']]
```

| | NG feed | NG fuel | Water | Air | PSA recovery | H2 | Efficiency |
|---|---|---|---|---|---|---|---|
| **min** | 38.07504 | 1.192972 | 128.988119 | 268.80 | 71.0 | 122.000000 | 63.500000 |
| **mean** | 41.98329 | 1.314562 | 141.598690 | 297.92 | 78.0 | 147.247344 | 74.305312 |
| **max** | 45.89154 | 1.436152 | 154.209260 | 327.04 | 85.0 | 175.500000 | 85.500000 |

최적 조건을 찾기 위한 알고리즘으로 격자탐색법(grid search)을 사용하였다. 격자탐색법은 탐색공간 내에서 격자점을 생성하여 모든 격자점에서의 목적함수 값을 확인하며 최적 해를 탐색

하는 방법으로, 간단하고 빠르지만 탐색공간이 커지거나 결정 변수의 개수가 많아질수록 계산비용이 크게 증가하는 특징이 있다.

```
bins = 11

gridsearch_result = GridSearch(data, bins, nn_model, var_x, var_y, scaler_x, scaler_y)
```

```
161051 grids are generated
```

5개 입력변수마다 11개의 격자점을 조합하여 총 161,051개의 운전조건을 생성하여 최적의 조건을 탐색하였다. 생성된 운전조건들에 대해서 수소 생산량을 계산하고, 내림차순으로 정렬함으로써 수소 생산량이 최대가 되는 운전조건을 찾을 수 있다.

```
objective_y = “H2”
Optimization(gridsearch_result, var_x, objective_y)
```

```
Optimal operating condition
NG feed 45.891540
NG fuel 1.436152
Water 154.209260
Air 327.040000
PSA recovery 85.000000
Name: 161050, dtype: float64

Optimal value
H2 175.471405
Efficiency 80.250592
Name: 161050, dtype: float64
```

수소 생산량이 최대가 되는 최적 운전조건을 탐색한 결과, 모든 입력변수의 값이 최대일 때 수소가 가장 많이 생산되었다. 한편, 수소 생산량을 바탕으로 SMR 공정의 열효율을 계산할 수 있다. 공정의 열효율은 다음과 같이 정의된다.

$$\text{Maximize } \eta = \frac{F_{\mathrm{H_2}} \times LHV_{\mathrm{H_2}}}{(F_{\mathrm{NG,feed}} + F_{\mathrm{NG,fuel}}) + LHV_{\mathrm{NG}}} \quad \textbf{(3.4)}$$

투입되는 원료 및 연료의 양을 고려했을 때, 수소를 효율적으로 생산하기 위해서는 공정 열효율을 높이는 것이 중요하다.

```
objective_y = “Efficiency”
Optimization(gridsearch_result, var_x, objective_y)
```

```
Optimal operating condition
NG feed 38.075040
NG fuel 1.192972
Water 154.209260
Air 268.800000
PSA recovery 85.000000
Name: 1220, dtype: float64

Optimal value
H2 153.888657
Efficiency 84.825204
Name: 1220, dtype: float64
```

공정 열효율이 최대가 되는 운전조건을 탐색한 결과, 천연가스의 원료 및 연료, 공기의 유량은 줄고, 물과 PSA 장치의 회수율은 증가하였다. 이와 같이 격자탐색법을 이용하여 격자점을 한번 생성하고 나면, 원하는 목적함수에 맞는 최적의 운전조건을 빠르게 탐색할 수 있다.

## 결론

이 장에서는 수소 생산을 위한 수증기 개질 공정을 인공신경망 기법을 이용하여 모델링하고, 최적의 운전조건을 탐색하였다. 문제 해결 과정에서 개발된 모델의 신뢰성 및 타당성을 검증하고, 민감도 분석을 통해 예측 변수에 가장 영향력 있는 입력 변수를 분석하였다. 그 다음, 인공신경망을 기반으로 격자탐색법을 이용하여 탐색공간 내에서 SMR 공정의 운전조건을 최적화하였다. 수소 생산량을 최대화하는 경우와 공정 열효율을 최대화하는 경우의 최적 운전조건이 다르게 나타났으며, 목적에 따라 공정의 운전조건을 적절하게 바꿔 주어야 한다는 것을 이해하였다. 이와 같이 인공신경망 모델과 격자탐색법을 공정 최적화에 적용하면 다양한 목적함수에 대해 신속하고 정확하게 최적의 해답을 얻을 수 있다.

### 학습 결과

- **학습 내용**
  공정 운전 조건 최적화를 위한 신경망 모델 구축 및 최적화 적용 방법 익히기.
- **학습 결과 확인하기**
  민감도 분석을 통한 주요 변수 확인하기 및 목적함수에 따른 최적화 결과 분석하기.
- **학습 결과 응용하기**
  수학적으로 표현하기 어려운 시스템을 대리 모델 구축과 기울기를 사용하지 않는 최적화를 이용하여 효율적으로 최적화하기.

## 2. 친환경적 폭발성 폐기물 처리 공정 운전 최적화

**학습 내용**

[문제] 폭발성 폐기물 처리 공정의 이해
[방법] 폭발성 폐기물 처리 공정의 대리 모델(surrogate model) 구축
[응용] 대리 모델의 최적 운전 조건 도출
[요약] • 폭발성 폐기물 공정에 대한 이해
• 대상 시스템의 입력과 응답의 관계를 인공신경망으로 모사
• 기울기 정보를 사용하지 않는 최적화를 수행하여 최적 조건 도출

### [공정 설명] 폭발성 폐기물 처리 공정의 이해

화학 반응을 이용한 군용 무기 제작 시 2-methyl-1,3,5-trinitrobenzene (TNT)와 같은 폭발성 물질들이 다량 사용되며 그 결과 많은 양의 폭발성 폐기물이 배출된다. 이러한 폐기물은 영구적으로 보관될 수 없으며, 안전을 고려하여 조속히 폐기되어야 한다. 일반적으로 폭발성 폐기물 처리를 위해 open detonation 방식과 open burning 방식을 사용하지만 이들은 많은 양의 폐기물을 처리할 수 없을 뿐만 아니라 다량의 질소산화물(Nitrogen Oxides, NOx) 발생을 동반하여 환경적으로도 한계를 지닌다.

이러한 한계를 극복하고자 고온 가스를 이용한 로터리 킬른(Rotary kiln) 반응기 기반의 소각 공정에 대한 논의가 이루어져 왔다. 소각 공정은 많은 양의 폐기물을 연속적으로 처리할 수 있고

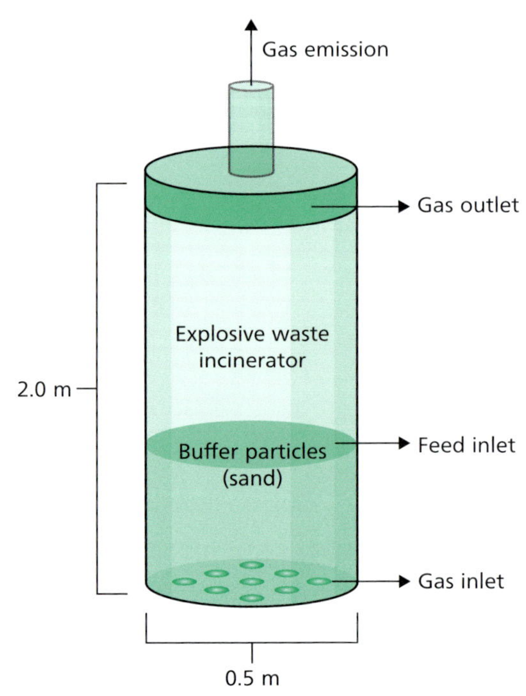


그림 3.2 폭발성 폐기물 처리를 위한 유동층 반응기 구조.

기존 방법에 비하여 NOx 배출량을 90% 이상 줄일 수 있다는 장점이 있다. 하지만 로터리 킬른 반응기는 반응기 내부 온도 조절이 불가능하며, 이로 인해 반응기 내부에서 온도가 급격히 증가하는 핫스팟(hot spot)과 그로 인한 NOx 배출량 증가 시 대처가 어렵다는 단점을 지닌다. 유동층 반응기(fluidized bed reactor)는 로터리 킬른 반응기에 비하여 반응기 내부 온도 조절이 용이하기 때문에 핫스팟 발생을 억제할 수 있고, 결과적으로 NOx 배출량도 대폭 감소시킬 수 있다.

폭발성 폐기물을 다루는 공정의 특성상 실제 실험 전에 반응기 내부 유동의 정확한 모사가 필수적이다. Computational Fluid Dynamics (CFD)는 식 (3.5), (3.6)의 Navier-Stokes 방정식 등을 기반으로 유체의 복잡한 전달 현상(transport phenomena)을 정확하게 모사할 수 있는 전산모사 방법이다.

$$\frac{\partial \theta_f \rho_f}{\partial t} + \nabla\cdot(\theta_f \rho_f \boldsymbol{u}_f) = \delta \dot{m}_p \tag{3.5}$$

$$\frac{\partial (\theta_f \rho_f \boldsymbol{u}_f)}{\partial t} + \nabla\cdot(\theta_f \rho_f \boldsymbol{u}_f \boldsymbol{u}_f) = -\nabla p + F + \theta_f \rho_f \boldsymbol{g} + \nabla\cdot(\theta_f \boldsymbol{\tau}_f) \tag{3.6}$$

CFD는 높은 정확도를 보이지만 많은 계산을 필요로 한다. CFD를 이용하여 최적화를 수행하는 경우, 계산량 감축을 위해 일반적으로 각 변수를 특정 범위 내에서 임의의 간격으로 분할하여 부분집합을 생성함으로써 수행한다. 하지만 이러한 접근법은 국부해(local optimum)로 수렴되어 전역해(global optimum)를 구하지 못할 가능성이 높다. 계산량 감축과 전역해 도달을 위한 한 가지 대안으로, 실제 함수(underlying function)를 모사하는 대리 모델(surrogate model)을 생성하고, 이를 통해 최적화를 수행하는 방법이 있다. 대리 모델은 많은 반복 계산을 필요로 하는 최적화 과정에서, 계산량을 대폭 감축시킴으로써 빠른 연산을 가능하게 한다.

최적화는 크게 기울기 기반 방법(derivative-based optimization)과 기울기를 사용하지 않는 방법(derivative-free optimization)이 있다. 기울기 기반 방법은 수렴 속도가 빠른 반면에 국부해로 수렴될 가능성이 높으며, 이로 인해 많은 경우 유전 알고리즘(genetic algorithm) 등의 기울기를 사용하지 않는 방법이 선호된다.

이 장에서는 CFD 시뮬레이션 데이터를 통해 인공신경망 대리 모델을 구축하고 기울기를 사용하지 않는 최적화 방식을 사용하여 효율적인 최적화를 수행하는 것을 목적으로 한다.

### [문제]

**온도, 압력, 가스 유입 속도 등 반응기 운전 조건과 유입되는 입자의 조성, 입자의 크기 등 원료 조건이 질소산화물 배출에 미치는 영향을 나타내는 인공신경망 모델을 구축하고 메타휴리스틱(Metaheuristics) 최적화 방법을 적용하여 질소산화물 배출량을 최소로 하는 운전조건을 규명하자.**

- MATLAB의 Statistic and Machine Learning Toolbox를 이용하자.
- 표준화된 데이터 'RawX.xlsx'과 'RawY.xlsx'를 이용하자.
  * 데이터는 보안 문제로 인하여 표준화된 형태로 제공됨.

| | | |
|---|---|---|
| RawX | 400x5 double | double |
| Response | 400x1 double | double |

그림 3.3 변수가 선언된 workspace.

[방법] 폭발성 폐기물 처리 공정의 인공신경망 모델 구축

**Q1.** 관련 라이브러리를 설치하고 데이터를 작업 환경으로 입력.

**A1.** MATLAB을 사용하는 경우에 Statistics and Machine Learning Toolbox를 설치해야 한다. 해당 Toolbox를 사용하여 간편하게 인공신경망을 구축하고 최적화를 수행할 수 있다.

xlsread를 통해 해당 경로에 있는 엑셀 파일을 불러올 수 있다.

```
RawX = xlsread('RawX.xlsx');
Response = xlsread('RawY.xlsx');
```

RawX는 xlsread를 통해 해당 경로에 있는 엑셀 파일을 불러올 수 있으며, 그림 3.3과 같이 workspace에 두 변수 double 형태로 만들어진다.

**Q2.** 제공된 데이터를 표준화하라.

**A2.** 질소산화물 배출에 영향을 미치는 다섯 파라미터를 표준화하여 모델의 정확도를 향상시킬 수 있다. RawX(:, 1)은 배열 RawX을 인덱싱하는 것이다. x1에 RawX 중 첫 번째 열(column)에 있는 모든 값을 할당한다.

모든 파라미터를 0부터 1 사이의 값으로 변환시키기 위하여 각 파라미터의 최댓값과 최솟값을 정의하면 Std_x1과 같이 표준화된 파라미터가 생성된다.

*데이터 보안상 실제 수치는 다를 수 있다.

표준화를 마친 다섯 변수 Std_x1, Std_x2, … , Std_x5를 학습에 사용하기 위하여 다시 결합하여 StdX라는 배열을 생성한다.

```
x1 = RawX(:, 1); %배열 인덱싱
x2 = RawX(:, 2);
x3 = RawX(:, 3);
x4 = RawX(:, 4);
x5 = RawX(:, 5);
min_x1 = k1; % 각 파라미터 최댓값 및 최솟값 설정
max_x2 = k2;
Std_x1 = (x1-min_x1)/(max_x1-min_x1); %표준화
Std_x2 = (x2-min_x2)/(max_x2-min_x2);
Std_x3 = (x3-min_x3)/(max_x3-min_x3);
Std_x4 = (x4-min_x4)/(max_x4-min_x4);
Std_x5 = (x5-min_x5)/(max_x5-min_x5);
```

| | | |
|---|---|---|
| RawX | *400x5 double* | double |
| Response | *400x1 double* | double |
| Std_x1 | *400x1 double* | double |
| Std_x2 | *400x1 double* | double |
| Std_x3 | *400x1 double* | double |
| Std_x4 | *400x1 double* | double |
| Std_x5 | *400x1 double* | double |
| StdX | *400x5 double* | double |
| x1 | *400x1 double* | double |
| x2 | *400x1 double* | double |
| x3 | *400x1 double* | double |
| x4 | *400x1 double* | double |
| x5 | *400x1 double* | double |

그림 3.4 전처리 이후 변수가 저장된 workspace.

```
StdX = [Std_x1, Std_x2, Std_x3, Std_x4, Std_x5]; %데이터 결합
```

**Q3. 인공신경망 구조를 설정하라.**

**A3.** 인공신경망에 사용하는 데이터는 열(column)을 기준으로 한다. 따라서 표준화된 데이터를 전치하여 데이터 형태를 맞춘다. Training function은 경사하강법 등 여러 가지를 사용할 수 있지만 일반적으로 다른 방법에 비하여 비교적 빠르게 수렴하는 Levenberg-Marquardt 방법을 사용한다. 은닉층의 노드(node) 개수는 hiddenLayerSize로 정의하는데 은닉층(hidden layer)이 한 층인 경우는 아래와 같이 선언하며 여러 층인 경우는 [10, 5, 4]와 같이 행벡터(Row vector)로 표현한다. net = fitnet(hiddenLayerSize,trainFcn)은 은닉노드의 크기가 hiddenLayerSize이고 trainFcn을 training function으로 하는 신경망 구조를 생성한다. 전체 데이터 중 학습 데이터를 70%, 검증데이터를 15%, 평가데이터를 15%로 설정하였다. 학습을 진행할 최대 epochs를 1500으로 설정하였으며 학습은 최대 100초 동안 진행한다.

*net에 대한 자세한 설명은 MATLAB Command window에 net을 입력하면 볼 수 있다.

```
x = StdX' ; %데이터 구조 변환
t = Response' ;  %데이터 구조 변환

trainFcn = 'trainlm'; %Training function 설정

hiddenLayerSize = 10; %은닉층 노드(hidden node) 설정
net = fitnet(hiddenLayerSize,trainFcn); %신경망 생성

net.divideParam.trainRatio = 70/100; %학습 데이터 비율 설정
net.divideParam.valRatio = 15/100; %검증데이터 비율 설정
net.divideParam.testRatio = 15/100; %평가데이터 비율 설정

net.trainParam.epochs = 1500; %학습할 최대 Epoch 횟수 설정 (default : 1000)
net.trainParam.time = 100; %학습할 최대 시간 설정(단위: 초) (default : inf)
```

위 단계를 수행하면 workspace에 class가 network인 net이 생성된다.

**Q4.** 인공신경망을 학습해 보자.

**A4.** Train 커맨드를 사용해서 신경망을 훈련시키며 train(net, x, t)와 같이 사전에 선언한 신경망 구조와 입력과 응답을 입력한다. gsubtract 커맨드를 통해 실제 응답(t)과 신경망 응답(y)의 차이를 구하고, perform 커맨드를 통해 신경망 성능을 정량화한다. net과 훈련 기록을 반환하며, workspace에 class가 struct인 훈련 기록 tr이 저장된다(그림 3.5). view 커맨드는 직접 구성한 신경망 구조를 확인할 수 있다(그림 3.6). Parity plot을 통해서 인공신경망의 성능과 오버피팅(overfitting) 여부를 확인한다(그림 3.7).

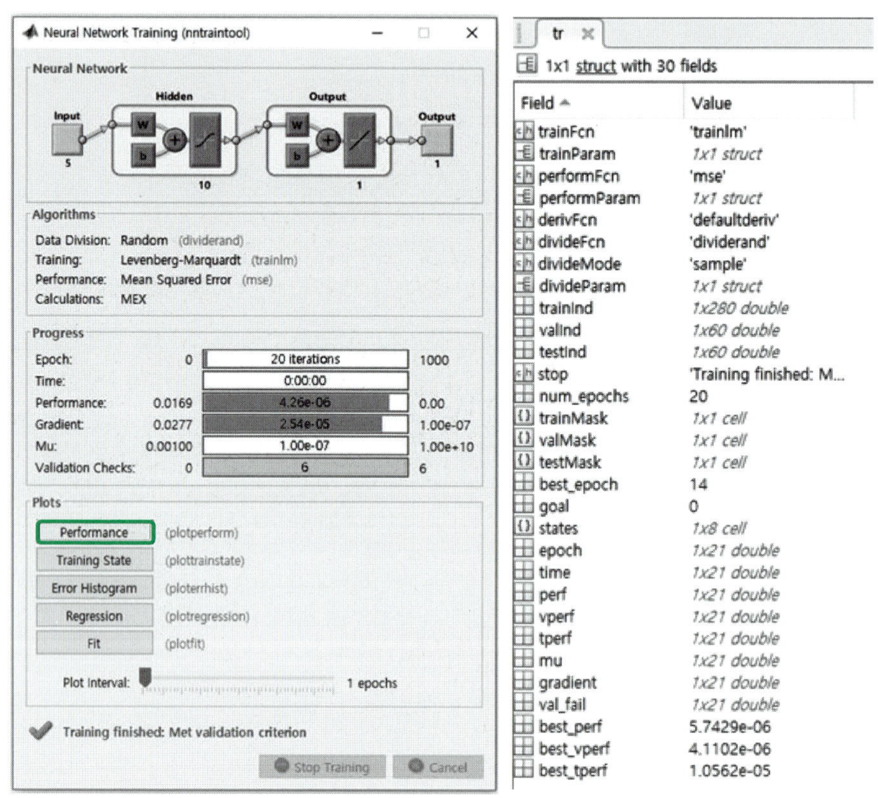


**그림 3.5** 훈련 결과(좌)와 훈련 기록(우).

```
[net,tr] = train(net,x,t); %신경망 훈련 및 net, tr(훈련 기록) 반환

y = net(x);
e = gsubtract(t,y); %두 배열 또는 셀의 성분의 차를 구함
performance = perform(net,t,y); %신경망 성능을 계산함

view(net) %신경망 구조 반환
```

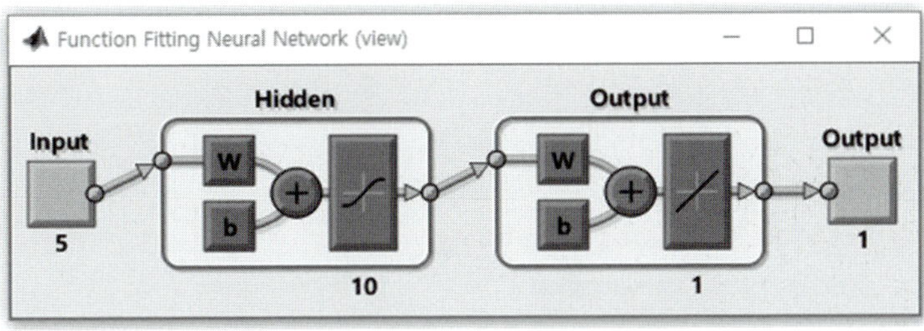


그림 3.6 신경망 구조.

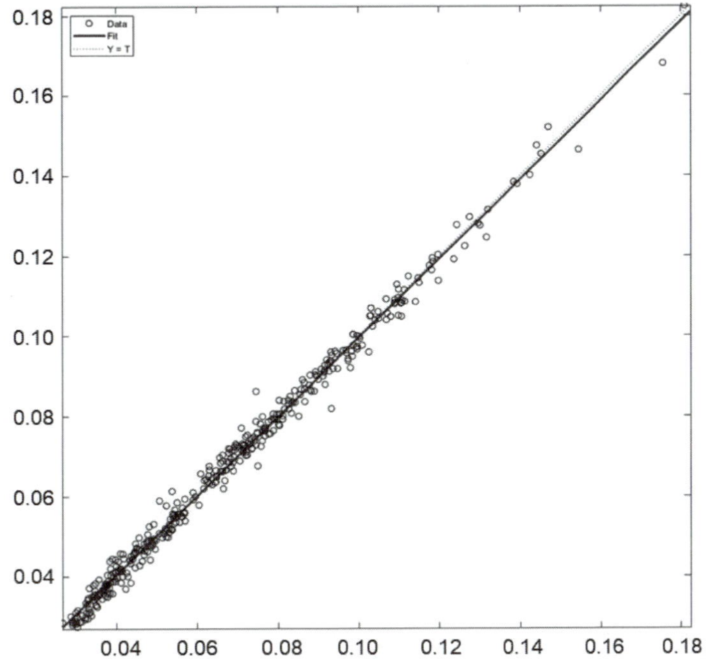


그림 3.7 Parity plot을 통한 모델 결과 확인.

**Q5.** 인공신경망을 최적화에 사용하기 위하여 함수로 불러 오자.

**A5.** genFunction을 통해서 학습한 신경망인 net을 함수 형태로 저장할 수 있다. NNfunction.m 이라는 파일이 MATALB 경로에 생성된다. MATLAB은 이처럼 m파일('-.m' 형태의 파일)을 함수처럼 사용할 수 있는 기능을 제공한다. fun = @(x) NNfunction(x)는 NNfunction이라는 함수를 x에 대한 함수 fun으로 선언하는 것을 의미한다. 이때, @(x)는 NNfunction이 x, y, z에 대한 함수인 경우에도 x만을 변수로 한다. Function handle 성능 확인을 위해 x의 첫 번째 열을 인덱싱한 후 fun의 응답을 확인하고 이를 y와 비교한다.

인공신경망 함수를 최적화의 목적 함수로 사용하기 위하여 형태를 변형시켜야 한다. 먼저, genFunction은 함수를 셀(cell)형으로 반환하기 때문에 계산된 값이 스칼라가 아닌 셀 형태로 반환된다. 스칼라로 목적 함수를 반환받기 위하여 'MatrixOnly'를 'Yes'로 선언한다. 다음으로, 데이터 입력 형태에 관한 변환이다. 현재 열을 기준으로 학습되어 있는 인공신경망을 최적화에 사용하기 위하여 행으로 변환해야 한다. 따라서 NNfunction의 인수를 전치하여 입력한다.

```
genFunction(net,'NNfunction', 'MatrixOnly', 'yes'); %학습된 신경망 코드 생성
fun = @(x) NNfunction(x'); %신경망 구조를 갖는 함수 생성(function handle)

[Command Window]
>> y1 = fun(x(:, 1)) %function handle 결과 확인
ans = 0.0495
```

**[응용] 메타휴리스틱 방법을 통한 최적 조건 규명**

대상 함수의 기울기 정보를 사용하는 최적화는 기울기 정보가 정확하고 얻기 쉬운 경우에는 최적해를 빠르게 얻을 수 있다. 하지만 실제로 기울기에 대한 정보를 얻을 수 있는 경우는 제한적이며, 이에 대한 신뢰도를 보장할 수 없다. 이러한 한계는 기울기 정보를 사용하지 않는 derivative-free optimization (DFO)을 통해 극복할 수 있다. 유전알고리즘(genetic algorithm)은 메타휴리스틱 최적화 방법 중 가장 널리 사용되는 방법으로 변이(mutation), 교배(crossover) 등을 기반으로 최적화를 진행한다.

```
Numvar = 5; %입력 파라미터 개수
lowerbound = [0 0 0 0 0]; %각 변수의 최솟값
Upperbound = [1 1 1 1 1]; %각 변수의 최댓값

opts = optimoptions(@ga, 'PlotFcn',{@gaplotbestf}); %최적화 옵션
[x,fval,exitFlag,Output] = ga(fun,Numvar,[],[],[],[],lowerbound,Upperbound,[], opts);
```

최적화 옵션을 통해 다양한 파라미터를 설정할 수 있으며 그림 3.8과 같이 최적화가 수행되는 과정을 도식화할 수 있다. 최적화 결과 질소산화물의 최솟값은 0.0224로 구해지며 그때의 운전조건은 다음과 같다.

$$X_1 = 0.3265, \quad X_2 = 0.5875, \quad X_3 = 0.9184, \quad X_4 = 0.4934, \quad X_5 = 0.5915$$

하지만 이처럼 유전 알고리즘과 같은 DFO 알고리즘을 통해 얻은 해를 전역 최적해(global optimal)라고 보장할 수 없으며, 다양한 알고리즘을 적용하여 최대 혹은 최솟값을 도출하는 알고리즘의 해를 선택한다.

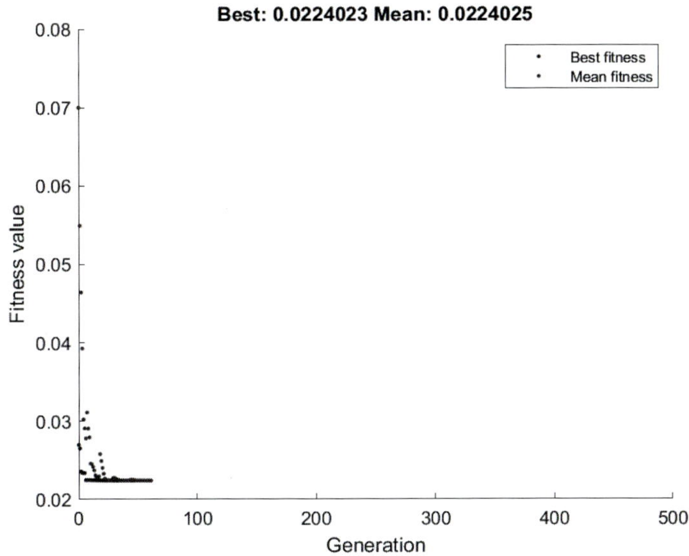


그림 3.8 유전알고리즘 수행 과정.

## 결론

공학 분야에서 대상으로 하는 대부분의 공정은 입·출력 변수들 간의 관계가 매우 복잡하여, 시스템의 응답을 정확하게 예측하고 최적화하는 어려움이 있다. 이 장에서는 폭발성 폐기물을 처리하는 공정에서 발생하는 질소산화물 저감을 목적으로, 인공신경망 기반의 대리 모델을 구축하고, 기울기 정보를 사용하지 않는 최적화 기법을 통해 최적화함으로써, 최적의 운전 조건 및 원료 조건을 도출하였다.

### 학습 결과

- **학습 내용**

  공정 운전 조건 최적화를 위한 신경망 대리 모델 구축 및 최적화 적용 방법 익히기.

- **학습 결과 확인하기**

  신경망을 통한 시스템 모사 방법 및 파라미터 변경 방법, 최적화 진행 과정 분석하기.

- **학습 결과 응용하기**

  수학적으로 표현하기 어려운 시스템을 대리 모델 구축과 기울기를 사용하지 않는 최적화를 이용하여 효율적으로 최적화하기.

화공인공지능

# 제4장 인공지능 기반 공정 제어

ARTIFICIAL INTELLIGENCE
FOR CHEMICAL ENGINEERING

## 1. PID 제어 시스템을 이용한 공정제어

**학습 내용**

[문제] PID 제어 시스템의 이해
[방법] PID 제어 시스템의 조율
[응용] 딥러닝을 적용한 PID 제어 시스템의 조율
[요약] • PID 제어 시스템의 이해
• 기존 PID 제어 시스템의 조율 방법
• 딥러닝을 이용한 PID 제어 시스템의 조율

### [이론] PID 제어 시스템

#### 1) 공정제어의 개요

공정제어(process control)란 온도, 압력, 유량 등 공정의 상태를 측정하여, 해당 상태가 우리가 원하는 조건으로 도달될 수 있도록 공정의 변수를 조작하는 행위를 일컫는다. 제어 시스템은 제어기를 중심으로, 제어기가 조절하는 조작 변수(Manipulated Variable, MV), 제어기가 제어하고자 하는 대상이 되는 제어 변수(Controlled Variable, CV), 도달하고자 하는 설정 변수(목표값, Set Variable, SV), 제어 변수에 영향을 미치나 제어기가 조작할 수 없는 외란 변수(Disturbance Variable, DV)로 구성된다. 그림 4.1에 보인 바와 같이 제어기는 센서를 이용하여 공정의 상태인 제어 변수 값을 측정한 후, 이를 설정 변수와 비교하여 그 차이가 최소화되도록 조작 변수의 값을 결정한다.

#### 2) PID 제어의 이해

PID 제어는 산업계에서 가장 널리 이용되는 제어기법으로, 계산량이 적고 그 적용이 쉽다는 장점이 있다. PID 제어는 P 제어(Proportional Control, 비례 제어), I 제어(Integral Control, 적분 제어), D 제어(Derivative Control, 미분 제어)로 구성된다.

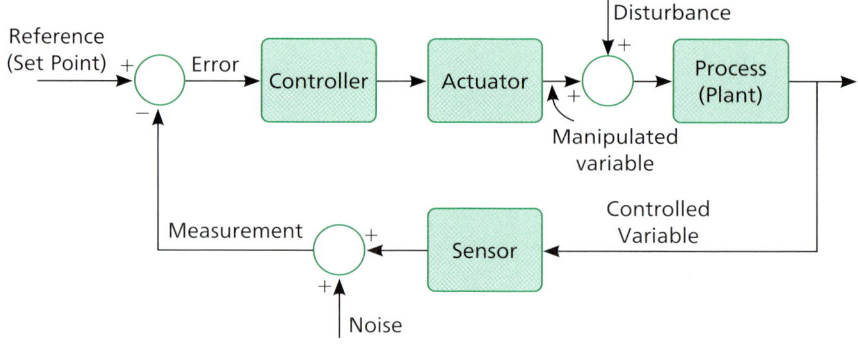


그림 4.1 피드백 제어 시스템의 블록 흐름도 예시.

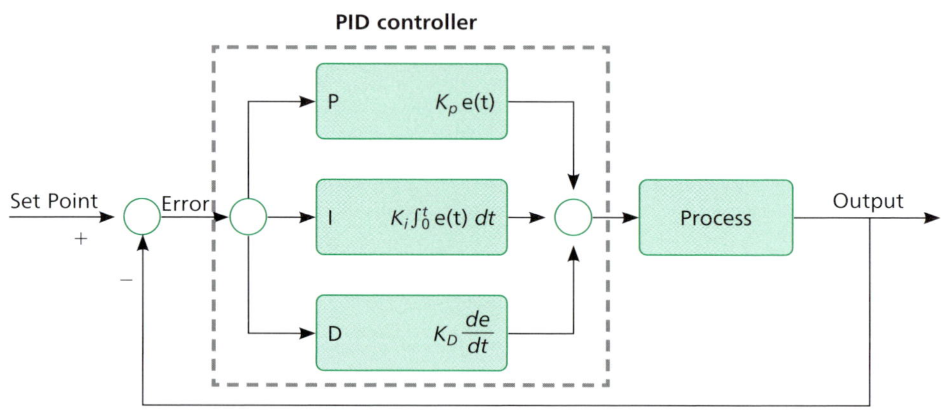


그림 4.2 PID 제어 시스템의 블록 흐름도.

P 제어는 현 시점의 제어오차에 비례하는 제어동작을 취한다. P 제어는 계산이 간단하여 응답이 빠르다는 장점이 있으나, 잔류오차(offset)가 발생한다는 단점이 있다. 여기에서 잔류오차란 시간의 흐름에 따라 설정 변수와 제어 변수의 차이가 감소하지 않고 유지된 채 지속되는 오차를 가리킨다. P 제어의 조율 변수는 $K_p$ 또는 $K_c$(controller gain)로 나타낸다.

I 제어는 시간의 흐름에 따라 계속해서 제어오차를 누적하고, 누적된 제어오차에 비례하여 제어동작을 산출한다. 이러한 제어오차의 누적과 이를 통한 제어동작은 제어오차가 0이 될 때까지 지속되므로, P 제어의 단점인 잔류오차 문제를 해결할 수 있다. 다만 I 제어의 경우 충분한 제어오차가 누적되어야 큰 제어동작을 산출하므로, 제어 응답이 느리다는 단점을 지닌다. I 제어의 조율 변수는 $K_i$ (= $K_c$ / $T_i$)로 나타낸다.

D 제어는 제어오차의 기울기에 비례하는 제어동작을 산출한다. D 제어는 P 제어와 마찬가지로 잔류오차를 발생시키며, 미분(즉, 제어오차의 기울기)에 기반하여 제어 동작을 산출하므로, 높은 주파수를 갖는 노이즈에 민감하다는 단점을 지닌다. 일반적으로 D 제어는 그 특성상 P 제어나 I 제어와 달리 단독으로 사용하지 않는다. D 제어의 조율 변수는 $K_d$ (=$K_c$ *$T_d$)로 나타낸다.

### 3) 인공지능 기반의 PID 제어

PID 제어는 비례 이득, 적분 시간, 미분 시간으로 구성된 조율 인자에 따라 그 성능이 결정된다. 오랜 기간 동안 이러한 PID 제어의 최적 조율 인자 값을 결정하기 위한 많은 방법들이 제안되었으나, 그 적용 과정이 복잡하고 많은 시행착오 과정을 동반하여 널리 적용되지 않고 있다. 이 장에서는 인공지능 학습을 통해 PID 제어 시스템을 조율하고자 한다.

**[문제]**

수조에 찬 물의 수위를 PID 제어 시스템을 통해 제어하고자 한다. 관련 데이터는 'matplotlib.pyplot'를 불러와 이용할 때, PID 제어 시스템에 딥러닝을 적용해 PID 제어 시스템의 조율 인자 $K_p$, $K_i$, $K_d$를 조율하라. 반복 계산 횟수는 100,000번으로 하고, 절댓값 오차를 사용한다. 초기의 조건은 $K_P = 1.0$, $K_i = 0.5$, $K_d = 0.5$이고, 오차축적 횟수는 100, 학습률(learning rate)은 0.001, 초기 오차는 10이다.

**[방법]** PID 제어 시스템의 조율

**Q1.** PID 제어 시스템의 조율 방법 중 가장 대표적인 지글러-니콜스 조율(Ziegler-Nichols tuning) 방법에 대해 설명하라.

**A1.** 지글러-니콜스 조율은 1942년 Ziegler와 Nichols에 의해 제안된 방법 중 하나로, 경계안정 상태의 특성에 근거한 제어기 조율 방법 중 하나이다. 지글러-니콜스 조율은 먼저 I 제어와 D 제어를 끄고 P 제어기만 켠 상태 또는 $T_i$에 무한에 가까운 수를 넣고, $T_d$에는 0을 입력한 상태에서 진행한다. 이 상태에서 그림 4.4와 같이 공정 출력에 지속적인 진동 현상이 나타날 때까지 $K_c$를 작은 값에서부터 서서히 증가시킨다.

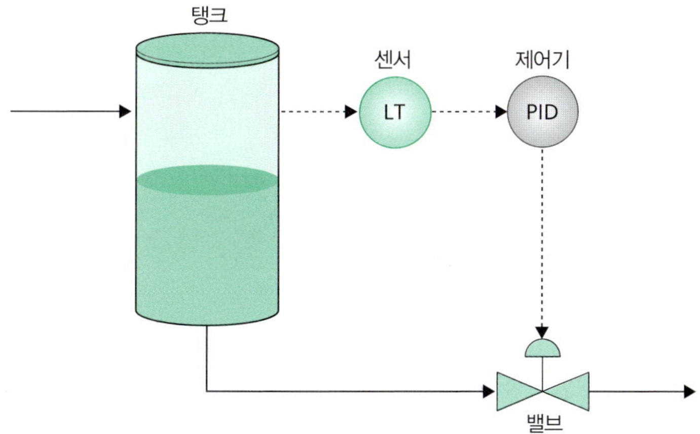


그림 4.3 문제 요약.

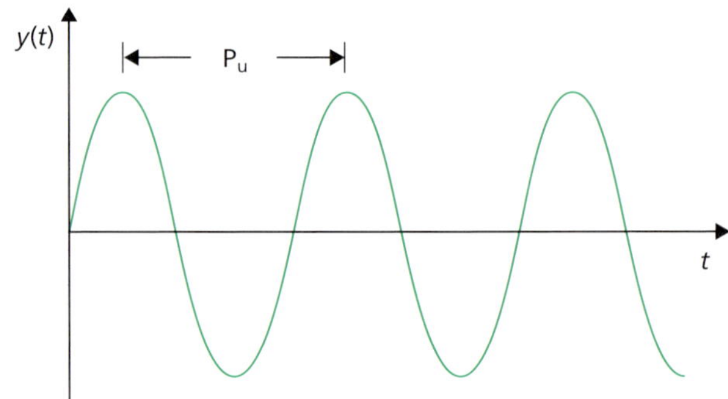


그림 4.4 공정 출력의 지속적인 진동 현상.

$K_c$가 작을 때에는 목표값에 수렴하다가 $K_c$가 점점 커지면서 오차에 민감해지기 때문에 규칙적인 진동이 관측되기 시작한다. 만약 이보다 $K_c$가 더 커지면 공정 출력은 발산한다. 규칙적인 진동의 주기를 $P_u$(ultimate period)라고 하며, 이때의 $K_c$는 $K_{cu}$(ultimate controller gain)라고 한다. 마지막으로, $K_{cu}$을 표 4.1에 제시된 표에 대입하여 제어 시스템을 조율한다.

**Q2. 또 다른 PID 제어 시스템 조율 방법인 1차 시간지연(first-order plus dead time) 모델의 전제 조건은 무엇이며, 조율하는 방법을 설명하라.**

**A2. 1차 시간지연 모델은 식 (4.1)과 같이 나타낼 수 있다. 식 (4.1)은 시간 $t$를 라플라스 변환하여 나타낸 식이다.**

$$y(s) = \frac{K_p e^{-ds}}{\tau s + 1} u(s) \tag{4.1}$$

식 (4.1)에서 $d$와 $\tau$는 그림 4.5를 통해 알 수 있다. $d$는 지연 시간(dead time)으로, 제어기를 통해 제어출력이 나올 때까지의 시간을 의미한다. 실제 공정에서는 대부분 2차 함수와 같은 모습이 나타나는데, 이 경우 변곡점에서 접선을 그린 후 0초부터 $x$축과 만나는 점까지의 시간을 지연 시간으로 정의한다. $\tau$는 시정수를 의미하며 제어 출력이 정상 상태의 제어 출력의 63.2%인 지점의 시간을 말한다.

**표 4.1** 제어 시스템의 지글러–니콜스 조율 값

| Ziegler-Nochols method[1] | | | |
|---|---|---|---|
| **Control Type** | **$K_p$** | **$T_i$** | **$T_d$** |
| P | $0.5K_{cu}$ | - | - |
| PI | $0.45K_{cu}$ | $P_u/1.2$ | - |
| PD | $0.8K_{cu}$ | | $P_u/8$ |
| Classic PID[2] | $0.60K_{cu}$ | $P_u/2$ | $P_u/8$ |
| Pessen Integral Rule[2] | $0.7K_{cu}$ | $P_u/2.5$ | $3P_u/20$ |
| Some Overshoot[2] | $0.33K_{cu}$ | $P_u/2$ | $P_u/3$ |
| No Overshoot[2] | $0.2K_{cu}$ | $P_u/2$ | $P_u/3$ |

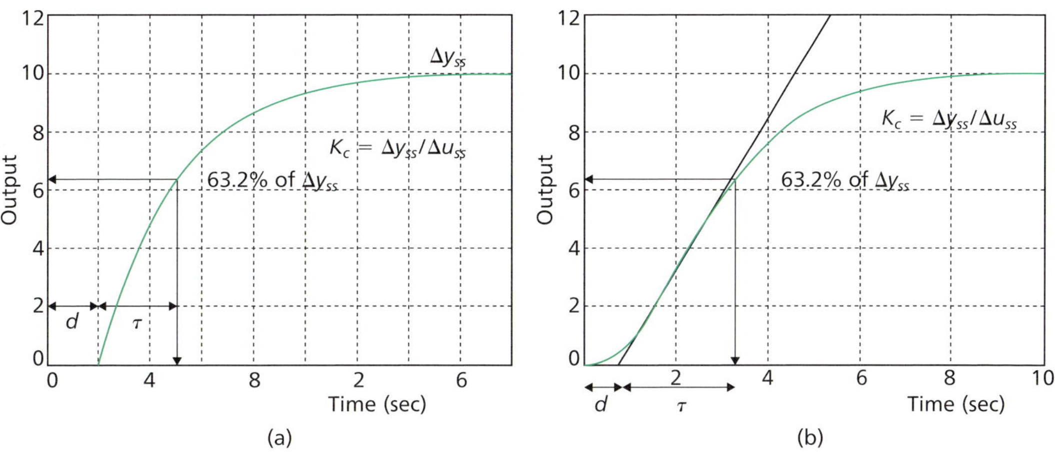


그림 4.5 (a) 1차 함수와 (b) 2차 함수의 반응응답 곡선.

1차 시간지연 모델의 전제 조건은 '$0.1<d/\tau<1.0$'이다. $d/\tau<0.1$일 때에는 지연 시간이 무시되는 1차 공정에 근접한다. 1차 공정의 경우 $K_c$를 크게 할수록 제어가 잘된다. 반면, $d/\tau>1.0$에서는 지연 시간이 매우 커 일반적인 PID 제어 시스템으로는 제어 성능에 한계가 생기므로 dead time compensator (예, Smith predictor)가 필요하다.

마지막으로, 1차 시간지연 모델로부터 지글러-니콜스 조율에 필요한 $K_{cu}$와 $P_u$를 구하여 지글러-니콜스 조율을 적용한다. $K_{cu}$와 $P_u$를 쉽게 계산하기 위해 표 4.2와 같이 $K_P$, $d$, $\tau$ 값으로도 나타낼 수 있다. 이때, 1차 시간지연 모델에서 $K_P$는 공정 이득(process gain)을 의미한다.

### [응용] 딥러닝을 통한 이산화탄소 배출량 예측

**Q3. 'matplotlib.pyplot'을 불러오고, 탱크의 수위를 PID 제어기를 정의하라.**

**A3. 먼저, 그림 4.6과 같이 윈도우 명령 프롬프트에 pip을 활용해 matplotlib을 컴퓨터에 설치한다. 그리고 다음의 절차에 따라 탱크의 수위와 PID 제어 시스템을 정의한다.**

명령 프롬프트에 'python -m pip install -U matplotlib'를 입력하여 matplotlib.pyplot를 설치한다.

```
import matplotlib.pyplot as plt    #데이터베이스 불러오기
```

**표 4.2** 제어 시스템의 1차 시간지연 모델 조율 값

| 제어기 | $K_c$ | $K_i$ | $K_d$ |
|---|---|---|---|
| P | $(\tau/K_P d)$ | - | - |
| PI | $0.9\ (\tau/K_P d)$ | $3.33d$ | - |
| PID | $1.2\ (\tau/K_P d)$ | $2.0d$ | $0.5d$ |

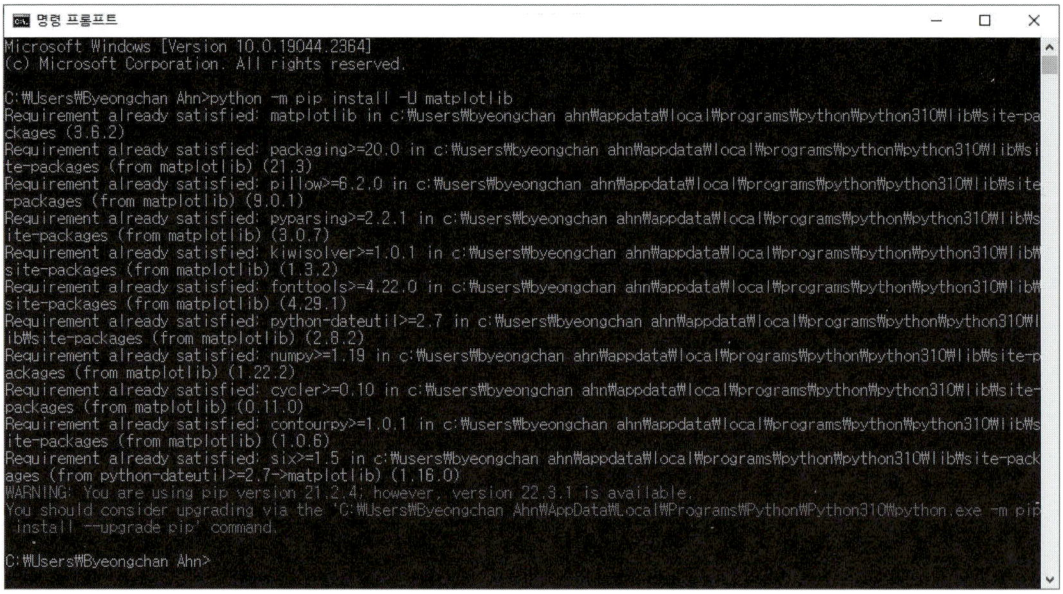

```
명령 프롬프트
Microsoft Windows [Version 10.0.19044.2364]
(c) Microsoft Corporation. All rights reserved.

C:₩Users₩Byeongchan Ahn>python -m pip install -U matplotlib
Requirement already satisfied: matplotlib in c:₩users₩byeongchan ahn₩appdata₩local₩programs₩python₩python310₩lib₩site-pa
ckages (3.6.2)
Requirement already satisfied: packaging>=20.0 in c:₩users₩byeongchan ahn₩appdata₩local₩programs₩python₩python310₩lib₩si
te-packages (from matplotlib) (21.3)
Requirement already satisfied: pillow>=6.2.0 in c:₩users₩byeongchan ahn₩appdata₩local₩programs₩python₩python310₩lib₩site
-packages (from matplotlib) (9.0.1)
Requirement already satisfied: pyparsing>=2.2.1 in c:₩users₩byeongchan ahn₩appdata₩local₩programs₩python₩python310₩lib₩s
ite-packages (from matplotlib) (3.0.7)
Requirement already satisfied: kiwisolver>=1.0.1 in c:₩users₩byeongchan ahn₩appdata₩local₩programs₩python₩python310₩lib₩
site-packages (from matplotlib) (1.3.2)
Requirement already satisfied: fonttools>=4.22.0 in c:₩users₩byeongchan ahn₩appdata₩local₩programs₩python₩python310₩lib₩
site-packages (from matplotlib) (4.29.1)
Requirement already satisfied: python-dateutil>=2.7 in c:₩users₩byeongchan ahn₩appdata₩local₩programs₩python₩python310₩l
ib₩site-packages (from matplotlib) (2.8.2)
Requirement already satisfied: numpy>=1.19 in c:₩users₩byeongchan ahn₩appdata₩local₩programs₩python₩python310₩lib₩site-p
ackages (from matplotlib) (1.22.2)
Requirement already satisfied: cycler>=0.10 in c:₩users₩byeongchan ahn₩appdata₩local₩programs₩python₩python310₩lib₩site-
packages (from matplotlib) (0.11.0)
Requirement already satisfied: contourpy>=1.0.1 in c:₩users₩byeongchan ahn₩appdata₩local₩programs₩python₩python310₩lib₩s
ite-packages (from matplotlib) (1.0.6)
Requirement already satisfied: six>=1.5 in c:₩users₩byeongchan ahn₩appdata₩local₩programs₩python₩python310₩lib₩site-pack
ages (from python-dateutil>=2.7->matplotlib) (1.16.0)
WARNING: You are using pip version 21.2.4; however, version 22.3.1 is available.
You should consider upgrading via the 'C:₩Users₩Byeongchan Ahn₩AppData₩Local₩Programs₩Python₩Python310₩python.exe -m pip
 install --upgrade pip' command.

C:₩Users₩Byeongchan Ahn>
```

그림 4.6 matplotlib.pyplot 설치하기.

먼저, 파이썬에 설치한 matplotlib.pyplot를 불러온다.

```
class Liquid:
    def __init__(self, error):
        self.current_error = error
        self.last_action = 0

    def take_action(self, action):
        self.current_error += 0.1 * action
        self.last_action = action

class PID:
    err_sum = 0
    old_err = 0

    def pid(self, current, goal, kp, ki, kd):
        err = goal - current
        self.err_sum += err
        delta_err = err - self.old_err
        self.old_err = err

        return kp*err + ki*self.err_sum + kd*delta_err
```

위의 코드와 같이 탱크의 수위는 목표값과 실제 탱크의 수위 차인 error를 가져와 제어동작을 취함으로써 수위를 조절한다. 이때, 'current'는 현재 탱크의 수위, 'goal'은 제어기의 목표값을 나타내며, kp, ki, kd는 각 제어기의 조율 인자($K_p$, $K_i$, $K_d$)를 의미한다.

**Q4. PID 제어 시스템을 조율하기 위한 함수를 정의하라.**

**A4. PID 제어 시스템 조율에 필요한 함수는 다음의 절차대로 정의한다.**

```
class Derivative:
    def __init__(self):
        self.last_x = 0
        self.last_y = 0

    def get_gradient(self, x, y):
        d = (y - self.last_y) / (x - self.last_x)
        self.last_x = x
        self.last_y = y

        return d
```

위의 코드와 같이 미분 클래스를 정의한다. 미분 클래스는 기울기를 통해 조율 인자를 최적화할 때 사용된다.

```
class Train:
    kp = 1.0; ki = 0.5; kd = 0.5
    goal = 0
    episode_length = 100
    learning_rate = 0.001

    def __init__(self):
        self.dp = Derivative()
        self.di = Derivative()
        self.dd = Derivative()
        self.step = 0
        self.last_loss = 0
```

위의 코드는 제어 시스템의 조율을 위해 해당 모델을 훈련시키기 위해 훈련 클래스를 정의하는 코드이다. 가장 먼저 문제에 주어진 초기 조건들을 입력하고 변수들을 정의한다. 목표값과 실제 탱크의 수위의 차이는 0이 되는 것이 이상적이므로 goal은 0으로 설정하고, 오차축적 횟수(episode_length)는 100, 학습률은 0.001로 설정한다.

```
    def abs_mean(self, list):
        sum = 0
        for i in list:
            sum += abs(i)
        return sum / len(list)

    def loss(self):
        liquid = Liquid(10)
        pid = PID()

        error = []
        for i in range(self.episode_length):
            error.append(liquid.current_error)
            liquid.take_action(pid.pid(liquid.current_error, self.goal,
            self.kp, self.ki, self.kd))

        return self.abs_mean(error)

    def optimize(self):
        self.kp = self.kp - self.learning_rate * self.dp.get_gradient(self.kp, self.loss())
        self.ki = self.ki - self.learning_rate * self.di.get_gradient(self.ki, self.loss())
        self.kd = self.kd - self.learning_rate * self.dd.get_gradient(self.kd, self.loss())
        self.last_loss = self.dd.last_y
        print("step={}, kp={}, ki={}, kd={}, loss={}".format(self.step,
        self.kp, self.ki, self.kd, self.last_loss))
        self.step += 1
```

위의 코드는 훈련 클래스에서 정의된 함수들이다. 'abs_mean'은 문제에서 정의된 것처럼 오차를 구할 때 사용할 절댓값 평균 함수를 정의한다. 'loss'는 for문을 통한 반복 계산을 통해 탱크의 수위를 보정하며 실제 탱크의 수위와 목표값의 차이(error)를 축적하는 함수이다. 'loss'에서 구해진 error는 abs_mean 함수를 통해 절댓값 평균으로 출력된다. 마지막으로, 'optimize'는 앞서 정의한 함수들을 통해 최종적으로 조율 인자들을 최적화함으로써 PID 제어 시스템을 조율한다. 또한 이때, 그림 4.7과 같이 반복 계산을 하는 각 단계의 값들을 볼 수 있도록 설정했다.

**Q5.** 앞서 정의한 함수들을 통해 $K_p$, $K_i$, $K_d$ 값을 최적화하고 이를 도식화하라.

**A5.** 다음과 같은 절차를 통해 조율 인자들을 최적화할 수 있다. 또한 그 결과는 그림 4.7과 그림 4.8을 통해 각각 확인할 수 있다.

```
if __name__ == '__main__':
    loss = []
    kp = []
    ki = []
```

```
kd = []

train = Train()

for j in range(100000):
    train.optimize()
    loss.append(train.last_loss)
    kp.append(train.kp)
    ki.append(train.ki)
    kd.append(train.kd)
```

먼저, 위의 코드와 같이 계산된 데이터를 담을 배열을 생성하고, Train의 인스턴스를 저장할 변수(train)를 생성한다. 또한 앞서 정의한 'optimize'함수를 사용해 조율 인자들을 최적화한다. 이때 반복 횟수는 문제에서 언급한 것처럼 100,000회로 설정한다.

그림 4.7은 각 반복 횟수에 따른 최적화 결과를 나타낸다.

```
plt.plot(loss, label="loss")
plt.plot(kp, label="Kp")
plt.plot(ki, label="Ki")
plt.plot(kd, label="Kd")
plt.legend()
plt.title("Train")
plt.savefig("train.png")
```

위의 코드는 그림 4.7에서 나타낸 최적화 과정을 도식화하는 코드이다. 위의 코드를 실행하면 그림 4.8과 같은 결과를 얻을 수 있다.

```
PROBLEMS   OUTPUT   DEBUG CONSOLE   TERMINAL

step=99987, kp=6.410434405892627, ki=2.1400302702966583, kd=1.4852939810457928, loss=0.20472987563726208
step=99988, kp=6.410453806004907, ki=2.1400108699613685, kd=1.485274580068566, loss=0.20472949925645995
step=99989, kp=6.410473206999328, ki=2.139991468743948, kd=1.485255178209183б, loss=0.204729122841427 9
step=99990, kp=6.410492608875933, ki=2.1399720666443343, kd=1.4852357754675338, loss=0.20472874639216 28
step=99991, kp=6.410512011634781, ki=2.139952663662472, kd=1.485216371843594, loss=0.20472836990866042
step=99992, kp=6.410531415275925, ki=2.139933259798303, kd=1.485196967337301, loss=0.20472799339091757
step=99993, kp=6.410550819799408, ki=2.139913855051817, kd=1.4851775619486496, loss=0.20472761683893137
step=99994, kp=6.410570225205265, ki=2.139894449422942, kd=1.485158155677535, loss=0.20472724025269812
step=99995, kp=6.41058963149356, ki=2.139875042911596, kd=1.4851387485239305, loss=0.2047268636322137
step=99996, kp=6.410609038664359, ki=2.1398556355177885, kd=1.4851193404877974, loss=0.20472648697747 53
step=99997, kp=6.41062844671768, ki=2.1398362272414415, kd=1.4850999315690814, loss=0.20472611028847956
step=99998, kp=6.41064785565358, ki=2.1398168180082517, kd=1.4850805217677354, loss=0.20472573356522294
step=99999, kp=6.410667265472093, ki=2.1397974080409465, kd=1.4850611110836995, loss=0.20472535680770182
PS C:\Users\Byeongchan Ahn\Desktop\PID tuning with machine learning>
```

그림 4.7 조율 인자 최적화 결과 예시.

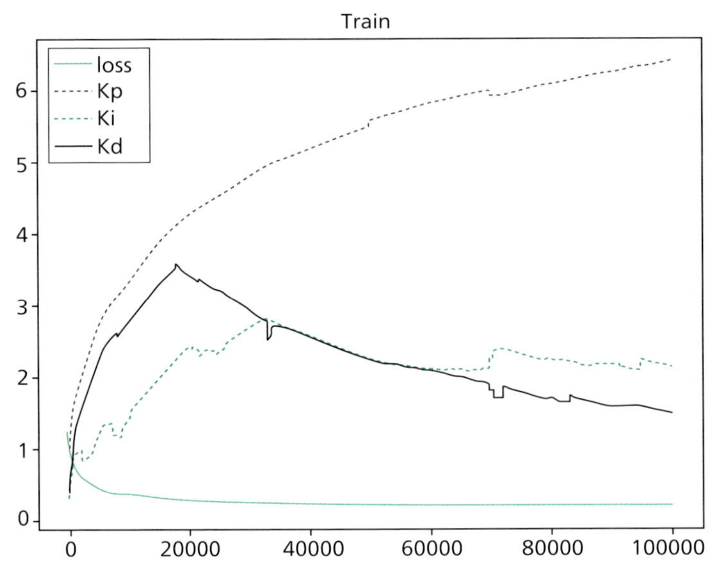


그림 4.8 조율 인자 도식화 코드 및 결과.

## 결론

PID는 가장 기본적인 제어 시스템 중 하나로, 공정의 목표 값과 실제 데이터 간의 차이가 0이 되도록 조정하며 제어한다. 이 장에서는 딥러닝 기법을 적용하여 PID 제어 시스템을 튜닝했다. 그 결과, 반복 계산을 100,000회 수행하자 오차(loss)가 0으로 거의 수렴한 것을 확인할 수 있다. 더 많은 횟수를 반복한다면 더 정확하게 조율된 PID 제어 시스템을 얻을 수 있을 것이다.

### 학습 결과

- **학습 내용**
  기본적인 PID 제어 시스템의 이해와 인공지능과의 접목이 필요한 이유 이해.
- **학습 결과 확인하기**
  대표적인 PID 제어 시스템 조율 방법 익히기.
- **학습 결과 응용하기**
  이 장의 학습 내용에 기반하여 실제 공정 데이터를 이용해 딥러닝을 적용하여 PID 제어기를 조율하는 데 응용하기.

## 2. 인공신경망 모델 기반 예측 제어

**학습 내용**

**[문제]** 모델 예측 제어(MPC)의 이해
**[방법]** 인공신경망 모델 기반 예측 제어
**[응용]** 인공신경망 모델 기반 예측 제어를 이용한 CSTR 제어
**[요약]**
- 모델 예측 제어의 이해
- Simulink를 이용한 인공신경망 모델 기반 예측 제어 구축
- 인공신경망 모델 기반 예측 제어를 이용한 CSTR 제어

### [이론] 모델 예측 제어를 이용한 다변수 공정의 제어

다변수 공정이란 입출력 변수가 두 개 이상인 공정을 의미하며, MIMO (multi-input multi-output) 공정이라 부른다. 이와 대비되는 개념으로, 입출력 변수가 각각 하나만 존재하는 단변수 공정(single-input single-output, SISO)이 있다. 증류탑을 비롯한 화학공학에서 우리가 다루는 대부분의 공정들은 다변수 공정에 해당하며, 변수들 간에 상호간섭이 존재한다. 그림 4.9를 예로 들면, 공정입력($u_1$ 및 $u_2$)이 변하는 경우 상호간섭($G_{12}$ 및 $G_{21}$)이 발생하여, 각각의 공정 입력이 여러 개의 공정 출력($y_1$ 및 $y_2$)에 영향을 미치게 된다. 이러한 상호간섭은 단변수 제어인 PID 제어의 성능을 저하시키는 요인으로 작용하며, 상호간섭이 심각할 경우 단변수 제어로는 좋은 제어성능을 기대하기 어렵다.

한편, 실제 공정에서는 공정 입력 및 공정 출력 변수들에 제약조건이 존재한다. PID 제어의 경우, 알고리즘 특성 상 이러한 제약조건을 고려할 수 없는 어려움으로 인해, low selector 또는 high selector의 도입을 통한 override 제어루프의 구성 또는 clamping 등의 방법을 통해 제어 시스템을 구성하나, 그 설계가 복잡하고 성능에 한계를 지닌다.

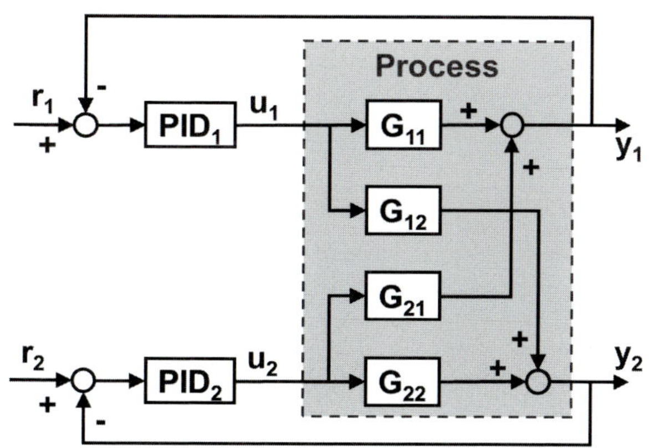


그림 4.9 PID 제어를 이용한 다변수 공정의 제어

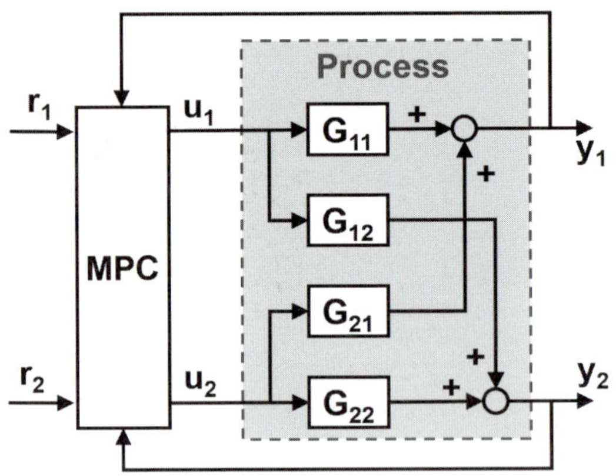


그림 4.10 모델 예측 제어를 이용한 다변수 공정의 제어.

다변수 공정을 여러 개의 단변수 제어로 조작하는 것에 대한 어려움과 성능의 한계를 극복하기 위한 좋은 대안으로 다변수 제어가 있다. 연속공정에 대한 대표적인 다변수 제어로서, 그림 4.10에 보인 바와 같이 모델 예측 제어(model predictive control)가 있다.

그림 4.11은 모델 예측 제어의 동작 원리를 나타낸다. 모델 예측 제어는 실제 공정의 거동을 잘 모사할 수 있는 공정 모델(가상 공정)을 통해 공정 입력의 변화에 따른 공정 출력을 예측하고, 이를 통해 최적의 공정 입력 시나리오(즉, 단시간 내에 제어오차를 최소화할 수 있는 공정 입력의 변화)를 도출함으로써 공정을 제어한다. 제어기가 결정하는 공정 입력 값이 모델을 통해 예측된 공정 출력에 의해 좌우되므로, 제어기의 성능은 공정 모델의 정확성에 크게 의존한다.

전통적으로 이러한 공정 모델은 부공간 모델인식(subspace model identification) 기법 등을 이용하여 공정 입력과 공정 출력의 상호관계, 즉 공정 입력의 변화에 따른 공정 출력의 거동을 잘 표현할 수 있도록 제작되었으나, 최근에는 인공지능 기법을 통해 더욱 성능이 개선된 새로운 기법

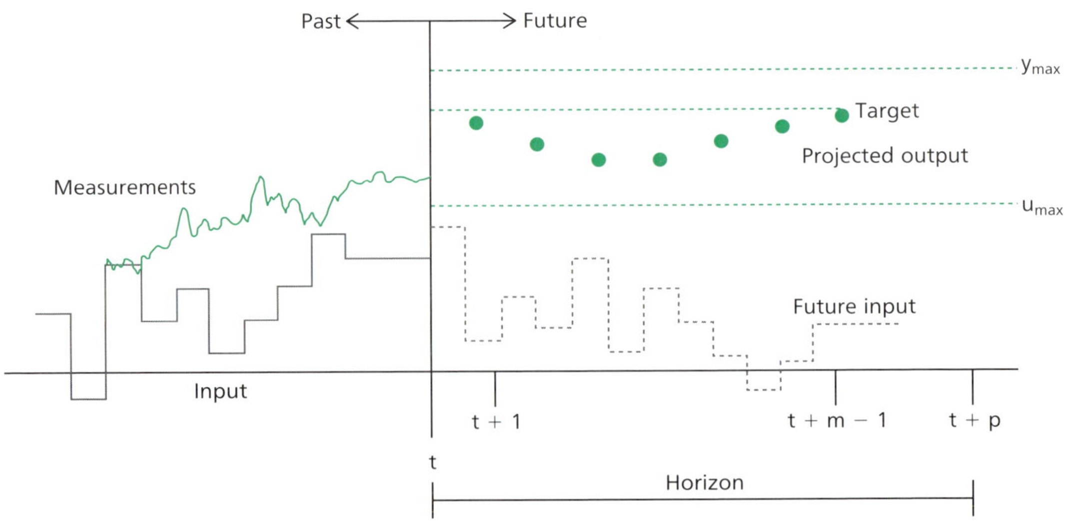


그림 4.11 모델 예측 제어기의 동작 원리.

들이 제안되고 있다.

이 장에서는 매트랩을 통해 신경망 모델 기반의 모델 예측 제어를 구축함으로써, 성능이 뛰어난 다변수 제어 설계 능력을 함양하는 것을 목적으로 한다.

### [문제]

**매트랩을 이용하여 인공신경망 모델 기반 예측 제어를 구축하고 이를 통해 흐름 $w_1(t)$를 조정하여 제품 농도를 유지하도록 CSTR (continuous stirred-tank reactor, 연속 교반 탱크 반응기)을 제어하라.**

- 이때 입력 농도는 $C_{b1}$=24.9, $C_{b2}$=0.1, CSTR 시스템의 동적 모델의 상수 $k_1$과 $k_2$는 각각 1이다.
- 또한 계산의 복잡함을 피하기 위해 $w_2(t)$는 0.1로 가정하고 탱크의 수위 $h(t)$는 제어되지 않는다고 한다.

### [방법] 인공신경망 모델 기반 예측 제어를 이용한 CSTR 제어

**Q1. 인공신경망 모델 기반 예측 제어의 첫 번째 단계는 '시스템 식별(system identification)'이다. 이 단계에 대해 설명하라.**

**A1. 시스템 식별은 그림 4.12와 같이 플랜트의 순방향 동적 요소를 표현하도록 신경망을 훈련시키는 것을 말한다. 플랜트 출력값과 신경망 출력값 사이의 예측 오차는 신경망 훈련 신호로 사용된다.**

인공신경망 모델은 이전의 직전 입력값과 직전 플랜트 출력값을 사용하여 플랜트 출력값의 미래의 값을 예측한다. 인공신경망 모델의 구조는 그림 4.13과 같이 표현된다.

**Q2. 인공신경망 모델 기반 예측 제어의 두 번째 단계는 '예측 제어(predictive control)'이다. 이 단계에 대해 설명하라.**

**A2. 모델 예측 제어 방법은 이동구간(receding horizon) 기법(SoHa96)을 기반으로 한다. 신경망 모델은 지정된 시간 지평에 대해 플랜트 응답을 예측한다. 예측값은 수치 최적화 프로그램이 지정된 지평에서 다음과 같은 성능 조건을 최소화하는 제어 신호를 파악할 때 사용된다.**

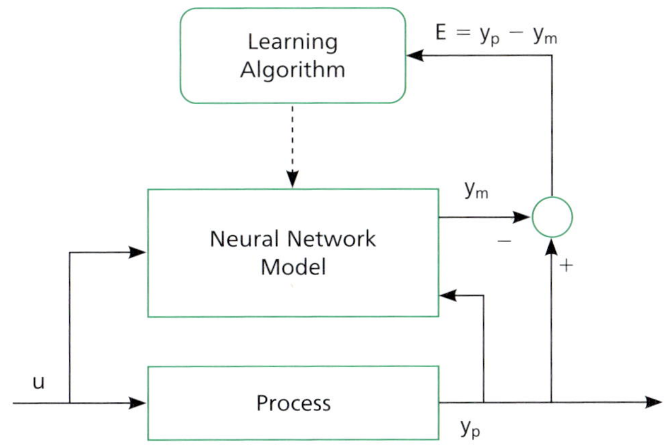


그림 4.12 인공신경망 훈련 개요.

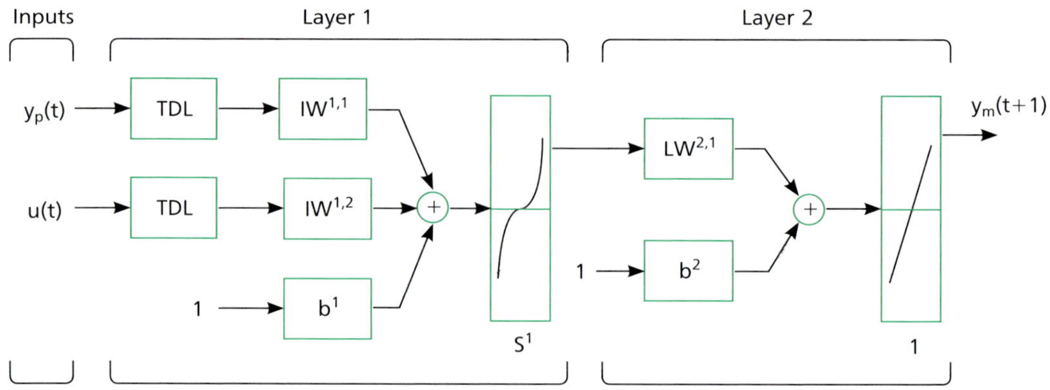


그림 4.13 인공신경망 모델 개요.

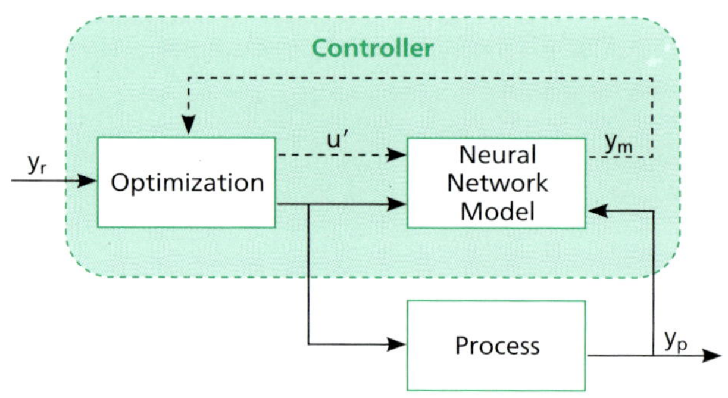


그림 4.14 모델 예측 제어 과정의 블록 흐름도.

$$J = \Sigma_{j=N_1}^{N_2}(y_r(t+j) - y_m(t+j))^2 = \rho\, \Sigma_{j=1}^{N_u}(u'(t+j-1) - u'(t+j-2))^2 \quad \textbf{(4.2)}$$

(수치 최적화 수식)

여기서 $N_1$, $N_2$, $N_u$는 추적 오차와 제어 증분이 계산되는 지평을 정의한다. $u'$ 변수는 잠정적 제어 신호이고 $y_r$은 원하는 응답, $y_m$은 신경망 모델 응답이다. $\rho$는 제어 증분의 제곱합이 성능 지수에서 차지하는 비중을 결정한다.

그림 4.14는 모델 예측 제어 과정을 나타낸 것이다. 제어기는 신경망 플랜트 모델과 최적화 블록으로 구성된다. 최적화 블록은 $J$를 최소화하는 $u'$의 값을 결정하며, 그런 다음 최적의 $u$가 플랜트에 입력된다.

**Q3.** CSTR을 도식화하고, 동적 모델을 나타내어라.

**A3.** CSTR을 도식화하면 그림 4.15와 같이 나타낼 수 있다.

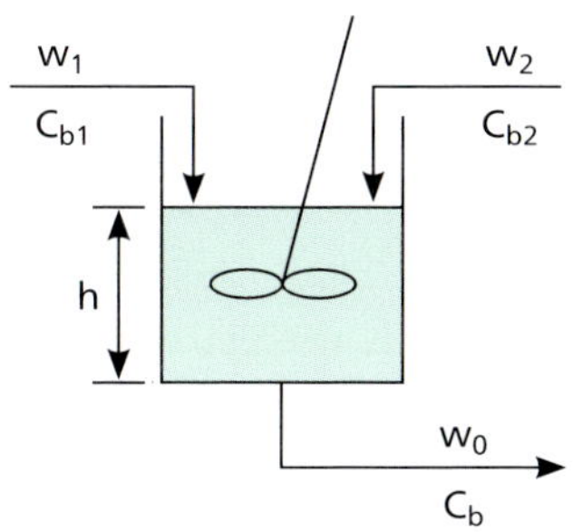


그림 4.15 도식화한 CSTR.

이를 동적 모델로 나타내면 식 (4.3)과 식 (4.4)와 같이 나타낼 수 있다.

$$\frac{dh(t)}{dt} = w_1(t) + w_2(t) - 0.2\,h(t) \tag{4.3}$$

$$\frac{dC_b(t)}{dt} = (C_{b1} - C_b(t))\frac{w_1(t)}{h(t)} + (C_{b2} - C_b(t))\frac{w_2(t)}{h(t)} - \frac{k_1 C_b(t)}{(1+k_2 C_b(t))^2} \tag{4.4}$$

여기서 $h(t)$는 액체 수위이고, $C_b(t)$는 이 과정의 출력에서의 제품 농도이고, $w_1(t)$는 농축된 공급 용액 $C_{b1}$의 유량이고, $w_2(t)$는 희석된 공급 용액 $C_{b2}$의 유량이다.

### [응용] 인공신경망 모델 기반 예측 제어를 이용한 CSTR 제어

**Q4. 매트랩에서 'Simulink' 기능을 활용해 공정 식별(plant identification)을 진행하라.**

**A4. 공정 식별은 다음 그림들과 같은 절차를 통해 할 수 있다.**

매트랩을 실행하여 명령창에 'predcstr'을 입력한다. 입력한 명령을 실행하면 그림 4.16과 같이 Simulink 편집기가 실행된다. Plant 블록에는 Simulink CSTR 플랜트 모델이 포함되어 있다. 그림 4.16에 표시된 NN Predictive Controller 블록신호에서 'Control Signal'은 Plant 모델의 입력에 연결되고, 'Plant Output'은 Plant 블록 출력에 연결된다. 그리고 'Reference'는 Random Reference 신호에 연결된다.

NN Predictive Controller 블록을 더블 클릭하면 그림 4.17과 같이 모델 예측 제어기 설정창이 열린다. 이 창에서는 $N_2$와 $N_u$를 변경할 수 있고, $\rho$도 정의할 수 있다. 이때, $N_1$은 1로 고정되어 있다. $\alpha$는 최적화를 위해 필요한 성능 감소분을 결정한다. 또한, 최적화 알고리즘이 사용할 선형 최소화 루틴(Minimization Routine)과 각 샘플 시간에 최적화 알고리즘을 몇 회 반복하여 수행할지 횟수(Iterations Per Sample Time)를 설정할 수 있다.

플랜트 모델은 미래의 플랜트 출력값을 예측한다. 최적화 알고리즘은 이러한 예측값을 사용하여 미래의 성능을 최적화하는 제어 입력값을 결정한다. 플랜트 모델 신경망에는 앞에서 본 것처럼 하나의 은닉 계측이 있다. 이 창에서 은닉 계층의 크기, 지연 입력값과 지연 출력값의 개수, 훈련 함수를 선택한다.

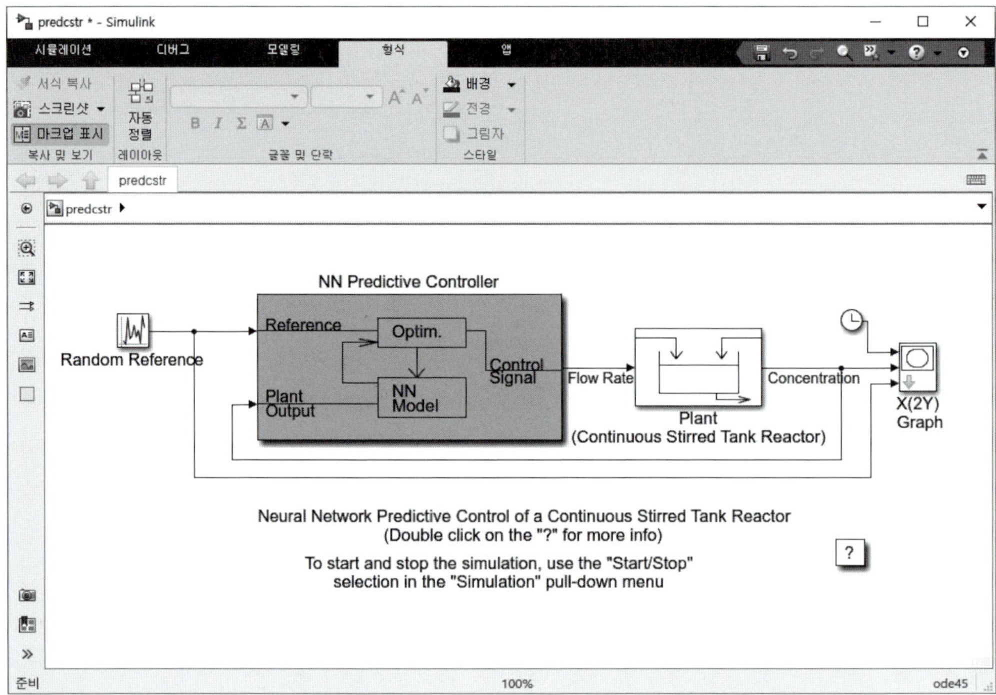


그림 4.16 실행된 Simulink 모델.

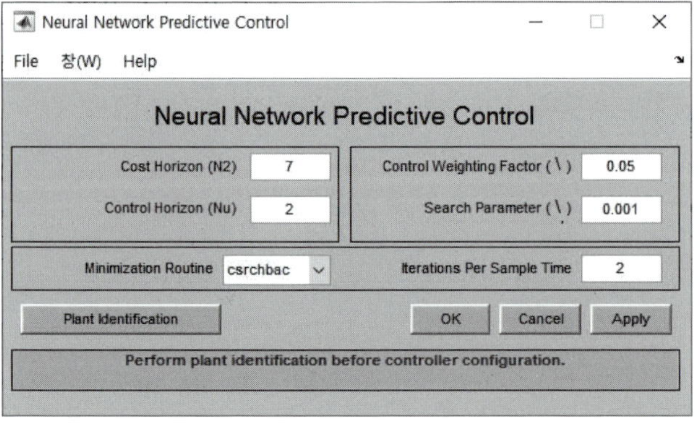


그림 4.17 모델 예측 제어기 설정창.

**Q5. 공정 식별 과정을 통해 생성한 인공 신경망 플랜트 모델을 훈련한 후 시뮬레이션을 실행하여 플랜트 출력값과 기준 신호를 비교하라.**

**A5. 인공 신경망 플랜트 모델의 훈련은 다음의 그림들을 통해 이루어진다.**

그림 4.18에서 '훈련 데이터 생성(Generate Training Data)'을 클릭한다. 그림 4.19와 같이 Simulink 플랜트 모델에 일련의 무작위 스텝 입력값을 적용하여 훈련 데이터를 생성한다. 또한 이를 바탕으로 그림 4.19와 같이 잠정적 훈련 데이터가 표시된다. 이 데이터를 통해 미래의 공정 거

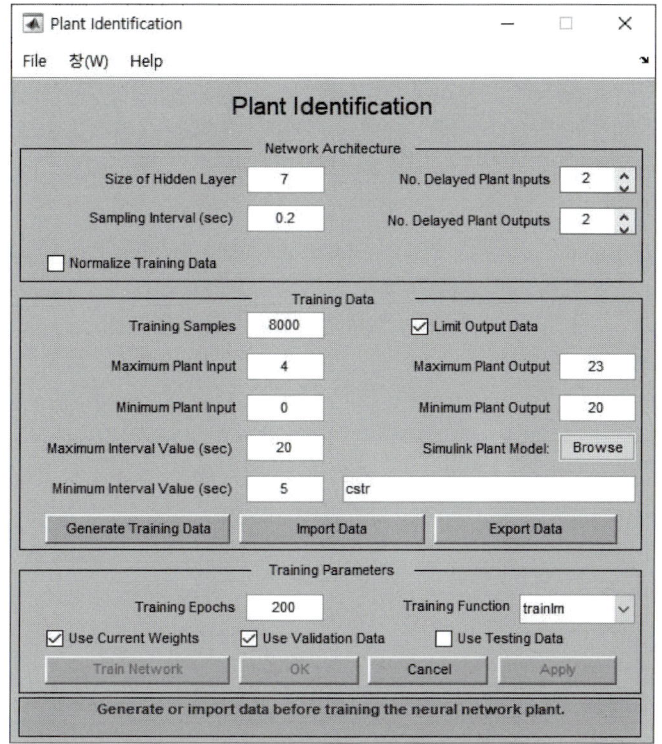


그림 4.18 인공신경망 플랜트 모델 설정창.

동을 잘 예측한다고 판단되면 'Accept data'를 선택하고, 잘 예측하지 못한다고 판단되면 'Refuse Data'를 선택한 후 공정의 거동을 잘 예측할 수 있도록 조건을 변경한다.

그림 4.19에서 'Accept Data'를 클릭하고, 인공신경망 플랜트 모델 설정창(그림 4.18)에서 'Train Network'를 클릭한다. 클릭 시 플랜트 모델 훈련이 시작되고 훈련이 완료되면 그림 4.20과 같이 플랜트 모델의 응답이 표시된다. 이때, 검증 데이터와 테스트 데이터가 존재하는 경우 각각에 대한 별도의 플롯도 표시된다.

훈련이 완료된 후, 플랜트 모델 설정창(그림 4.18)에서 'Train Network'를 다시 선택하여 동일한 데이터 세트로 훈련을 계속할 수도 있고, 'Erase Generated Data'를 선택하여 새로운 데이터 세트를 생성할 수도 있고, 현재 플랜트 모델을 수락하고 폐루프 시스템의 시뮬레이션을 시작할 수도 있다.

플랜트 모델 설정창(그림 4.18)에서 'OK'를 선택하면 NN Predictive Controller 블록으로 훈련된 신경망 플랜트 모델을 불러오게 된다. 또한, 모델 예측 제어기 설정창(그림 4.17)에서 'OK'를 선택하면 NN Predictive Controller 블록으로 제어기 파라미터를 불러오게 된다. 이후 Simulink 편집기로 돌아가서 시뮬레이션을 실행하면 그림 4.21과 같이 플랜트 출력값과 기준 신호가 표시된다.

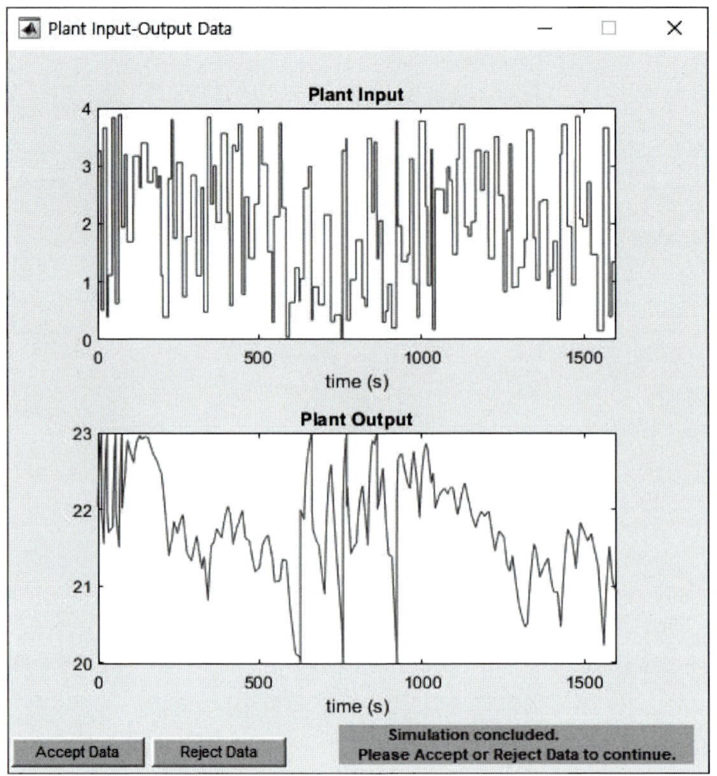


그림 4.19 인공신경망 플랜트 모델 훈련 결과창.

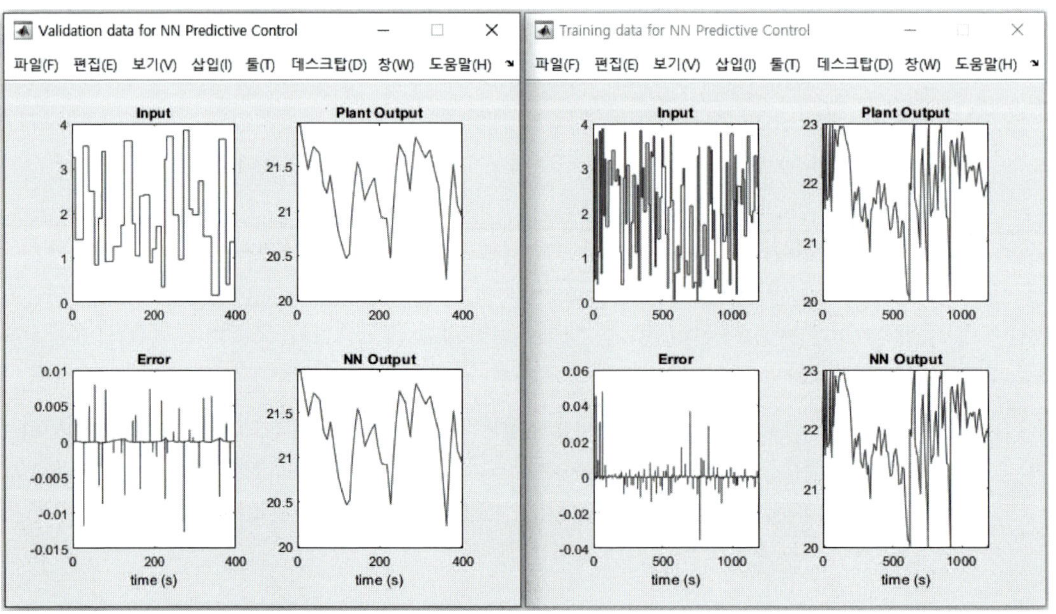


그림 4.20 플랜트 모델의 응답.

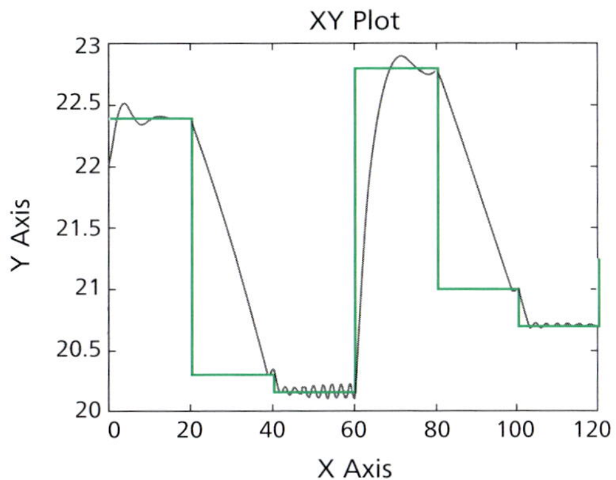


그림 4.21 플랜트 출력값 기준 신호의 비교.

## 결론

모델 예측 제어는 고급 제어 기법 중 하나로, 공정의 거동을 잘 모사하는 모델을 생성해 이를 제어하는 방법을 통해 제어한다. 이 장에서는 인공신경망을 접목해 인공신경망 모델 기반 예측 제어를 통해 CSTR을 제어하였다. 같은 방법을 통해 보다 복잡한 공정으로 적용 분야를 확대하여 공정 제어를 수행할 수 있다.

### 학습 결과

- **학습 내용**

  모델 예측 제어의 이해 및 인공신경망을 접목한 인공신경망 모델 기반 예측 제어 방법 익히기.

- **학습 결과 확인하기**

  Simulink를 이용한 인공신경망 모델 기반 예측 제어 공정 모델 생성 및 설정하기.

- **학습 결과 응용하기**

  인공신경망 모델 기반 예측 제어를 통해 CSTR 제어 모델 만들기.

# 3. 강화 학습 기반 공정제어

**학습 내용**

**[문제]** Van de Vusse's reaction 이해 및 강화 학습 기반 공정제어
**[방법]** Van de Vusse's reaction 모델 구축 및 강화 학습을 위한 MDP 정의
**[응용]** 강화 학습(DQN 알고리즘)을 이용한 공정제어
**[요약]**
- Van de Vusse's reaction 이해 및 모델링
- MDP 설정 및 DQN 이해
- 강화 학습을 사용한 공정제어

**[이론]** Van de Vusse's reaction control 문제에 DQN 알고리즘 바탕의 강화 학습을 사용한 공정제어.

Van de Vusse's reaction control 문제는 1964년에 제안된 isothermal CSTR반응기에서 진행되는 공정으로써 다음과 같은 두 개의 반응이 존재한다. (출처: Van de Vusse, J. G., "Plug-Flow Type Reactor versus Tank Reactor", Chemical Engineering Science, 19, 964 (1964))

$$A \xrightarrow{k_1} B \xrightarrow{k_2} C \tag{4.5}$$

$$A + A \xrightarrow{k_3} D \tag{4.6}$$

이때 반응 상수와 농도를 사용하여 mass balance를 통해 해당 공정의 다이나믹스(dynamics)를 표현하면 다음과 같이 표현될 수 있다.

$$\frac{dx_1}{dt} = -k_1x_1 - k_3x_1^2 + (x_{1f} - x_1)u \tag{4.7}$$

$$\frac{dx_2}{dt} = k_1x_1 - k_2x_2 - x_2u \tag{4.8}$$

여기서 $x_1$은 반응물 A의 농도, $x_2$는 중간 생성물인 B의 농도, $x_{1f}$는 feed에 있는 반응물의 농도, $u$는 희석률(dilution rate)이다. 각 상수의 값은 $k_1 \sim U(45, 55)h^{-1}$, $k_2 = 100h^{-1}$, $k_3 = 10$ L/(mol·h), $x_{1f} = 10$ mol/L, $u \in \{0, 5, 10, \cdots, 65, 70\}$이다.

이번 실습 문제에서는 불확실성을 포함하는 시스템을 다루고자 하는데, 이를 위해 반응 상수 $k_1$의 값이 연속균등분포(continuous uniform distribution)를 갖는다고 가정하고 CSTR 반응기를 제어하고자 한다. 이러한 시스템 하에서 제어의 목적은 0.1시간 동안 희석률($u$)을 바꾸어가며 반응 중간 생성물의 농도($x_2$)를 1.2 mol/L에 맞추는 것이며, 샘플링 시간은 0.002시간이다. 이때, 현실적이고 부드러운 제어를 위하여 현재의 희석률과 과거의 희석률의 차이($\delta$)를 줄이는 것도 목적 중의 하나이다.

이러한 제어 문제를 풀기 위하여 강화 학습을 도입할 수 있다. 2부에서 다양한 강화 학습의 개념이 설명이 되는데, 이는 에이전트가 MDP로 표현된 시스템 하에서 상태(state)를 관찰하여 여러

행동(action)을 취해 본 뒤, 받는 보상(reward)을 토대로 스스로 최적의 행동 정책을 찾아가는 기계학습 방법론이다. 이번 예제에서 사용될 강화 학습 알고리즘은 DQN이다. 이는 Deep Q Network의 줄임말로서, Google의 DeepMind(알파고를 만든 회사)에서 개발한 알고리즘이다. 2부 6장에서 설명한 큐러닝 알고리즘과 같은 off-policy의 TD-learning 알고리즘이지만, 핵심적인 차이는 큐함수를 구함에 있어서 인공신경망을 사용하여 근사치를 구한다는 것이고, 또한 특정 상황에서 행동을 했을 때 받은 결과를 replay buffer에 저장을 한 후, buffer에서 여러 개의 batch를 랜덤하게 뽑아서 학습을 진행한다. 이는 강화 학습을 진행함에 있어 데이터의 시계열적인 상관관계를 깨서 더욱 안정적인 정책 학습을 가능하게끔 한다. 딥 마인드에서 아타리 게임에 DQN을 적용하여 게임해 나가는 동영상으로 유명한 알고리즘이다(https://www.youtube.com/watch?v=V1eYniJ0Rnk).

문제와 시스템 상황을 명확하게 표현할 수 있는 MDP를 정의하는 것은 강화 학습에서 가장 중요한 일이다. MDP는 2부 6장에서와 같이 상태, 행동, 보상, 상태 변환 함수, 할인률 5가지로 이루어진다. 이 장의 공정 문제를 MDP로 표현한다면 다음과 같이 표현이 가능하다:

- 상태: $S \subset \{(x_1, x_2) : x_1, x_2 \geq 0\}$
- 행동: $A \subset \{u : \{0, 5, 10, \cdots, 65, 70\}\}$
- 보상: $r_{t+1} = -(x_2(t+1) - 1.2)^2 - (\Delta u)^2$
- 상태 변환 함수: 이 장의 식 (4.7), (4.8)
- 할인율: 0.95

본 실습에서는 위와 같이 정의된 MDP에서 DQN 알고리즘이 300번 에피소드 동안 스스로 학습해나가며 최적의 제어 정책을 찾아가는 과정을 실습할 것이다. 강화 학습에서의 에피소드는 의사결정의 시작으로부터 특정한 정책을 가지고 의사결정을 해 나간 뒤, 종결 상태(terminal state)에 도달하여 의사결정이 끝나기까지의 과정을 의미한다. 이때 큐함수는 특정 상태에서 어떠한 정책을 가지고 행동을 하였을 때, 에피소드가 끝나기 전까지 어떠한 보상을 받게 될지에 대한 함수이다. 따라서 강화 학습에서 에이전트는 현재 상태에서 각 행동의 큐함수를 계산하여 큐함수의 값이 가장 높은 행동을 취하게 된다. 현 제어 문제에서 에피소드는 전체 제어의 지평선(horizon)인 0.1시간이 끝나는 시점에 종결이 되게 된다. 큐함수는 수학적으로 식 (4.9)와 같이 표현될 수 있다.

$$q_\pi(s, a) = \mathbb{E}_\pi[R_{t+1} + \gamma \boldsymbol{q}_\pi(S_{t+1}. A_{t+1}) \mid S_t = s, A_t = a] \qquad \textbf{(4.9)}$$

이번 실습에서 에이전트가 관찰하게 되는 상태는 특정 시간의 $x_1$, $x_2$ 농도이고, 할 수 있는 행동은 0~70까지의 5단위의 희석률이다. 일반적인 큐러닝 알고리즘을 통한 큐함수의 업데이트는 수식 (4.10)과 같이 표현되지만, DQN의 경우, 큐함수를 근사하기 위하여 인공신경망을 사용하기에, $Q(s, a)$가 $Q(s, a, \theta)$로 표현되는 특징이 있고, 이때 인공신경망의 파라미터인 $\theta$를 업데이트하기 위해서 사용하는 오류함수는 식 (4.11)과 같이 표현된다. 오류함수는 (정답 – 예측)$^2$의 형태로 정의되는데, 이때 정답($R_{t+1} + \gamma_{a'}^{\max} Q(S', a', \theta)$)을 내는 함수가 매 업데이트마다 값이 계속 변하게 되면 러닝이 안정적으로 되지 않을 수 있기에, 오류 함수에서 정답 부분에 사용되는 인공신경망은 일정 시간 유지하다가 특정한 간격마다 업데이트를 하는 특징이 있다.

$$Q(S_t, A_t) \longleftarrow Q(S_t, A_t) + a(R_{t+1} + \gamma_{a'}^{\max} Q(S', a') - Q(S_t, A_t)) \qquad \textbf{(4.10)}$$

$$MSE = (R_{t+1} + \gamma_{a'}^{\max} Q(S', a', \theta) - Q(S_t, A_t, \theta))^2 \quad (4.11)$$

### [문제]

MDP로 표현된 Van de Vusse's reaction control 문제를 코드화하여 DQN 알고리즘이 학습될 수 있는 기반을 마련하고 실제로 에이전트를 트레이닝하며 점점 나아지는 제어 성능을 관찰한다.

- "main.py, Environment.py, Agent.py" 코드를 활용하라.
- matplotlib, scipy, keras 라이브러리를 설치하라.
- 강화 학습의 이론을 이해하라.

### [방법]

Van de Vusse's reaction control 문제를 MDP로 표현하여 강화 학습을 위한 environment 구축 및 DQN 에이전트 셋업

**Q1.** 관련 라이브러리를 설치하고 정의한 MDP를 environment로 코드화 해보자.

**A1.** 필요한 라이브러리 등을 불러온 이후 Env()라는 class를 정의하게 되는데, 이때 class로 객체를 만들었을 때, _init_에서 MDP에서 표현한 것과 같이 state는 ($x_1$, $x_2$)를 받아들일 수 있게끔 2개의 차원을 할당, action은 15개의 가능성이 있기에 15개의 차원을 할당, 초기 x, u의 값을 설정, sampling time 설정, 그리고 시간을 초기화한다. 이후 reset이라는 함수를 정의하여 에피소드가 끝난 후, 다시 새로운 환경이 주어질 수 있게끔 한다. 그리고 step, system_functions, reward_function이라는 함수를 Env() class 내에 정의하여 MDP를 코드로 표현한다.

```
class Env():
    def __init__(self):
        self.s_dim = 2
        self.a_dim = 15     #action (0, 5, 10, ..., 65, 70)
        self.x0 = np.array([[0., 0.]])
        self.u0 = np.array([[7.]])
        self.dt = 0.002
        self.t0 = 0.
        self.system_eval = partial(self.system_functions)

    def reset(self):
        self.state = self.x0
        self.action = self.u0
        self.prev_action = self.u0
        self.done = False
        self.set_point = 1.2
        self.time = self.t0
        self.uncert_param = np.random.uniform(45., 55.)
        return self.state, self.action, self.uncert_param, self.time

    def step(self, u):
```

```
        x = self.state
        t = self.time
        u = np.array([float(u)])
        dx = partial(self.system_eval, u=u)
        x = np.reshape(x, [-1, ])
        sol = solve_ivp(dx, [0, self.dt], x)
        next_x = np.reshape(sol.y[:, -1], [1, -1])
        t += self.dt
        self.time = t
        reward = self.reward_function(next_x, u)
        done = self.done_function(next_x)
        self.state = next_x
        self.prev_action = u
        return next_x, reward, done, t

    def system_functions(self, t, x, u):
        x = x
        x1, x2 = np.reshape(x, [-1, ])  #unpack states
        u = np.reshape(u, [-1, ])
        u = u * 5       # (0, 1, ... 14) -> (1, 5, 10, 15, ..., 7)
        k1 = self.uncert_param      #(h-1)
        k2 = 100                    #(h-1)
        k3 = 10                     #(l/mol/h)
        x1f = 10                    #concentration of the reactant (mol/l)
        dx = [- k1*x1 - k3*(x1**2) + (x1f - x1)*u,
              k1*x1 - k2*x2 - x2*u]
        dx = np.reshape(dx, [1, -1])
        return dx

    def reward_function(self, x, u):
        x = x
        x1, x2 = np.reshape(x, [-1, ])
        u = np.reshape(u, [-1, ])[0]
        prev_u = np.reshape(self.prev_action, [-1, ])[0]
        reward = -(x2 - self.set_point)**2 - 0.01*(u-prev_u)**2
        return reward
```

**Q2.** DQN agent를 코드로 표현해 보자.

**A2.** DQN class를 정의하기 위하여, 처음에 구동되는 _init_함수에는 기본적인 세팅이 들어가야 한다. 상태의 크기, 행동의 크기, 할인율, 그리고 러닝과 관련된 하이퍼 파라미터들(buffer의 크기, 입실론 관련 파라미터들)을 지정해 준다. 하이퍼 파라미터인 입실론은 exploration에 초반에 중점을 두는 러닝에서 시간이 감에 따라 exploitation에 중점을 두는 러닝으로 서서히 바뀌게끔 유도를 한다. 이러한 이해를 기반으로 파라미터를 직접 바꾸어 가며 어떻게 러닝이 되는 양상이 바뀌어 가

는지에 대한 이해를 늘려가는 것을 추천한다. 이후, DQN의 핵심인 인공신경망을 build_model 함수에 정의한다. 이때 신경망의 깊이와 node의 개수, activation 함수의 형태 모두 바꿀 수 있는 하이퍼 파라미터이다. 또한 학습을 위한 remember 함수와, 상태를 받아서 어떠한 행동을 하는지에 대한 act 함수를 정의함으로써 DQN 에이전트를 정의할 수 있다.

```
class DQNAgent:
    def __init__(self, state_size, action_size):
        self.state_size = state_size
        self.action_size = action_size
        self.memory = deque(maxlen=2000)
        self.gamma = 0.95        # discount rate
        self.epsilon = 1.0       # exploration rate
        self.epsilon_min = 0.001
        self.epsilon_decay = 0.9995
        self.learning_rate = 0.001
        self.model = self._build_model()

    def _build_model(self):
        # Neural Net for Deep-Q learning model
        model = Sequential()
        model.add(Dense(24, input_dim=self.state_size, activation='relu'))
        model.add(Dense(24, activation='relu'))
        model.add(Dense(self.action_size, activation='linear'))
        model.compile(loss='mse',
                      optimizer=Adam(lr=self.learning_rate))
        return model

    def remember(self, state, action, reward, next_state, done):
        self.memory.append((state, action, reward, next_state, done))

    def act(self, state):
        if np.random.rand() <= self.epsilon:
            return random.randrange(self.action_size)
        act_values = self.model.predict(state)
        return np.argmax(act_values[0])     # returns action
```

[응용] 정의된 MDP내부에서 에피소드를 진행하며 강화 학습 기반 공정제어를 진행해 보자.

**Q3.** 한 에피소드 동안 특정 정책을 가지고 환경(environment)와 상호작용을 통해 정책 업데이트를 위한 reply buffer를 구축해 보자.

**A3.** 한 에피소드 내에서 상태, 행동 등을 reset한 뒤, 500번 동안 현재 가지고 있는 정책을 가지고 행동을 하여 그때 받은 보상들을 data_history (replay buffer)에 차곡차곡 저장을 한다. 이때, 모은 데이터가 batch의 사이즈를 넘어가면 모인 데이터를 바탕으로 정책 업데이트를 진행한다. 또한 한

에피소드가 진행됨에 따라 얻어진 reward의 총 합은 score라는 변수 아래에 저장이 된다. (score에 저장되는 값은 강화 학습에서 return이라고 일반적으로 지칭한다.)

```
state, action, uncert_param, t = env.reset()
state = np.reshape(state, [1, state_size])
score = 0
ep_data_history = np.zeros([1, 2 * state_size + 3])  # time, state, action,
next_state, reward
for n in range(500):
    action = agent.act(state)
    next_state, reward, done, t = env.step(action)
    next_state = np.reshape(next_state, [1, state_size])
    agent.remember(state, action, reward, next_state, done)
    temp_data_history = np.append(t, state)
    temp_data_history = np.append(temp_data_history, action*5)
    temp_data_history = np.append(temp_data_history, next_state)
    temp_data_history = np.append(temp_data_history, reward)
    temp_data_history = np.reshape(temp_data_history, [1, -1])
    ep_data_history = np.concatenate([ep_data_history, temp_data_history])
    state = next_state
    score += reward

    if len(agent.memory) > batch_size:
        agent.replay(batch_size)
```

**Q4.** 정책을 업데이트 해가며 300회 에피소드를 진행하고, 각 에피소드의 공정 제어 결과를 저장하라.

**A4.** env라는 환경을 모사한 class와 agent라는 DQN 에이전트를 생성을 한다. 이후, reply buffer에서 몇 개를 뽑아서 정책 업데이트를 진행할지에 대한 하이퍼 파라미터인 batch_size를 정의하고, 총 에피소드의 수를 300으로 결정한다. 이후 에피소드의 횟수만큼 A3.의 코드를 진행하여 공정제어와 정책 학습을 반복해 나간다.

```
env = Env()
state_size = env.s_dim
action_size = env.a_dim
agent = DQNAgent(state_size, action_size)
# agent.load(“./save/project.h5”)
done = False
batch_size = 32
EPISODES = 300
RANDOM_SEED = 1234
np.random.seed(RANDOM_SEED)
ep_score_history = np.array([])
for e in range(EPISODES):
   A3.의 코드
```

**Q5.** 1번째 에피소드, 101번째, 201번째, 300번째 에피소드의 공정 제어 결과(시간에 따른 score, $x_2$, $u$의 그래프)를 나타내어라.

**A5.** 다음과 같은 코드를 활용하여 1번째, 101번째, 201번째, 300번째 에피소드의 score 값, ($x_2$, $u$)의 시간에 따른 변화 값을 프린트할 수 있다.

```
if done:
    print("episode: {}/{}, score: {: .3}, e: {: .3}".format(e, EPISODES,
    score, agent.epsilon))
    ep_score_history = np.append(ep_score_history, score)

    plt.subplot(311)
    plt.title("score")
    plt.scatter(e, score, c='blue')

    if (e % 100 == 0) or (e == EPISODES-1):
        t_history = ep_data_history[:, 0]
        x2_history = ep_data_history[:, 2]
        u_history = ep_data_history[:, 3]
        plt.subplot(312)
        plt.title("x2")
        plt.plot(t_history, x2_history, label=(e+1))
        plt.legend()
        plt.ylim(0, 1.5)
        plt.axhline(y=1.2, color='r', linestyle='--', linewidth=1)

        plt.subplot(313)
        plt.title("u")
        plt.step(t_history, u_history, label=(e+1))
        plt.legend()
```

첫 번째로 볼 수 있는 에피소드에 따른 score 값의 변화는 에피소드의 번호가 뒤로 감에 따라(학습이 더 진행된 정책기반 의사결정) score 값이 증가함을 알 수 있다. 즉, 점점 reward를 많이 받는 행동을 매 의사결정마다 자주 했었다는 의미이고, reward를 많이 받았다는 것은 우리가 처음에 설정한 목적을 더욱 잘 달성했다는 의미이다(그림 4.22).

두 번째로 볼 수 있는 $x_2$의 경우, 첫 번째, 101번째, 201번째, 300번째의 에피소드로 학습이 진행됨에 따라 점점 기존의 set point였던 1.2라는 값에 빠르고 안정적으로 안착을 하는 모습을 볼 수 있다(그림 4.23).

마지막으로 볼 수 있는 $u$의 경우 첫 번째 에피소드의 경우 $u$의 값이 각 스텝마다 굉장히 급격하게 바뀌는 모습을 볼 수 있지만, 101번, 201번, 300번 에피소드로 정책이 진화함에 따라 굉장히 부드럽고 천천히 바뀌기에, 안정적인 제어를 할 수 있는 노하우를 DQN 에이전트가 터득했다고 볼 수 있다(그림 4.24).

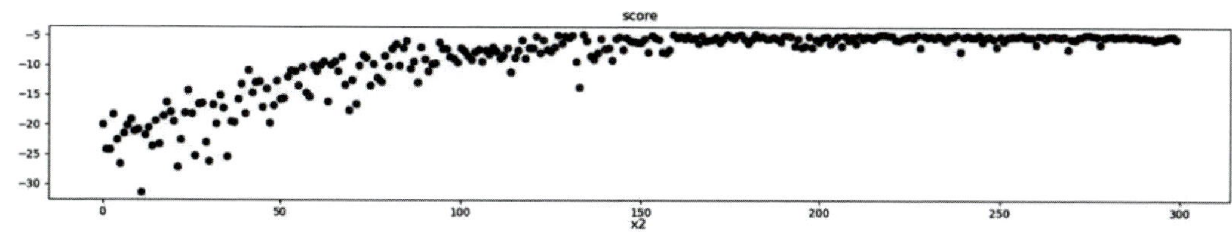


그림 4.22 에피소드 별 score 값.

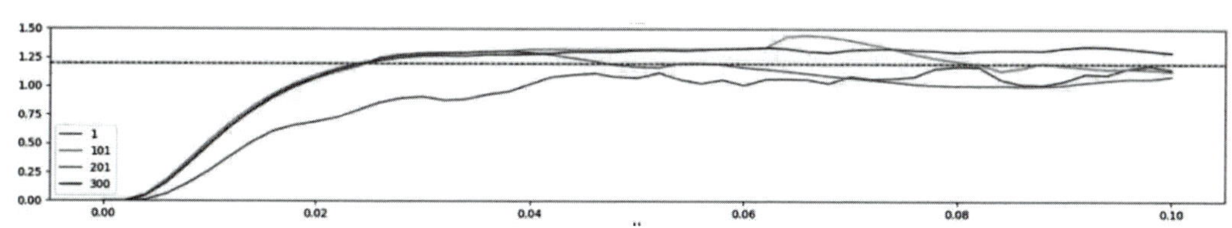


그림 4.23 에피소드마다 시간에 따른 $x_2$의 값.

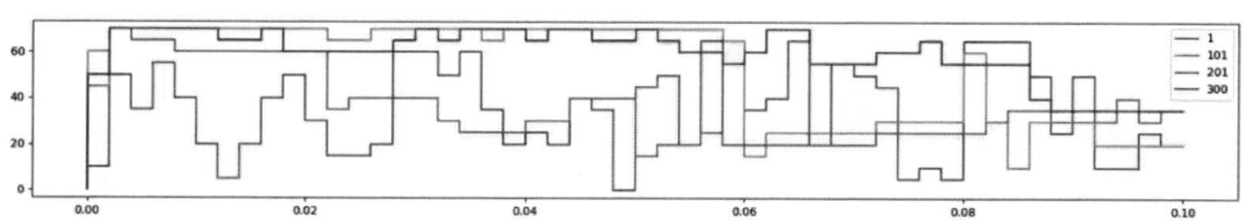


그림 4.24 에피소드마다 시간에 따른 $u$의 값.

## 결론

이 장에서는 강화 학습 기반 공정 제어를 Van de Vusse's reaction control 문제에 적용하여 공정 제어와 에이전트 학습을 실제로 진행해 보았고, 이러한 공정 제어 결과를 에피소드별로 plot하여 에피소드가 진행함에 따라 처음 설정한 목적에 맞는 제어 방식을 강화 학습 에이전트가 실시간으로 배워 나가는 과정을 몸소 확인해 보는 공부를 하였다.

## 학습 결과

- **학습 내용**

  Van de Vusse's reaction control 문제를 이해하고 MDP로 코드화시켜 보기.

- **학습 결과 확인하기**

  DQN 알고리즘 기반 강화 학습 에이전트를 구성해 보기.

- **학습 결과 응용하기**

  생성된 강화 학습 에이전트를 Van de Vusse's reaction control 문제에 적용하여 공정 제어 퍼포먼스를 실시간으로 확인해 보기.

# 제 5 장

ARTIFICIAL INTELLIGENCE
FOR CHEMICAL ENGINEERING

# 인공지능 기반 예지보전 및 안전

## 1. 화학 공정 이상 감지 및 진단

**학습 내용**

**[문제]** 화학 공정의 운전 상태(정상/이상) 이해

**[방법]** 오토인코더 모델 구축

**[응용]** 이상 감지 모니터링 및 기여도 분석

**[요약]**
- 화학 공정의 운전 상태 분석 방법 이해
- 오토인코더 모델 훈련 후 검증
- 공정 상태 모니터링 및 기여도 분석

**[공정설명]** 테네시 이스트만 공정

테네시 이스트만 공정(Tennessee Eastman Process, TEP)은 공정 제어 및 모니터링 방법을 평가하기 위하여 Eastman Chemical Company가 제공한 현실적인 공정이다. 시험 공정은 성분, 반응속도, 운전 조건 등이 수정된 실제 화학 공정의 시뮬레이션을 기반으로 한다. 본 공정은 반응기, 응축기, 압축기, 분리기, 스트리퍼 등 5가지 주요 장치로 구성되어 있고, A, B, C, D, E, F, G, H의 8가지 성분이 포함되어 있다.

기체 반응물인 A, C, D, E와 불활성 기체 B가 반응기에 투입되어 다음과 같은 반응을 통해 액체 생성물인 G와 H가 생성된다.

$$A(g) + C(g) + \mathrm{D}(\mathrm{g}) \longrightarrow G(l)$$

$$A(g) + C(g) + E(g) \longrightarrow H(l)$$

$$A(g) + E(g) \longrightarrow F(l)$$

$$3D(g) \longrightarrow 2F(l)$$

반응기 생성물은 응축기를 통해 냉각된 다음, 증기-액체 분리기로 투입된다. 분리기에서 나온 증기는 압축기를 통해 반응기 피드로 재순환된다. 분리기의 응축된 성분은 남은 반응물을 제거하기 위해 스트리퍼로 가고 스트리퍼 하단에서는 최종 생산물인 G와 H가 분리되어 나온다.

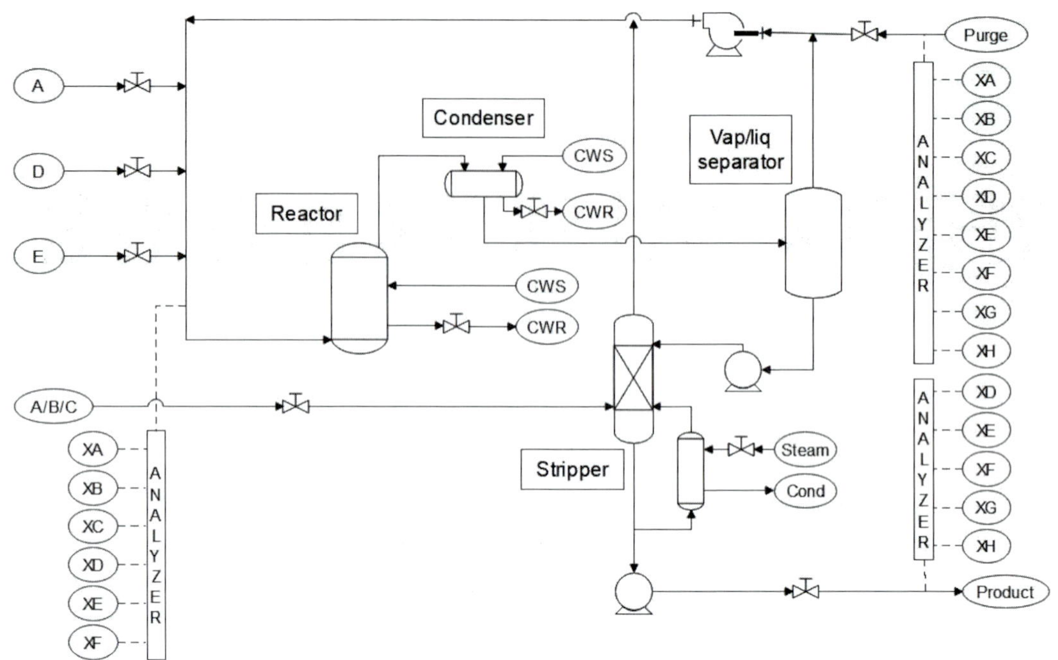


그림 5.1 테네시 이스트만 공정의 흐름도.

본 공정에는 41개의 측정 변수와 12개의 조작 변수가 포함되어 있다. 측정 변수는 3분마다 샘플링되고 X1부터 X22까지는 운전 변수이고, X23부터 X41까지는 성분 변수이다. 모든 측정 변수에는 가우시안 노이즈가 포함되어 있다.

TEP 시뮬레이션에는 21개의 사전 프로그래밍된 Fault가 있다. Fault 1-7은 공정 변수의 단계적 변화와 관련이 있고, Fault 8-12는 일부 공정 변수의 변동성 증가와 관련이 있다.

### [문제]

TEP 공정의 이상을 감지하고 이상 발생시 원인을 진단하라.

- "./코드 및 데이터/8-1 TE process"의 데이터를 활용하라.
- "data0.csv"을 학습 데이터로 "data0_test"을 평가 데이터로 사용하라.

### [방법] TEP 공정의 오토인코더 모델 구축

**Q1. 오토인코더를 학습시키기 위한 정상 운전 데이터를 작업 환경으로 불러 오자.**

**표 5.1** 테네시 이스트만 공정의 이상 시나리오

| Fault | Description | Type |
|---|---|---|
| 1 | A/C feed ratio, B composition constant | Step |
| 2 | B composition, A/C ratio constant | Step |
| 3 | D feed temperature | Step |
| 4 | Reactor cooling water inlet temperature | Step |
| 5 | Condenser cooling water inlet temperature | Step |
| 6 | A feed loss | Step |
| 7 | C header pressure loss - reduced availability | Step |
| 8 | A, B, C feed composition | Random variation |
| 9 | D feed temperature | Random variation |
| 10 | C feed temperature | Random variation |
| 11 | Reactor cooling water inlet temperature | Random variation |
| 12 | Condenser cooling water inlet temperature | Random variation |
| 13 | Reaction kinetics | Slow drift |
| 14 | Reactor cooling water valve | Sticking |
| 15 | Condenser cooling water valve | Sticking |
| 16~20 | Unknown | Unknown |
| 21 | Valve for stream 4 | Constant position |

**A1.**

```
import pandas as pd

data_normal = pd.read_csv(“./8-1 TE process/data0.csv”, index_col=0)
data_test = pd.read_csv(“./8-1 TE process/data0_test.csv”, index_col=0)
```

pd.read_csv 함수는 해당경로의 데이터를 불러와 데이터프레임 형태로 저장한다. 여기서 “index_col=0”은 첫 열을 인덱스로 지정한다는 의미이다. data_normal은 훈련 데이터이고 data_test는 평가 데이터이다.

**Q2. 데이터의 기본 정보를 파악해 보자.**

**A2.**

```
data_normal.info()
```

```
<class 'pandas.core.frame.DataFrame'>
Int64Index: 960 entries, 0 to 959
Data columns (total 52 columns):
 #  Column Non-Null Count Dtype
--- ------ -------------- -----
 0  X1     960 non-null   float64
 1  X2     960 non-null   float64
 2  X3     960 non-null   float64
 3  X4     960 non-null   float64
 4  X5     960 non-null   float64
 5  X6     960 non-null   float64
 6  X7     960 non-null   float64
 7  X8     960 non-null   float64
 8  X9     960 non-null   float64
 9  X10    960 non-null   float64
 10 X11    960 non-null   float64
```

info()는 데이터에 대한 간단한 설명을 보여준다. X1부터 X41까지 41개의 변수에 대해 960개의 데이터 샘플이 존재하고 결측치는 존재하지 않음을 확인할 수 있다.

```
data_normal.describe()
```

| | X1 | X2 | X3 | X4 | X5 | X6 | X7 | X8 |
|---|---|---|---|---|---|---|---|---|
| **count** | 960.000000 | 960.000000 | 960.000000 | 960.000000 | 960.000000 | 960.000000 | 960.000000 | 960.000000 |
| **mean** | 0.250248 | 3661.501458 | 4510.966667 | 9.344141 | 26.902084 | 42.327602 | 2705.660625 | 75.019136 |
| **std** | 0.030905 | 34.810922 | 38.785931 | 0.079748 | 0.205124 | 0.220598 | 6.886190 | 0.527790 |
| **min** | 0.166680 | 3566.100000 | 4412.800000 | 9.091100 | 26.358000 | 41.617000 | 2689.900000 | 73.302000 |
| **25%** | 0.230555 | 3636.150000 | 4482.875000 | 9.289575 | 26.772750 | 42.183000 | 2700.400000 | 74.660000 |
| **50%** | 0.250460 | 3663.700000 | 4511.600000 | 9.344300 | 26.903000 | 42.322500 | 2704.900000 | 75.004500 |
| **75%** | 0.269663 | 3686.375000 | 4538.000000 | 9.396125 | 27.035250 | 42.477000 | 2710.700000 | 75.363500 |
| **max** | 0.356920 | 3756.100000 | 4634.900000 | 9.601500 | 27.511000 | 42.964000 | 2724.700000 | 76.631000 |

8 rows × 52 columns

describe()는 각 변수의 샘플 개수, 평균값, 표준편차, 최솟값, 최댓값 등을 보여준다. 공정이 정상 상태일 때 각 공정 변수의 운전 조건을 알 수 있다.

**Q3. 오토인코더 모델의 학습과 검증을 위해 데이터를 분리하라.**

**A3.**

```
from sklearn.model_selection import train_test_split

test_ratio = 0.2
random_state = 42
data_train, data_val = train_test_split(data_normal, test_size = test_ratio,
random_state=random_state)
print(data_train.shape, data_val.shape, data_test.shape)
```

```
(768, 52) (192, 52) (960, 52)
```

모델의 훈련과 검증을 위해 train_test_split 함수를 이용하여 훈련 데이터를 분리한다. 훈련 데이터의 20%를 검증 데이터로 사용하고 평가 데이터는 이전에 불러온 data_test를 사용한다. shape 속성을 이용하여 각 데이터셋의 크기를 출력해 보았다.

**Q4. 입력 데이터의 값을 표준화하라.**

**A4.**

```
from sklearn.preprocessing import StandardScaler
scaler = StandardScaler()
X_train_scaled = scaler.fit_transform(data_train)
X_val_scaled = scaler.transform(data_val)
X_test_scaled = scaler.transform(data_test)
```

데이터 스케일링을 통해 각 공정 변수 사이의 범위를 일정한 수준으로 맞춰 주어 모델이 편향성을 갖는 것을 방지한다. 여기서는 표준화를 위한 StandardScaler가 사용되었고, 모델 훈련 시 평가 및 검증 데이터의 정보가 반영되지 않도록 훈련 데이터에 맞추어 스케일링을 진행한다.

**Q5. 공정 변수 차원 축소를 위한 오토인코더를 구축하라.**

**A5.**

```
from tensorflow import keras
from tensorflow.keras.layers import *
from tensorflow.keras.optimizers import Adam

def Autoencoder(input_dim, num_nodes, num_latents, learning_rate):
    model = keras.Sequential()
    model.add(Dense(num_nodes, input_shape=(input_dim, )))
    model.add(BatchNormalization())
    model.add(Activation('relu'))
    model.add(Dense(num_latents))
    model.add(BatchNormalization())
    model.add(Activation('relu'))
    model.add(Dense(num_nodes))
```

```
    model.add(BatchNormalization())
    model.add(Activation('relu'))
model.add(Dense(input_dim, activation='linear'))
    optimizer = Adam(learning_rate=learning_rate, decay=0.001)
    model.compile(loss='mse', metrics='mae', optimizer = optimizer)
    return model
```

오토인코더 함수는 입력 차원, 은닉노드 개수, 잠재공간 차원, 학습률을 하이퍼파라미터로 갖는다. 하이퍼파라미터는 문제에 따라 적절한 개수를 설정해 주어야 한다. 이후에는 compile 메소드를 이용하여 모델의 학습 환경을 설정한다. 최적화 알고리즘(optimizer)은 adam을, 손실 함수(loss)는 mean squared error를, 평가지표(metrics)로는 mean absolute error을 선택하였다.

다음으로 Autoencoder 함수를 이용하여 모델을 만든다.

```
input_dim = X_train_scaled.shape[1]
num_nodes = 64
num_latents = 28
learning_rate = 0.001

ae_model = Autoencoder(input_dim, num_nodes, num_latents, learning_rate)
ae_model.summary()
```

```
Model: "sequential"
_________________________________________________________________
Layer (type)            Output Shape            Param #
=================================================================
dense (Dense)           (None, 64)              3392
activation (Activation)      (None, 64)              0
dense_1 (Dense)              (None, 28)              1820
activation_1 (Activation)    (None, 28)              0
dense_2 (Dense)              (None, 64)              1856
activation_2 (Activation)    (None, 64)              0
dense_3 (Dense)              (None, 52)              3380
=================================================================
Total params: 10,448
Trainable params: 10,448
Non-trainable params: 0
_________________________________________________________________
```

Autoencoder 함수에 입력할 인자로 입력 차원은 학습 데이터의 크기로부터 얻고, 은닉 노드과 잠재 공간 크기는 각각 64개, 28개로 설정하였다. 본 문제에서는 오토인코더를 차원 축소 용도로 사용하기 때문에 잠재 공간 크기는 입력 차원 수보다 작아야 한다. summary는 설정된 모델의 구조를 요약하여 출력해준다.

**Q6. 오토인코더 모델을 정상 데이터를 이용하여 학습시켜라.**

**A6.**

```
from keras.callbacks import EarlyStopping, ModelCheckpoint
training_epoch = 1000
patience = 20
earlystopping = EarlyStopping(patience=patience, monitor='val_loss')
checkpointer = ModelCheckpoint(filepath='best model.h5',
               save_best_only=True)
history = model.fit(X_train_scaled,
                 epochs=training_epoch,
                 batch_size=64,
                 callbacks=[earlystopping, checkpointer],
validation_data=(X_val_scaled)
```

```
Epoch 1/1000
12/12 [==============================] - 0s 16ms/step - loss: 0.0125 - mae:
  0.0842 - val_loss: 0.0130 - val_mae: 0.0857
Epoch 2/1000
12/12 [==============================] - 0s 13ms/step - loss: 0.0125 - mae:
  0.0842 - val_loss: 0.0130 - val_mae: 0.0857
Epoch 3/1000
12/12 [==============================] - 0s 7ms/step - loss: 0.0125 - mae:
  0.0842 - val_loss: 0.0130 - val_mae: 0.0857
Epoch 4/1000
12/12 [==============================] - 0s 8ms/step - loss: 0.0125 - mae:
  0.0842 - val_loss: 0.0130 - val_mae: 0.0857
Epoch 5/1000
12/12 [==============================] - 0s 9ms/step - loss: 0.0125 - mae:
  0.0842 - val_loss: 0.0130 - val_mae: 0.0857
```

모델 훈련 시에는 fit 함수를 이용하고, 훈련 반복 횟수(epochs), 훈련 배치 크기(batch_size), 검증 데이터(validation_data)를 설정하였다.

또한, callback 함수를 통해 다양한 훈련 조건을 설정할 수 있다. 조기 종료(EarlyStopping)를 통해 정해진 횟수(patience) 동안 검증 데이터에 대한 손실값이 줄어들지 않으면 훈련을 종료한다. 학습된 모델을 저장하기 위해서 ModelCheckpoint을 사용하고 filepath로 모델을 저장할 파일 이름을 입력한다. save_best_only 옵션을 사용하면 검증 데이터 손실이 최고 성능 모델보다 낮아질 때만 저장한다.

**Q7.** 학습된 모델을 불러오고 평가 데이터에 대한 모델의 정확도를 평가하라. 각 변수에 대한 parity plot을 그려 보라.

**A7.**

```
from keras.models import load_model
from sklearn.metrics import mean_squred_error, mean_absolute_error
model = load_model('best model.h5')
X_pred = model.predict(X_test_scaled)
mse = mean_squared_error(X_test_scaled, X_pred)
mae = mean_absolute_error(X_test_scaled, X_pred)
print('Mean squared error:', mse)
print('Mean absolute error:', mae)
```

```
Mean squared error : 0.012530645232816516
Mean absolute error : 0.08420663872699831
```

훈련이 끝나고 저장된 최고 성능 모델을 불러온다. 평가 데이터를 모델에 입력하여 예측값을 얻는다. 손실 값과 평가지표로 사용되었던 mean squared error와 mean absolute error를 계산하여 모델의 정확도를 평가할 수 있다. 0에 가까울수록 모델이 입력값을 잘 재구성(reconstruction)하고 있음을 뜻한다.

```
import matplotlib.pyplot as plt
for i in range(input_dim):
    plt.scatter(X_test_scaled[:,i], X_pred[:,i])
    plt.plot([min(X_test_scaled[:,i], max(X_test_scaled[:,i])], [min(X_test_scaled[:,i],
max(X_test_scaled[:,i])], color='r')
    plt.xlabel('Actual')
    plt.ylabel('Prediction')
    plt.title(data_normal.columns[i])
    plt.show()
```

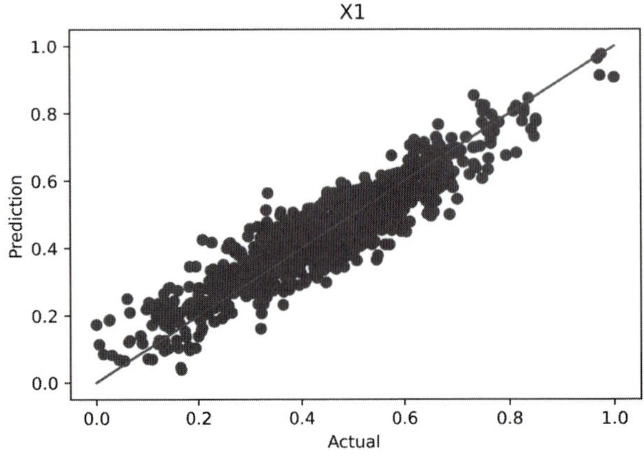

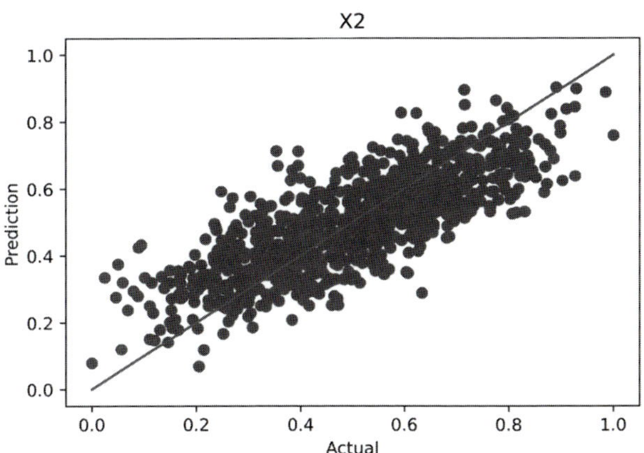


Parity plot은 실제 데이터와 예측 데이터를 비교하는 산점도이고, 실제값과 예측값이 같으면 점이 $y = x$ 위에 놓이게 된다. 입력 변수 41개에 대한 parity plot을 그려 보면, 모델의 변수별 재구성 성능을 확인할 수 있다.

### [응용] 오토인코더 기반의 공정 이상 감지 및 진단

**Q8. 공정의 상태를 판별하는 지표인 Squared prediction error(SPE)와 SPE의 control limit을 계산하는 함수를 만들어 보자.**

**A8.**

```
import numpy as np
from statsmodels.nonparametric.kde import KDEUnivariate

def SPE(reconstruction_error):
    spe = np.sum(reconstruction_error**2, axis=1)
    return spe

def SPE_CL(reconstruction_error, alpha=0.95):
    spe = np.sum(reconstruction_error**2, axis=1)
    kde_spe = KDEUnivariate(spe)
    kde_spe.fit()
    spe_cl = kde_spe .icdf[int(alpha*len(kde_spe.icdf))]
    return spe_cl
```

SPE는 입력 데이터에 대한 모델의 재구성 오차(reconstruction error)의 제곱의 합으로 계산된다. 통계적 한계선(control limit)은 커널 밀도 추정(kernel density estimation)을 통해 얻는다. 정상 데이터의 SPE 값에 대해 추정된 확률밀도함수의 역누적분포함수(inverse cumulative distribution function)를 구하고, 신뢰도 alpha 값의 확률에 해당하는 SPE 값을 계산하면 그 값이 한계선이다.

**Q9. Q8에서 정의한 함수를 이용하여 Fault 1 데이터에 대한 SPE와 control limit을 계산하라. 계산된 SPE와 control limit을 이용하여 모니터링 차트를 그려 보라.**

**A9.**

```
data_fault1 = pd.read_csv('./Data/data1.csv', index_col=0)
data_fault1.describe()
```

| | X1 | X2 | X3 | X4 | X5 | X6 | X7 | X8 |
|---|---|---|---|---|---|---|---|---|
| **count** | 960.000000 | 960.000000 | 960.000000 | 960.000000 | 960.000000 | 960.000000 | 960.000000 | 960.000000 |
| **mean** | 0.674955 | 3655.144688 | 4493.088021 | 8.891162 | 26.897168 | 42.294267 | 2709.805208 | 75.064707 |
| **std** | 0.209905 | 34.632029 | 63.453774 | 0.282795 | 0.206364 | 0.237461 | 25.501441 | 0.947238 |
| **min** | 0.180200 | 3523.100000 | 4216.100000 | 8.074400 | 26.216000 | 41.628000 | 2652.000000 | 71.447000 |
| **25%** | 0.682792 | 3632.950000 | 4459.075000 | 8.726375 | 26.760000 | 42.133750 | 2698.375000 | 74.518500 |
| **50%** | 0.751200 | 3655.600000 | 4499.000000 | 8.837550 | 26.895500 | 42.293500 | 2705.000000 | 75.005500 |
| **75%** | 0.788720 | 3678.300000 | 4531.625000 | 9.026625 | 27.039000 | 42.448250 | 2714.125000 | 75.553250 |
| **max** | 0.999310 | 3759.700000 | 4710.000000 | 9.565200 | 27.539000 | 43.105000 | 2820.500000 | 78.840000 |

8 rows × 52 columns

공정 모니터링 성능을 확인하기 위해 Fault 1 데이터를 불러온다. Fault 1 데이터는 960개의 샘플로 이루어져 있고, 160번째 샘플부터 A/C feed ratio의 step change가 발생한다.

```
X_fault1_scaled = scaler.transform(data_fault1)
X_fault1_pred = model.predict(X_fault1_scaled)
re_fault1 = X_fault1_pred - X_fault1_scaled
spe = SPE(re_fault1)

X_scaled = scaler.transform(data_normal)
X_pred = model.predict(X_scaled)
re_normal = X_pred - X_scaled
spe_cl = SPE_CL(re_normal, alpha=0.95)
```

이전에 정상 데이터를 표준화했던 scaler에 적용하여 표준화를 진행한 후 훈련된 모델에 입력하였다. 모델의 예측값과 입력값 사이의 재구성 오차를 계산하고 이전에 정의한 SPE 함수에 입력하여 SPE 값을 계산한다. 같은 과정을 정상 데이터에 대해 반복하여 SPE_CL 함수에 입력하면 한계선을 구할 수 있다. 신뢰도 alpha는 기본 값인 95%로 설정하였다.

```
plt.figure(figsize=(7,5))
plt.plot(spe, label='Index')
control_limit = np.full((len(spe), 1), spe_cl)
plt.plot(np.arange(len(spe)), control_limit, color='r', linewidth=2,
label='Control limit')
plt.xlabel('Sample')
```

```
plt.ylabel('Index')
plt.title('Fault1')
plt.show()
```

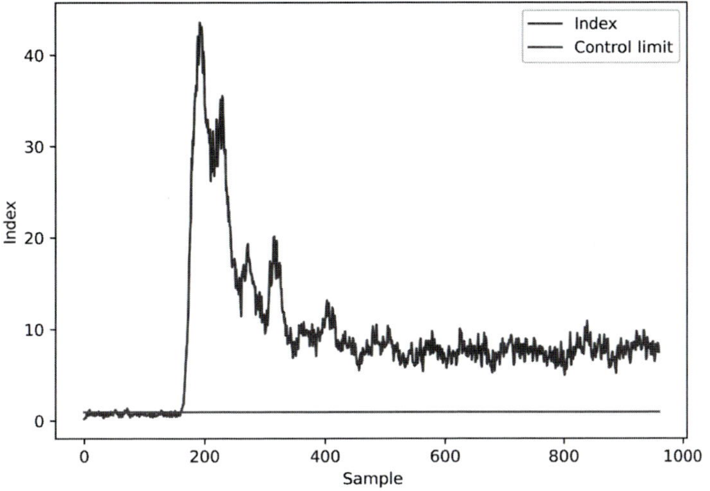


Sample별로 SPE 값과 한계선을 플롯해보면 SPE 값이 약 160번째 샘플 이후로 급격히 상승하여 한계선을 넘어서서 이상이 감지되는 것을 확인할 수 있다.

**Q10. Fault 1 데이터에 대한 시간에 따른 기여도 변화를 나타내는 Contribution map을 그려 보라.**

**A10.**

```
import seaborn as sns
fig, ax = plt.subplots(figsize=(15,10))
sns.heatmap((re_fault1**2).T, cmap='Reds')
ax.set_yticklabels(data_fault1.columns, rotation=0)
plt.show()
```

기여도는 재구성 오차의 제곱으로 계산된다. re_fault1을 제곱한 행렬을 전치하여 행을 변수, 열을 샘플로 하는 히트맵(heatmap)을 생성하였다. 마찬가지로 160번째 샘플부터 진한 빨간색이 나타나기 시작하고 제일 윗줄인 X1(A feed rate) 변수가 전반적으로 큰 기여도를 가지고 있음을 확인할 수 있다.

## 결론

이 장에서는 오토인코더 모델을 이용하여 화학 공정의 이상 상태를 감지하고 기여도를 분석하였다. 비지도 학습을 이용함으로써 정상 운전 데이터만을 사용하여 모델을 훈련시켰고, 평가 데이터로 모델을 검증하여 신뢰성을 확보하였다. 모델의 재구성 오차를 활용하여 모니터링 지표와 신뢰구간을 정의하고 이상 데이터에 대한 모니터링 차트를 그려보았다. 또한 이상 발생 시 변수 별 기여도를 시간에 따라 나타내어 X1 변수가 Fault1에 가장 큰 원인임을 밝혀냈다.

### 학습 결과

- **학습 내용**
  화학 공정의 운전 상태 분석 방법론 익히기.
- **학습 결과 확인하기**
  오토인코더 모델 훈련 방법 및 공정 상태 모니터링 방식 익히기.
- **학습 결과 응용하기**
  이 장의 학습 내용에 기반하여 실시간 모니터링 모델 만들기.

# 추천사

*(가나다 순)*

**» 권혁웅** ㈜한화 사장

화공 산업의 혁신 및 지능화는 전통 화공 지식과 인공지능 기술의 융합으로 가능하다. 화공 산업의 다양한 난제를 해결하기 위한 인공지능 기술의 도입은 화공 산업의 미래를 결정짓는 최고의 기술적 생존 수단이다. 저자는 필수적인 기초 이론과 다양한 현장 예제를 소개함으로써 비단 배움의 교과서는 물론 산업 현장에서 활용 가능한 지침서로서의 역할을 충실히 하고자 했다.

**» 김동섭** 한국석유공사 사장

산업의 혁신적 발전은 전문 분야의 지식과 인공지능의 효율적인 융합에 달려 있다. 이 책은 화공 산업의 기초지식과 인공지능의 프로그래밍 및 실제 적용 사례를 소개함으로 배움의 교과서일 뿐 아니라 현장에서 적용 가능한 지침서로서 역할을 감당한다.

**» 김우승** 한양대학교 총장

인공지능을 활용한 화공 산업의 고도화 및 ESG 대응을 위한 화공 산업의 지능화는 더 이상 선택의 문제가 아니다. 이 책에서는 화공 산업에서 필요한 인공지능 기술을 소개하고, 재료, 공정, 안전 등 화공 산업의 핵심 문제를 해결하기 위한 방법을 소개하고 있다.

**» 양승욱** 전 전자신문 대표

4차산업혁명시대에 디지털혁신은 산업의 미래경쟁력과 직결된다. 화공 산업 또한 고도화 및 ESG 대응을 위한 디지털혁신으로 국내 산업의 지속가능한 성장을 위한 필수 전략이다. 이 책은 미래 화학공학도를 꿈꾸는 학생들에게 전공서적으로는 물론 인공지능으로 화학산업을 선도하고 싶은 산업현장의 리더들에게도 필수지침서가 될 것으로 확신한다.

**» 오세정** 서울대학교 총장

대전환시대, 인공지능이 화공 산업 등 대형 제조산업의 혁신과 지능화에 어떻게 활용될 수 있는 궁금하신 분들에게 일독을 권한다.

**» 윤석진** KIST 원장

인공지능은 기술 혁신을 가속하고 불가능을 가능케 하여 우리 일상을 변화시키고 있다. 연구와 산업에서도 도구를 넘어 파트너로 자리 잡고 있다. 이 책은 미래 연구자에게 선택이 아닌 필수가 된 인공지능과 함께하는 길을 안내할 것이다.

**» 윤의준** 한국에너지공대 총장

시대의 큰 변화 줄기인 인공지능이 산업현장에도 어느덧 깊숙이 전파되고 있다. 저자는 산업혁신에 필수적인 인공지능 기술을 소개하고, 다양한 실제 현장 문제를 심도 있게 다루고 있다. 인공지능으로 미래 산업을 선도하기 위한 필독 지침서이다.

**» 이광형** KAIST 교수

변화의 시대에 인공지능으로 산업을 혁신하고 싶은 사람들에게 권하고 싶다.

**» 이두희** GS칼텍스 사장

미래 화공산업의 변화에 주도적으로 참여할 분들께 필독서로 이 책을 추천한다.

**» 이용훈** UNIST 총장

화학공학 분야의 실제적인 문제들에 인공지능을 적용하는 다양한 예제들을 포함하고 있어서, 화학공학을 전공하는 학생은 물론 화학산업 현장의 엔지니어들에게도 많은 도움을 줄 수 있는 실무지침서이다.

**» 이우일** 한국과학기술단체총연합회 회장

특이점이 오는 미래를 대비하여 분야별 인공지능 교육의 좋은 예가 되는 책이다.

**» 이호경** LG화학 기술기획총괄

화공산업의 혁신 및 스마트 화학공정 구축을 위한 필독서로 적극 추천한다.

**» 하정우** 네이버 AI 연구소장

최근 봇물처럼 쏟아지는 인공지능 서적이 주류 연구분야인 컴퓨터 비전, 자연어 처리 혹은 언어모델에 집중하는 반면, 전통 화공산업의 AI Transformation을 통한 혁신이 중요한 화두로 논의되고 있는 이 시점에서 이 책은 화공산업에서 인공지능의 역할을 구체적 사례와 함께 소개하고 있다. 인공지능을 이용한 실제 현장 문제 해결 사례는 비단 화공 분야뿐 아니라 다른 제조 산업 현장에도 활용할 수 있는 실용적인 방법론이기에 다른 제조 산업에 AI를 활용하고자 하는 분들께도 적극 추천한다.

# 찾아보기
*Index*

## ㅇ



## ㅈ



## ㅊ



## ㅋ



## ㅌ



## ㅍ



## ㅎ



## 기타

**지은이 소개**

**김지용** • 성균관대학교 화학공학부
**원왕연** • 경희대학교 화학공학과
**이재형** • KAIST 생명화학공학과
**문 일** • 연세대학교 화공생명공학과

# 화공 인공지능 Artificial Intelligence for Chemical Engineering

| 발행일 2023년 1월 30일 1판 1쇄
| 지은이 김지용, 원왕연, 이재형, 문 일
| 발행인 박 종 성
| 발행처 사이플러스 Science plus
| 주 소 (우) 07202 서울특별시 영등포구 양평로 30길 14
세종앤까뮤스퀘어 1106호
| 전 화 02-332-6171
| 팩 스 02-332-6185
| 등 록 2005.10.20. 제2022-000100호

| ISBN 979-11-88731-39-8 93570 값 25,000원

화공인공지능